【城市学文库·蓝皮书】
CHENGSHIXUEWENKU LANPISHU

王国平 总主编

中国智慧城市
发展蓝皮书
（2024）

杭州国际城市学研究中心
浙江省城市治理研究中心
中国（杭州）智慧城市研究院 编
浙江省智慧城市促进会

上海交通大学出版社
SHANGHAI JIAO TONG UNIVERSITY PRESS

内容提要

本书是杭州国际城市学研究中心(浙江省城市治理研究中心)、中国(杭州)智慧城市研究院、浙江省智慧城市促进会编写的中国智慧城市的理论研究与实践探索指南。全书共包含总论和四章内容:总论部分围绕人工智能产业发展大数据评估与分析、新型智慧城市建设和发展路径等内容,深入探讨和分析智慧城市发展的理论逻辑和实践特色;第一章介绍了数智开放与城市高质量发展;第二章介绍了数智融合与城市高效能治理;第三章介绍了数智城建与城市高品质生活;第四章介绍了行业实践与案例探索。本书为中国智慧城市发展提供了理论研究的框架,同时对中国智慧城市的建设和发展实践具有积极的指导意义。

图书在版编目(CIP)数据

中国智慧城市发展蓝皮书. 2024 / 杭州国际城市学
研究中心等编. -- 上海 : 上海交通大学出版社,2024.10
ISBN 978-7-313-31581-6

Ⅰ. F299.21

中国国家版本馆 CIP 数据核字第 2024KQ3932 号

中国智慧城市发展蓝皮书(2024)
ZHONGGUO ZHIHUI CHENGSHI FAZHAN LANPISHU (2024)

编　　者:杭州国际城市学研究中心 等
出版发行:上海交通大学出版社　　　　　　　　　　地　　址:上海市番禺路 951 号
邮政编码:200030　　　　　　　　　　　　　　　　电　　话:021-64071208
印　　制:常熟市文化印刷有限公司　　　　　　　　经　　销:全国新华书店
开　　本:710 mm×1000 mm　1/16　　　　　　　印　　张:17.75
字　　数:297 千字
版　　次:2024 年 10 月第 1 版　　　　　　　　　　印　　次:2024 年 10 月第 1 次印刷
书　　号:ISBN 978-7-313-31581-6
定　　价:89.00 元

《中国智慧城市发展蓝皮书》
编辑委员会

顾　　问：王国平

主　　编：江山舞

副 主 编：孙　颖　杜红心　杨灵江

执行副主编：韩巧燕

编　　委：（以姓氏笔画为序）

王　颖　王国光　王剑文　毛燕武

方志明　李　燕　李明超　辛金国

邵　莹　接栋正　黄益超　蔡　峻

总 序 | Preface

城市是人类文明的摇篮、文化进步的载体、经济增长的发动机、新农村建设的引领者，也是人类追求美好生活的阶梯。中国城市化是中国经济社会发展的核心动力和扩大内需的最大潜力，也是人类进步和全球经济增长的强大引擎。

21世纪是城市的世纪，21世纪的竞争是城市的竞争。当前，中国城市化进程已进入高速发展期，过去30年，中国经历了世界上规模最大、背景最复杂、受益人口最多的城市化进程。2011年是中国城市化带有标志性的一年，全国城市化率首次突破50%。据中国科学院统计，未来30年，中国城市化率将以每年1%的速度增长，预计2030年中国城市化率将达到70%，中国将用50年的时间，走完西方发达国家需要100年才能走完的路。城市化的加速推进，既带来了千载难逢的发展机遇，也引发了人口膨胀、环境污染、交通拥堵、千城一面、住房难、上学难、就医难、征地拆迁难等一系列"城市病"。

中国城市化中出现的种种"城市病"，大多是城市的"综合征""并发症"甚至是"疑难杂症"，依靠现有的城市规划学、城市社会学、城市经济学、城市管理学、城市人口学、城市生态学等十几个独立城市学科，采用"头痛医头、脚痛医脚"的办法，进行专项研究治理，其结果往往是顾此失彼、得不偿失。为此，当代杰出的科学家钱学森先生早在20世纪80年代，就提出要把城市作为一个复杂的巨系统，必须用系统科学方法进行研究，要建立一门应用性、综合性的城市学学科，开展城市学研究。我们认为，对于城市"复杂巨系统"所产生的种种"城市病"，只能采用钱学森倡导的综合系统、集成创新的方法，也就是城市学的方法进行研究。但时至今日，城市学在中国还没有成为一门"显

1

学"，高速的城市化，正在呼唤应用性、综合性城市学的诞生。

为了适应中国城市化的发展要求，探索破解"城市病"治理途径，寻求中国城市科学发展模式，实现"城市，让生活更美好"的城市居民愿景，2010年杭州市委、市政府专门成立了全国第一家城市学研究机构——杭州国际城市学研究中心。为了推进应用性、综合性城市学研究工作，我们专门搭建了"城市学文库"这一研究平台。"城市学文库"既是城市学研究的主要载体，也是汇聚城市学专家智慧的重要平台。"城市学文库"由"城市学论丛""城市学译丛""城市学教科书"和"城市学蓝皮书"组成。其中"城市学论丛"是城市学研究成果的展示平台，包括城市学重大课题研究论丛、城市学专项课题研究论丛、城市学研究征集评选活动专题论丛、城市化论丛、城市学研究个人论丛等；"城市学译丛"是国际城市学研究交流的重要载体，包括城市学译著、城市学译文集等；"城市学教科书"是城市学学科建设的重要教材，包括城市学学科教材、城市学经典案例汇编、城市学专业资料选编、城市学讲义等；"城市学蓝皮书"是城市学研究的年度研究报告，包括综合性蓝皮书、专题性蓝皮书、年度性蓝皮书等。杭州国际城市学研究中心作为从事城市学研究的专门机构，我们希望通过编纂出版"城市学文库"，全方位、多角度地研究破解中国"城市病"的方法途径，探索中国特色的城市化道路，为推动中国城市科学发展，作出应有的贡献。

是为序。

2012 年 12 月

智慧城市 3.0 的杭州实践

（代序言）

王国平[*]

"城市兴则天下兴，城市稳则天下稳，城市安则天下安。"正如诺贝尔经济学奖获得者、美国经济学家斯蒂格利茨所说："中国的城市化和以美国为首的新技术革命是影响 21 世纪人类进程的两大关键性因素。"

2007 年 7 月 10 日，习近平同志在接见杭州市党政代表团时指出，上海的高楼大厦，杭州是不能比的；但杭州一流、宜居的环境，上海也是很难达到的……"淡妆浓抹总相宜"，过去指的是西子湖，现在是整座城市。过去是"未能抛得杭州去，一半勾留是此湖"，现在不仅仅是西湖，而且是整座城市的环境。

2020 年 3 月 31 日，习近平总书记在考察杭州西溪国家湿地公园时指出，要统筹好生产、生活、生态三大空间布局，在建设人与自然和谐相处、共生共荣的宜居城市方面创造更多经验。

同日，习近平总书记在考察杭州城市大脑运营指挥中心时指出，从信息化到智能化再到智慧化，是建设智慧城市的必由之路，前景广阔。

一、坚持理顺"智慧城市"与"智慧经济"的关系

当前，智慧城市的建设方案主要有如下 3 个不同的版本。

（一）智慧城市 1.0，即智慧城市（Smart City）

智慧城市是指利用各种信息技术或创新意念，集成城市的组成系统和服务，以提升资源运用的效率，优化城市管理和服务，以及改善市民生活质量。

（二）智慧城市 2.0，即智能城市（Intelligent City）

智能城市这一概念由中国工程院智能城市课题组提出，是指在智慧城市 1.0

　＊ 本文作者系原中共浙江省委常委、杭州市委书记，全国影响力建设智库浙江省城市治理研究中心主任、首席专家，浙江省大运河文化保护传承利用暨国家文化公园建设工作专家咨询委员会主任。

基础上，打破城市条块管理的"管理墙"界限，破解城市管理机制体制障碍，实现城市智慧技术、智慧产业、智慧服务、智慧管理、智慧人文、智慧生活等协调发展，最终实现政府满意、公众满意和城市可持续发展。

（三）智慧城市3.0，即新型智慧城市（New - Intelligent City，即 N - ICity）

它的核心理念是以智慧城市经济为重点，抓好两个结合：产业的智慧化和智慧的产业化相结合；城市的智慧化和智慧的城市经济化相结合。归结到一点上，就是要打造一种全新的经济业态，即"智慧城市经济"，简称"智慧经济"。

何谓"智慧经济"？智慧经济是信息经济及互联网经济的高端化，是以互联网和信息技术为核心，以物联网为基础设施，以软件加分享为特征、以信息技术产品和服务的智慧应用为目标，以人工智能经济、虚拟现实经济、物联网经济为主体的新经济形态。新的历史时期，智慧经济由三大部分组成。一是人工智能经济。人工智能（Artificial Intelligence），英文缩写为 AI。它是研究、开发用于模拟、延伸和扩展人的智能的理论、方法、技术及应用系统的一门新的技术科学。随着2022年 ChatGPT 和2024年 Sora 的横空出世，传统的人工智能或者说弱人工智能将逐渐被生成式人工智能（AIGC）或者强人工智能所取代。二是虚拟现实经济。VR，是 Virtual Reality 的缩写，简称虚拟技术，也称虚拟现实，是利用电脑模拟产生一个三维空间的虚拟世界，让使用者感觉仿佛身临其境。三是物联网经济。物联网英文名称是"Internet of Things(IoT)"。顾名思义，物联网就是物物相连的互联网。

2014年初，我们首次提出"以智慧经济为载体，推进智慧城市建设，推动杭州第四次产业革命"的发展思路和对策建议，直接为全市新的"一号工程"等重大决策的出台作出了贡献。我们认为智慧城市建设3.0与以往所提的智慧城市建设相比主要有三个特点：第一，以新一代（智慧）城域网为基础，推进物联网进家庭。第二，以智慧家庭为载体，形成商业模式。第三，以系统供应商为平台，输出整体解决方案。

一座城市要找准比较优势、打造竞争优势、构筑产业优势，才能实现又快又好的发展。杭州应充分认识智慧经济对推动杭州城市跨越式发展的重要作用，清醒认识原有优势产业发展遇到的瓶颈和问题，努力寻找智慧经济的新蓝海、新市场、新突破口。

二、坚持突出发展特色，创新引领智慧经济

（一）以"争先进位"为目标

在互联网经济时代，发展经济有一大特点：不是大鱼吃小鱼，而是快鱼吃慢鱼。更需要引起重视的是，发展均有窗口期。尤其是在互联网经济时代，每一个窗口期大约为五到十年，即互联网经济相关产业从产生到成熟，仅仅需要约五到十年的时间。窗口期一旦错过，就不会再次出现。比如马云创办的阿里巴巴和马克·扎克伯格创办的 Facebook 社交网站都在短短几年间迅速崛起。目前来看，智慧城市建设的窗口期可能也就是五到十年。因此，必须要有强烈的忧患意识、机遇意识、竞争意识、创新意识，从而在智慧城市建设上"高人一筹，先人一步，快人一拍"。

迈入 21 世纪以来，杭州之所以能够一直保持经济水平在全省乃至全国的领先地位，主要是因为在产业发展上跨越了三个阶段，迈出了三大步。从某种意义上说，是成功实现了"三次产业革命（产业升级）"。

"第一次产业革命（产业升级）"是以"天堂硅谷"建设为重点，大力发展以信息产业与互联网经济为特色的高新技术产业，从而打造了"高新技术产业基地"和"电子商务中心"。

"第二次产业革命（产业升级）"是以旅游业转型升级和市区工业企业"退二进三"为龙头，大力发展现代服务业，从而实现了杭州经济从"二三一"到"三二一"的历史性跨越，打造了"国际重要旅游休闲中心"和"区域性金融服务中心"。

"第三次产业革命（产业升级）"是以建设全国文化创意产业中心为目标，大力发展文化创意产业，从而使其成为杭州经济总量最大的支柱产业，打造了"全国文化创意中心"。

"三次产业革命（产业升级）"催生了一大批实力雄厚的杭州企业，并占据了四大"企业排行榜"的显著位置。**一是**中国企业联合会、中国企业家协会发布的中国企业 500 强排行榜。2022 年杭州有 22 家企业入围，仅次于北京、上海、深圳，位列全国第四。**二是**国家统计局发布的中国大企业集团竞争力 500 强排行榜，杭州有 38 家企业入围，超过北京、上海，位居全国第一。**三是**全国工商联发布的中国民营企业 500 强排行榜。2022 年杭州有 41 家企业进入榜单，上榜企业数量连续 20 年蝉联全国城市第一。**四是**中国上市公司名录。2023 年底，杭州市有境内上市公司 228 家、境外上市公司 79 家（包含境内外两地上市公司 5

家），仅次于北京、上海、深圳，位列全国第四、省会城市第一。其中，2014 年 9 月 19 日，阿里巴巴在美国成功上市，成为当时全球第二大互联网公司。2016 年 9 月 15 日，阿里巴巴已成为亚洲市值最高的公司，并跻身全球十大上市公司之列。

（二）以"第四次产业革命（产业升级）"为动力

目标确定了以后，就必须要有动力。我们认为动力源就是杭州**"第四次产业革命"**。当前和今后一段时期，杭州要实现"争先进位"的目标，就要积极谋划以智慧经济为载体的智慧城市建设，启动杭州迈入 21 世纪以来"第四次产业革命（产业升级）"，打造中国智慧城市建设的杭州模式（包括商业模式），真正培育一个万亿级的智慧经济来支撑杭州经济新一轮的发展，最终实现杭州重新进位的目标。

杭州这座城市在经济发展上是先天不足的"四无城市"，即无地矿资源、无港口资源、无政策资源、无项目资源。在这样的背景下，我们认为杭州的比较优势、竞争优势和产业优势都要指向智慧经济。只要抓准了杭州新的比较优势，进而打造新的竞争优势，构筑新的产业和经济优势，就完全有可能找到杭州"一招制胜"的"撒手锏"。

（三）以人工智能、虚拟现实、物联网为支撑的智慧经济为重点

虽然产业的智慧化和城市的智慧化，几乎所有的城市都能做到，但是能够真正实现智慧的产业化和智慧的城市经济化的城市却是屈指可数。而杭州在这方面具有得天独厚的优势。比如，在智慧城市经济的产业链上，杭州涉及的门类大约占了 2/3，在全国的市场份额大约占了 1/3，如全国信息传感设备制造业前三名企业海康威视、大华股份、宇视科技都在杭州。杭州作为全国信息经济发展的龙头城市，只要坚持以人工智能、虚拟现实、物联网"一体两翼"三大经济为支撑和支柱，大力推进以智慧城市经济为载体的智慧城市建设，一手抓产业的智慧化、城市的智慧化，一手抓智慧的产业化、智慧的城市经济化，就完全有可能形成万亿级规模的产业。

（四）以两个"三位一体"为战略方针

一是网络建设、产业发展、应用服务"三位一体"。二是党政机关、企事业单位、居民家庭"三位一体"。目前大多数城市在第一个"三位一体"里侧重发展应用服务，不太重视产业发展，更不重视网络建设。在第二个"三位一体"里，大多数城市重视的是党政机关和企事业单位，不太重视城乡居民家庭。我认为杭州的特色要凸显在两个"三位一体"中，就更要突出网络建设和居民家庭这两个重

中之重。

（五）以新一代（智慧）城域网为基础

新一代城域网（也可称之为"智慧城域网"）是两个"三位一体"方针中第一个重点、难点和亮点。城域网（Metropolitan Area Network），按照英文的字面理解就是都市网。第一代城域网是指在一定的都市范围内建立的计算机通信网。第二代城域网就过渡到了宽带城域网。宽带城域网是指在都市范围内，集数据、语音、视频服务于一体的高带宽、多功能、多业务接入的多媒体网络。而我们提出的新一代城域网（智慧城域网）特指新一代的"互联网＋物联网"。我们认为，物联网是互联网的一个重要分支，没有物联网，智慧城市就难以落地。要打造新一代（智慧）城域网，关键在于实现物联网进家庭。

（六）以智慧家庭为载体

智慧家庭是两个"三位一体"方针中第二个重点、难点和亮点。我们认为智慧城市建设最终和最大的需求必然落实于城乡居民家庭，而不是党政机关和企事业单位。通过智慧家庭这个载体，我们可以把智慧交通、智慧电网、智慧物流、智慧旅游、智慧商贸、智慧环保、智慧金融、智慧社区、智慧教育、智慧医疗、智慧政府等应用都整合进城乡居民家庭。而以人工智能经济、虚拟现实经济、物联网经济为支柱的智慧经济的最大蓝海一定是城乡居民家庭。

（七）以系统供应商为平台

我们希望杭州加快推进以智慧经济为载体的智慧城市建设，打造全国智慧城市规划、设计、技术、设备、服务、管理、营运的系统供应商，使杭州成为基础设施最先进、技术水平最高、城市数据最开放、信息服务创新能力最强、智慧城市应用最普及、智慧产业最集聚的城市，为其他城市的智慧城市建设提供整体解决方案，从而形成中国智慧城市建设的杭州模式，特别是智慧城市的商业模式，为最终在中国实现智慧城市可持续发展奠定最坚实的基础。

三、坚持完善体制机制，大力发展智慧经济

在智慧城市建设上我们可以有先有后、万马奔腾；但在智慧城市经济建设上，必然是"捷足者先登"。就如同今天的中国：在电子商务领域中很难再出现第二家"阿里巴巴"；在搜索引擎领域中很难再出现第二家"百度"；在即时通信领域中很难再出现第二家"腾讯"。因此，想要在以智慧城市经济为载体的智慧城市建设上"捷足先登"，必然要有最大的决心、最高的目标、最优的规划、最好的政

策、最强的合力、最快的速度、最佳的效益。因此，我们建议如下：

（一）建立发展领导小组

数字经济与新型智慧城市建设是相辅相成的系统工程，需要全市各级党委、政府加强顶层设计，把数字经济与新型智慧城市提上更加重要的议事日程，理顺管理体制，及时研究解决工作中遇到的重大问题，才能形成合力。**一是**建议市委、市政府整合"杭州市信息经济和智慧经济发展工作领导小组""杭州市智慧电子政务建设工作领导小组"，充实组建为"杭州市数字经济发展与新型智慧城市建设领导小组"，由市委、市政府主要领导担任组长，统筹抓总推动杭州数字经济发展和新型智慧城市规划、建设和运行工作。**二是**建议市数字经济发展与新型智慧城市建设领导小组办公室设在市经信委。领导小组办公室（市经信委）应该是"三位一体"，既通过授权代表市委、市政府牵头抓总，又是一个主管部门，统筹管理全市数字经济发展与新型智慧城市建设，还要扮演好整合资源平台的角色。

（二）编制总体规划体系

杭州数字经济发展与新型智慧城市建设是一项复杂的系统工程，推进相关工作需要谋定而后动。建议围绕"打造全国新型智慧城市规划、设计、技术、设备、服务、管理、营运的系统供应商为杭州发展数字经济形成强大合力"的目标，由市委、市政府制定顶层设计的路线图，分"三步走"牵头编制成体系的总体规划。**一是**开展战略研究，制定规划纲要。结合人工智能产业和数字经济发展的最新动态，建议市委、市政府尽快委托编制杭州数字经济发展与新型智慧城市建设的战略研究报告即规划纲要。这一步，我们在2014年向市委、市政府主要领导汇报智慧城市课题研究成果时已经提出建议，提交的战略研究报告即规划纲要被市委、市政府采纳。如果有需要，我们愿意继续承担战略研究报告即规划纲要起草工作。**二是**组织公开招标，制定总体规划。由市数字经济发展与新型智慧城市建设领导小组办公室（市经信委）通过公开招标，好中选优，各取所长，来制定《杭州市数字经济发展与新型智慧城市建设总体规划》。**三是**分门别类制定专项规划和行动计划。在《杭州市数字经济发展与新型智慧城市建设总体规划》的指导下，由市数字经济发展与新型智慧城市建设领导小组办公室（市经信委）牵头，组织市级有关部门及相关单位，制定覆盖新型智慧城市各成熟领域的专项规划及行动计划，主要包括智慧医疗、智慧教育、智慧安防、智慧金融、智慧环保、智慧企业、智慧交通、智慧电网、智慧物流、智慧社区、智慧家庭、智慧楼宇、智慧政务、智慧旅游等各个门类，系统性地培育杭州数字经济发展新动能。

（三）建立城市工作统筹协调机制

任何重大决策都是有利有弊、有取有舍的，都必须两害相较取其轻、两利相较取其重。杭州在推动高质量发展、创造高品质生活包括人工智能产业发展工作时，要建立城市工作统筹协调机制。**一是**在工作一体化方面，一定要有总抓手、主载体和突破口，厘清头绪，精准发力，决不能不分主次、胡子眉毛一把抓，决不能四面出击、零敲碎打。**二是**在思路差异化方面，一定要坚持高标准、严要求、重实效，为省内乃至国内其他兄弟城市树立标杆、做好示范，决不能降格以求，满足于"过得去""一般化"。**三是**在发展特色化方面，一定要有特色、有亮点、有"撒手铜"，既要做好"规定动作"，又要创新"自选动作"，决不能随大流、同质化。

（四）优化评估考核机制

无论是发展人工智能产业，还是建设新型智慧城市，首先要加快建立行业标准化制度。围绕智慧基础设施、产业发展、应用服务三位一体，探索构建新型智慧城市系统解决方案。**一要**充分发挥标准的引领规范和创新模式的积极作用，大力实施杭州数字经济发展与新型智慧城市建设的品牌和标准化战略，鼓励企业积极参与数字经济领域国际标准、国家标准和行业标准制定，形成和掌握一批自主知识产权，做大做强自主品牌。加强智慧技术的标准化研制和安全应用，以技术和产业的标准化管理促进信息网络安全建设。要积极借鉴国内外数字经济发展和新型智慧城市建设的经验，加快制定智慧技术和产业研发的法规标准、准入标准和管理制度。**二要**建立与国家配套、切合实际的数字经济发展与新型智慧城市建设考核制度，将数字经济发展与新型智慧城市建设成效纳入各级政府绩效评估考核体系。建立新型智慧城市系统运行的评价指标体系，把考核评估作为系统解决方案验收和改进的重要举措，对智慧应用系统建设项目进行系统全面的运行评估，确保数字经济与新型智慧城市应用系统高效协调运转。建议对包括党政机关、企事业单位、居民家庭在内的杭州所有的新建建筑，以及符合条件的老建筑，把新一代城域网（智慧城域网），特别是物联网作为统一的标配，并纳入考核，为全面推进新型智慧城市建设奠定基础。**三要**完善数字经济发展与新型智慧城市建设多元化共治监管体系。数字经济形成的跨区域、跨行业、多主体的复杂生态系统，决定了监管体系需要从传统的政府单向监管转为各主体多元化共同治理的监管。具体来说，市委、市政府要为数字经济发展与新型智慧城市建设平台和各参与主体赋能赋责，明确其权责边界，实现协同共治；要营造公平有序的竞争环境，对平台进行监管；平台对接入其中的各主体进行监管；各主体发挥主观能动性产生内生监管力量。

（五）打造新型智慧城市系统供应商

OTO(Online To Offline)即线上到线下,该模式充分利用了互联网跨地域、无边界、海量信息、海量用户的优势,同时充分挖掘线下资源,进而促成线上用户与线下商品、服务的交易。其核心是把线上的消费者带到现实的商店中去,也就是让用户在线支付购买线下的商品和服务后,到线下去享受服务。经过近年来的广泛探索,OTO模式已经涵盖智慧教育、智慧医疗、智慧安防、智慧金融、智慧环保、智慧企业、智慧交通、智慧电网、智慧物流、智慧社区、智慧家庭、智慧楼宇、智慧政务、智慧旅游等各个门类,为全面采集城市信息、构建全方位覆盖的新型智慧城市奠定了基础。

（六）打造"案例教育＋典型引路"的发展模式

一要重视以"知识中心"为代表的案例教育示范宣传功能。建议借鉴中国工程院和国内其他城市的经验,统筹推进"中国(杭州)数字经济和新型智慧城市知识中心"建设,收集杭州和国内外相关的新产品和新技术,建立涵盖生产、生活、生态基础设施的新型智慧城市标准体系,服务于全国600多座城市的新型智慧城市建设,为杭州数字经济发展提供信息导航。**二要**建立数字经济成功企业产品的智慧应用展示平台,从而汇集杭州企业的优秀产品和方案向全国进行推介。以杭州企业的优势产品足以构建新型智慧城市的各类应用系统,打造国内领先的数字经济发展与新型智慧城市建设项目展示平台。由政府出面牵头建立这样的展示平台十分重要,它能够为各企业参与新型智慧城市建设提供产品升级、技术改进和商务营销等方面的平台支持。**三要**建立数字经济发展与新型智慧城市引领示范区。杭州发展数字经济、建设新型智慧城市有很好的经济基础,具备构建新型智慧城市建设系统供应商的基础条件,优势得天独厚。建议市委、市政府制定具体实施步骤的路线图。

（七）建立高级别的发展论坛和博览会展示平台

高规格、高级别的会展活动对产业发展具有巨大的引领和拉动作用。2014年第一届世界互联网大会在乌镇举办时,乌镇跟互联网、数字经济有关的企业仅有12家,到2018年三季度第五届大会举办前相关企业已经超过了500家。21世纪以来,杭州围绕三次产业革命建立了中国杭州西湖博览会、世界休闲大会及世界休闲博览会、杭州文化创意产业博览会、中国国际动漫节、网商大会等一大批会展品牌,开展系列宣传推介活动,成功地走出了一条具有杭州特色的会展业带动相关产业发展的成功之路,提升了杭州的硬实力和软实力,提高了城市知名度和美誉度,推动杭州经济社会又好又快发展。2016 年适逢世界人工智能 60 年,为推动杭州人工智能产业培育和发展,我们联合中国人工智能学会等单位共同发起主办了"中国(杭州)人工智能产业发展论坛暨中国(杭州)人工智能博览会"。

（八）建立以人才为中心的发展环境

一要牢固树立人力资源是第一资源的观念,把人才工作作为事关全局的重点工作来抓。城市之间围绕发展人工智能产业的竞争,归根结底是吸引人才,特别是高层次的一流人才的竞争。建议大力实施智慧城市产业专项人才工程,尽快集聚一大批掌握核心技术的科技带头人、一大批具有成长潜力的创新人才、一大批一流素质的企业家和资本营运、科技管理服务人才。**二要**打造适合人才创新创业的宽松环境。没有一个宽松的创业环境,没有一个与市场经济接轨的服务环境,就不可能吸引和留住一流的高素质人才,"创业在杭州"就会成为一句空话,数字经济发展成效也会大打折扣。要努力在提供最优制度供给上胜人一筹,在营造最佳发展环境上先人一拍,在最大程度释放改革红利上快人一步。着力打造一流的人文、体制、法治、治安、政策、政务、人居、生态、硬件环境,并依托一流的环境吸引一流的人才,依靠一流的人才兴办一流的企业,使杭州真正成为劳动、知识、技术、管理、资本等要素集聚的"洼地",成为各方人才投资创业的"高地"。**三要**加大政策引才力度,对特殊人才实行特殊政策。建议在杭州原有人才住房保障政策基础上,面向专业技术人才推出人才保障房,合理设定条件,把各类专业所需人才逐步纳入住房保障范围。

（九）推进高新企业"软硬结合"融合发展

培育发展杭州智慧城市产业,必须加强基础研究,优化科研环境,培养和吸引顶尖的人才,在人工智能技术的核心基础领域实现突破,保证杭州智慧城市产业发展的根基稳固。进入人工智能时代,软件和硬件的结合越来越紧密,这是不可逆转的发展趋势,高新企业仅做软件难以适应技术匹配及市场竞争的需求。如果说软件是杭州智慧城市产业的灵魂,那各种硬件就是杭州智慧城市产业的躯体,灵魂只有依附于躯体之上,才能完美结合,产生真正的价值。因此,根据技术潮流的变化,未来只有率先推出软硬件结合产品的公司才能在市场上具有核心竞争力。重视并鼓励企业"软硬结合"的发展战略,各城区、园区应注重构筑"软硬结合"的全产业链发展模式,建议调整优化各地专项资金安排结构,设立智慧城市产业专项扶持资金,用于支持智慧城市领域智慧技术和智慧经济专项发展。

（十）全面推行"科学技术创新＋商业模式创新"发展机制

科学技术创新是原创性科学研究和技术创新的总称,是指创造和应用新知识和新技术、新工艺,采用新的生产方式和经营管理模式,开发新产品,提高产品质量,提供新服务的过程,包括三种类型:知识创新、技术创新和现代科技引领的管理创新。商业模式概念的核心是价值创造。商业模式创新是指企业价值创造提供基本逻辑的变化,即把新的商业模式引入社会的生产体系,并为客户和自身创造价值。要实现"科学技术创新＋商业模式创新",**一要**大力鼓励产学研合作,争创国家级智慧经济开放创新平台。**二要**瞄准成果转化,建议各地充分利用高校资源,通过市校合作等方式联合推动智慧技术的成果转化基地及产业园区建设。**三要**在商业模式创新方面系统谋划,打造全国智慧城市系统供应商。

（十一）推进"一区多园"发展模式

产业发展高地和开放开发平台是扩大改革开放的重要载体。**一要**着力创新体制机制,整合资源要素,强化内容建设,全面提升各类开放开发平台,增强集聚辐射能力。借鉴杭州发展文化创意产业特别是设立十大文创产业园区发展的经验,解决数字经济产业园区的用地问题,使园区成为杭州发展数字经济的"孵化器"和主战场。**二要**根据"政府主导、市场运作,总体规划、分步实施,基础先行、招商紧跟,滚动推进、加快发展"的指导思想,按照"高起点规划、高强度投入、高标准建设、高效能管理"的要求,加快人工智能产业、数字经济园区建设步伐。**三要**按照建设"小特区"的要求,注重园区的特色化发展,进一步理顺体制,配强班子,充分授权,推行封闭式管理、一站式审批、一条龙服务。要强化园区特色,做到功能互补,错位发展,建设生态型、花园式园区。

（十二）坚持"抓大不放小"发展战略

我们要坚持"大公司战略"与"群体战略"相结合,着力培育自主创新主体。大企业、大集团是推进科技创新、支撑经济发展的龙头和骨干。中小企业特别是科技型中小企业,是培育大企业、大集团的基础,是最具创新活力的企业群体。要积极支持、鼓励发展成千上万的中小型民营高科技企业。在培育发展智慧经济方面,我们要始终坚持"抓大不放小",一手抓"大公司战略",加大扶优扶强力度,培育一批"顶天立地"的大企业、大集团;一手抓"群体战略",倡导"和谐创业",鼓励专业技术人员创业,培育"铺天盖地"的中小企业,进一步强化企业的创新主体地位。

目 录 | Contents

总 论

数智开放与城市高质量发展

数智融合与城市高效能治理

数智城建与城市高品质生活

行业实践与案例探索

总　论

人工智能产业发展的大数据评估方法和浙江省人工智能产业发展的评估与分析

浙江大学"浙江省人工智能发展评估项目"课题组*

人工智能作为新一轮产业变革的核心驱动力量,已经成为国际竞争的新焦点和经济发展的新引擎。国务院于 2017 年发布《新一代人工智能发展规划》,把人工智能发展放在国家战略层面系统布局、主动谋划,提出了面向 2030 年我国新一代人工智能发展的指导思想、战略目标、重点任务和保障措施,部署构筑我国人工智能发展的先发优势,为人工智能发展提供了坚实的政策保障。2024 年国务院政府工作报告中首次提出"人工智能＋"行动。浙江省在 2017 年和 2019 年相继发布《浙江省新一代人工智能发展规划》《浙江省促进新一代人工智能发展行动计划(2019—2022 年)》,提出到 2030 年,形成较为完备的核心技术、产业发展、推广应用的创新创业生态体系,人工智能在生产生活、社会治理等方面应用的广度和深度极大拓展,人工智能产业成为引领浙江经济社会快速发展的主导产业。经过多年发展,浙江形成了发展人工智能的良好产业生态,人工智能规模效益保持较快增长,形成了梯次分明、规模较大的人工智能企业队伍,在全面实施数字经济"一号工程"2.0 版的推动下,人工智能应用场景不断丰富,赋能全省经济社会高质量发展。

当前,产业链与创新链"双链"融合成为产业大势,人工智能作为创新策源产业,其发展重要性显而易见。在此背景下,中国工程科技发展战略浙江研究院委托潘云鹤院士团队开展"浙江省人工智能发展评估项目"课题研究,目的是在"双链融合"视角下对浙江省人工智能发展进行评估,把握该领域的整体发展水平及

---

* 浙江大学"浙江省人工智能发展评估项目"课题组成员包括组长:潘云鹤院士;顾问:郑南宁院士、谭建荣院士;成员:庄越挺教授、汤永川教授、邵健副教授、黄晨研究员、宋华盛教授、邓晃煌讲师。

创新能力,研判在全国所处的地位、存在的短板差距,并且对人工智能与实体经济融合发展进行专项研究。评估工作将围绕该领域的科技发展趋势和未来竞争焦点,提出浙江省未来人工智能发展布局的重点方向,赋能区域经济高质量发展。

本文是课题研究报告《浙江省人工智能发展评估项目报告》的简要总结,结构如下:第一部分,全球新一代人工智能技术发展态势;第二部分,人工智能产业发展的大数据评估方法;第三部分,浙江省人工智能产业发展量化评估结果;第四部分,浙江省人工智能产业发展建议。

一、全球新一代人工智能技术发展态势

(一)新一代人工智能技术体系

基于产业链、创新链相关理论研究,在参考科技部第六次国家技术预测报告并在咨询院士专家意见的基础上,评估工作组构建了人工智能(AI)的三级体系(如图1所示),一是 AI 基础支撑体系,涉及 21 个细分领域;二是 AI 核心技术体系,涉及 36 个细分领域;三是 AI 行业应用体系,涉及 20 个应用领域。该体系主要应用于产业发展评估,故暂时未将技术自身迭代研发过程纳进来,同时由于高新技术服务业产业链、创新链双链融合多以创新链驱动为主,现代高端制造业产业链创新链双链融合多以产业链驱动为主,人工智能作为新兴生产性服务业,产

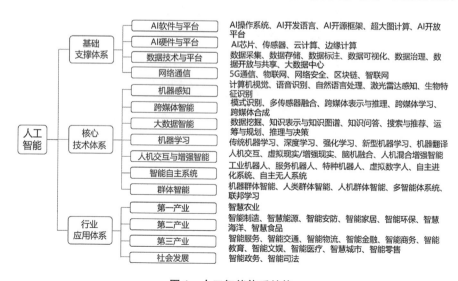

图 1　人工智能体系结构

业链的形成也是依托于技术的上下游连接与技术迭代,因此整个体系结构将技术创新链结构作为底座,以中游核心技术为关键环节,向上游基础支撑延伸,向下游行业应用延伸。体系中将涉及 AI 企业、高校、科研机构、政府等不同主体,安全与伦理将贯穿整个体系,保障人工智能合规健康有序发展。

(二)人工智能技术赋能产业的现状与趋势

新一代人工智能技术突飞猛进,在大模型带动下快速向多模态智能体、行为智能演进,推进产品智能化、装备智能化和产业智能化。

1. 大模型迈向多模态,AI 智能体有望成为下一代平台核心

据不完全统计,2023 年,源自美国的知名大模型有 61 个,远超欧盟的 21 个和中国的 15 个,美国仍牢牢占据优势。OpenAI 发布的 Sora、GPT‑4o 以其在多模态上的强大性能引领全球大模型技术发展,中国厂商迅速跟进发布了一系列模型,引发了大模型研发浪潮。随着端侧大模型加速部署,大模型技术加快向各行各业深度渗透,或将成为未来交互新入口。基于各种大模型的 AI 智能体有望成为各类智能平台的核心,从而赋能各行各业。

2. 产品装备加速智能化,人形机器人促进行为智能发展

得益于视觉智能的成熟,自动驾驶技术发展迅速,2024 年自动驾驶技术在多个国家获批商业化运营。在大数据智能等 AI 技术的赋能下,数控机床、工程机械、通信产品、家居产品等产品装备均在不同程度地智能化升级。通过集成大模型,人形机器人在环境感知、任务分析、流程规划以及与环境的互动方面的能力得到了显著提升。英伟达发布全球首款人形机器人模型,推动机器人向行为智能跨出了一大步。

3. 智能物联(AIoT)加速 AI 技术融合,企业场景成新增长点

智能物联(AIoT)技术正在将 AI 的数据处理和决策能力与 IoT 的连接和感知能力相结合,以实现更高效的数据利用和智能决策。随着 AI 与 IoT 的融合,边缘计算成为趋势,从而实现本地化智能决策。智能物联除了在城市、金融、零售、制造等行业应用,企业场景数字化正成为其业务的新增长点。

二、人工智能产业发展的大数据评估方法

为了全面剖析浙江省人工智能产业创新发展的态势,本研究采用了产业大数据评估方法,对 AI 专利数据和企业数据进行了深入分析。这种方法不仅涵盖了专利授权趋势、申请主体、基础支撑技术以及核心技术领域等多个维度,而且

创造性地通过数据聚类来分析各类技术，以识别技术创新的热点区域和产业集群。该方法的核心在于探究企业在技术创新上的共生关系，即任意一个企业同时研发某些技术的倾向性，以此深入分析特定区域的产业创新链。以下是本研究采用大数据评估方法的核心步骤：

（一）专利数据分类

首先收集并整理了浙江省截至2023年底的人工智能专利和企业数据，形成研究的数据集基础。接下来，将每项专利分类到上述人工智能技术体系的某个三级领域（图2），从而为每项专利贴上人工智能技术标签，为后续分析奠定坚实基础。

（二）企业技术画像

将每家企业在不同AI技术领域的专利分布表示为一个多维向量，构建企业技术画像矩阵A。该矩阵有m行n列，其中m代表企业数量，n代表AI技术类别数量，矩阵中的每个元素值A[i，j]表示第i家企业在第j个AI技术类别的专利拥有数量。

（三）邻接矩阵构造

通过对企业技术画像矩阵A进行阈值化处理，将所有大于1的元素设置为1，可以构造一个邻接矩阵B。在该矩阵中，若A[i，j]≥1，则B[i，j]=1，表示第i家企业在第j个AI技术领域至少拥有一项专利；否则B[i，j]=0，表示第i家企业尚未在第j个AI技术领域取得专利。

（四）AI技术共生矩阵构造

基于上述邻接矩阵，进一步构建AI技术共生矩阵$C=B^TB$，该矩阵具有n行n列。在该矩阵中，C[i，j]的数值表示同时拥有第i个AI技术类别与第j个技术类别专利的企业数量，从而揭示不同技术领域之间的共生关系，数值越大，表明企业同时研发这两个技术领域的倾向性越强。图2展示了浙江省人工智能技术领域的共生矩阵。

（五）AI技术集群划分

运用社群发现算法工具Louvain算法对AI技术共生矩阵C进行分析，以此划分出多个子矩阵（子图）。每个子图代表一个AI技术创新链，从而形成关于AI技术领域的不同集群。通过可视化这些集群，构建出人工智能技术的共生网络，据此对技术创新链的链主技术和企业集群进行分析，揭示关于该AI技术创新链的生态构成。

	AI芯片	传感器	云计算	数据采集	数据存储	数据治理	数据开放与共享	物联网	网络安全	区块链	计算机视觉	语音识别	生物特征识别	传统机器学习	深度学习	新型机器学习	数据挖掘	人机交互	虚拟现实/增强现实	工业机器人	服务机器人	特种机器人	智能制造	智能安防	智能交通
智能交通	11	31	8	27	21	24	7	18	6	4	24	5	6	8	9	5	15	8	3	12	3	4	3	6	0
智能安防	20	45	11	29	23	28	7	30	12	3	31	4	5	9	10	4	13	4	3	11	6	4	3	0	6
智能制造	8	45	4	19	14	17	3	12	7	2	23	1	4	5	6	4	16	10	2	62	2	2	0	3	3
特种机器人	14	40	3	22	11	18	1	14	6	4	16	2	7	4	8	4	17	9	2	21	7	0	2	4	4
服务机器人	21	45	8	24	22	20	5	8	25	4	16	2	7	8	25	9	26	6	10	24	0	7	2	6	3
工业机器人	50	409	16	101	59	79	6	66	13	8	92	11	17	18	24	11	42	26	10	0	24	21	62	11	12
虚拟现实/增强现实	12	19	7	20	15	19	6	11	5	4	12	7	4	7	12	5	10	10	0	10	10	2	2	3	3
人机交互	35	103	12	61	41	57	8	25	10	11	44	11	8	25	25	9	26	0	10	26	6	9	10	4	8
数据挖掘	64	177	33	167	114	178	23	70	29	19	83	16	17	47	48	22	0	26	42	42	26	17	16	13	15
新型机器学习	9	41	37	36	7	33	10	8	12	8	28	40	0	22	8	5	22	9	5	11	9	4	4	4	5
深度学习	41	68	14	70	70	79	15	33	18	19	90	23	10	43	0	8	48	25	12	24	25	8	6	10	9
传统机器学习	35	57	17	91	79	82	18	34	24	22	65	12	8	0	43	22	47	25	7	18	8	4	5	9	8
生物特征识别	23	53	10	35	28	33	8	21	10	4	45	10	0	8	10	12	17	8	4	17	7	7	4	5	6
语音识别	23	45	9	34	31	33	7	23	10	5	82	0	10	12	23	40	16	11	7	11	2	2	1	4	5
计算机视觉	106	294	40	197	155	190	25	99	38	26	0	82	45	65	90	28	83	44	12	92	16	16	23	31	24
区块链	19	21	15	45	50	42	15	22	17	0	26	5	4	22	19	8	22	11	5	8	4	4	2	3	4
网络安全	24	37	15	51	49	51	27	0	17	22	38	10	10	24	18	12	29	10	5	17	25	6	7	12	6
物联网	87	276	36	162	159	159	0	27	22	99	99	23	21	34	33	8	70	25	11	66	8	14	12	30	18
数据开放与共享	17	36	11	35	37	37	0	27	15	15	25	7	8	18	15	10	23	8	6	6	5	3	3	7	7
数据治理	151	435	49	383	259	0	37	159	51	42	190	33	33	82	79	33	178	57	19	79	20	18	17	28	24
数据存储	110	278	44	268	0	259	37	159	49	50	155	31	28	79	70	7	114	41	15	59	22	11	14	23	21
数据采集	166	501	56	0	268	383	35	162	51	45	197	34	35	91	76	36	167	61	20	101	24	22	19	29	27
云计算	29	61	0	56	44	49	10	36	15	15	40	9	9	17	14	37	33	12	7	16	8	3	4	11	8
传感器	264	0	61	501	278	435	36	276	37	21	294	45	53	57	68	41	177	103	36	409	45	40	45	45	31
AI芯片	0	264	29	166	110	151	17	87	24	19	106	23	23	35	41	25	64	17	12	50	21	14	8	20	11

图 2　浙江省人工智能专利领域共生矩阵

三、浙江省人工智能产业发展量化评估结果

（一）浙江省 AI 综合竞争力排名全国第四

本文通过对科技创新、产业发展、基础要素、政府响应等四项指标的熵变加权模型计算人工智能发展区域竞争力指数。从全国层面来看（表 1），北京、广东、上海、浙江、江苏属于国内第一梯队，山东、四川、安徽、湖南、湖北位于第二梯队。浙江人工智能综合竞争力目前排名全国第四，指数值为 83.91，略高于江苏，与北京、广东存在一定差距。从全省层面来看（表 2），杭州领先优势明显，综合竞争力指数为 89.92，宁波市、嘉兴市和绍兴市分列第二到第四位，综合竞争力指数均超过 70，湖州市、温州市、金华市、台州市分列第五到第八位，综合竞争力指数均高于 60，衢州、丽水、舟山暂时落后。

以上述人工智能体系作为企业分类判定依据，据不完全统计，截至 2022 年底，浙江人工智能企业总数为 1 161 家[1]，占全国总量的 9.81%，位居全国第

1　该数字源自课题组研究成果，AI 企业认定标准是以新一代人工智能技术体系为基准，按是否提供人工智能相关产品、解决方法、有效发明专利判定是否为 AI 企业。

四(图3)。2022年,浙江人工智能就业人员规模为28.81万人,居全国第四位,2017—2021年年均增长率8.02%;融资规模处于全国第四位,2017—2022年累计融资2 480.22亿元,融资事件779起。就行业而言,全省人工智能产业集中于智能制造、智能服务、智能医疗、智能家居、智能物流、智能金融等行业。

表1 人工智能产业竞争力指数 TOP10 省市

省 市	综合竞争力	科技创新	产业发展	基础要素	政府响应
北京市	90.58	93.67	95.11	83.61	82.18
广东省	89.80	88.70	93.56	84.64	89.18
上海市	86.45	80.13	95.06	85.18	82.04
浙江省	83.91	80.77	86.55	80.86	87.44
江苏省	83.86	85.59	80.93	85.38	85.14
山东省	74.89	75.67	74.28	70.45	78.98
四川省	70.86	70.64	70.27	69.26	74.06
安徽省	66.36	66.12	66.46	65.25	67.71
湖南省	65.97	64.70	65.90	66.46	68.05
湖北省	65.12	69.18	63.42	68.56	57.51

表2 浙江省地级市人工智能产业竞争力指数

地级市	综合竞争力	科技创新	产业发展	基础要素	政府响应
杭州市	89.92	90.53	92.66	86.33	86.63
宁波市	84.46	85.31	86.97	80.97	81.11
嘉兴市	79.60	77.28	85.13	77.85	74.40
绍兴市	72.24	72.46	73.05	69.91	72.43

续　表

地级市	综合竞争力	科技创新	产业发展	基础要素	政府响应
湖州市	68.79	71.06	68.03	67.10	67.69
温州市	67.79	72.69	64.79	63.30	69.01
金华市	65.54	66.14	68.33	60.71	63.35
台州市	65.03	66.96	65.55	60.94	64.25
衢州市	57.29	59.85	55.99	56.94	55.44
丽水市	57.26	56.30	56.19	56.27	62.24
舟山市	54.78	54.82	55.10	56.27	52.60

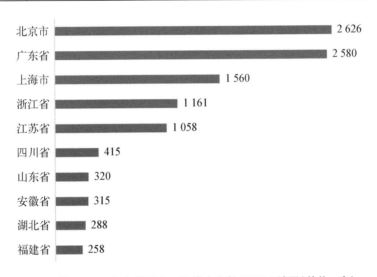

图3　截至2022年底我国人工智能企业数TOP10地区(单位:家)

　　由此可见,浙江省已形成相对完整的人工智能技术体系。目前浙江人工智能企业已覆盖产业链上、中、下游,层级分布比例为28.99∶28.87∶42.14,涉及AI行业应用的企业最多。浙江人工智能企业规模TOP5行业领域分别为智能制造、智能服务、智能医疗、智能家居和智能安防,占比分别为19.65％、11.81％、9.67％、8.04％和6.92％。表3列出了全国人工智能产业发展领先的五省市人工智能企业的行业分布。

表3　五省市人工智能企业行业（TOP 5）分布

省　市	智能制造	智能家居	智能服务	智能物流	智能金融	智能商务	智能安防	智慧农业	智能医疗
浙江省	19.65%	8.04%	11.81%	—	—	—	6.92%	—	9.67%
北京市	8.15%	—	16.54%	—	13.98%	8.25%	—	—	8.49%
广东省	14.95%	9.24%	17.11%	—	10.98%	—	—	—	6.42%
上海市	14.48%	—	12.59%	—	15.09%	8.97%	—	—	7.41%
江苏省	26.84%	—	14.39%	8.25%	—	—	—	5.25%	6.75%

整体上，浙江省的人工智能产业呈现"一超两强"的局面，"一超"指杭州，在人工智能支撑技术、核心技术、应用技术方面都走在浙江省乃至全国前列；"两强"指宁波和嘉兴，这两个城市在人工智能和第二产业的融合中都取得了一定成效。

（二）浙江省 AI 技术形成了五大技术创新链

通过 AI 专利大数据评估方法，可以构建浙江省 AI 技术图谱（图4），进一步通过社群分析，发现浙江省 AI 技术形成了五大创新链：

1. 智能物联与机器人技术创新链

该技术链共包括专利数量 14 901 条，企业数量 7 672 个。该链主要是智能自主系统相关技术的技术链，包括传感器、工业机器人、物联网、人机交互、服务机器人、智能制造、特种机器人、自主无人系统、智能物流、智能环保、智慧农业、激光雷达感知。

传感器是智能物联与机器人技术创新链的链主节点（图5）。从专利地域分布来看，杭州市居于首位，下属的余杭区和滨江区在该创新链中拥有超过 1 000 项专利；此外西湖区、钱塘区、和萧山区拥有 500 项以上专利；宁波市地位次之，下属的鄞州区和慈溪市拥有的相关专利数量也都超过 500 项。此外，宁波市的余姚市、嘉兴市的南湖区、温州市的瑞安市及乐清市同样储备了不少相关技术。

2. 大数据智能技术创新链

该技术链共包括专利数量 7 001 条，企业数量 2 940 个。该链主要由智能大数据中心技术构成，包括数据采集、数据治理、数据存储、数据挖掘、区块链、网络安全、数据开放与共享、数据可视化、量子智能计算、智能医疗、智能零售、智能教育。

数据采集是大数据智能技术创新链的链主节点（图6）。从专利地域分布来

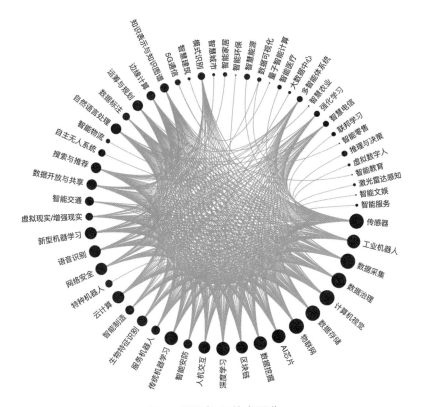

图4　浙江省 AI 技术图谱

看,杭州市一城独大,可称为大数据智能技术之城;杭州滨江区一区独大,专利数超2 000项;杭州西湖区与余杭区拥有的专利数量超过其他城市专利数量之和;宁波鄞州区的专利数量与杭州萧山区、上城区、拱墅区的数量接近。

3. 视觉智能技术创新链

该链共有专利数量3 054条,企业数量1 360个,代表了当前人工智能研究的主流趋势,主要技术构成包括计算机视觉、深度学习、传统机器学习、语音识别、新型机器学习、虚拟现实/增强现实、搜索与推荐、自然语言处理、数据标注、边缘计算、知识表示与知识图谱、模式识别、大数据中心、强化学习、智慧电信、联邦学习、推理与决策、智能服务。

计算机视觉是视觉智能技术创新链的链主节点(图7)。从专利地域分布来看,杭州市一城独大,可称为视觉智能技术之城。杭州滨江区一区独大,拥有相关专利1 039项,占杭州市专利数的一半;杭州西湖区和余杭区各自拥有400项以上的相关专利;宁波市的鄞州区拥有87项专利,是宁波市该产业链的重要力量。

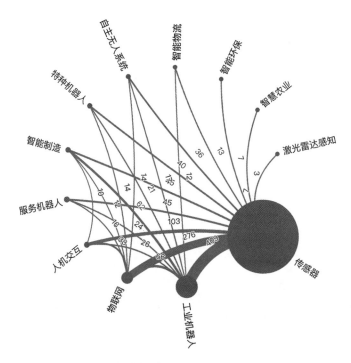

图 5　智能物联与机器人技术创新链

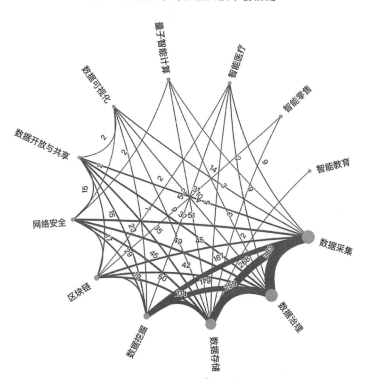

图 6　大数据智能技术创新链

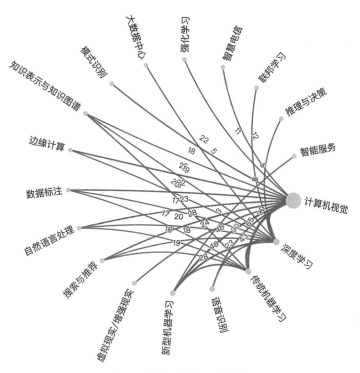

图 7　视觉智能技术创新链

4. AI 芯片与通信技术创新链

该链共有专利数量 1 299 条,企业数量 830 个,主要技术包括 AI 基础支撑技术,包括 AI 芯片、生物特征识别、5G 通信、智慧能源、多智能体系统。

AI 芯片是 AI 芯片与通信技术链的链主节点(图 8)。从专利地域分布来看,杭州市位居首位,按专利数各区位次为:滨江区(320 项)、余杭区(119 项)、西湖区(116 项)、萧山区(51 项)、上城区(45 项)、钱塘区(42 项)、拱墅区(37 项)。杭州之外重要县市区为:温州市的乐清市(45 项)

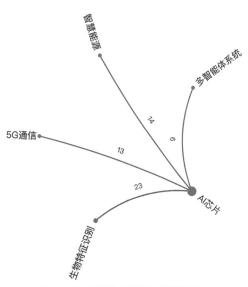

图 8　AI 芯片与通信技术创新链

13

和宁波市的鄞州区(45项)。

5. 智能应用技术创新链

该链共有专利数量744条,企业数量475个,主要是AI技术应用,包括云计算、智能安防、智能交通、运筹与规划、智慧建筑、智慧城市、智能家居、虚拟数字人、智能文娱。

云计算是智能应用技术链的链主节点(图9)。从专利地域分布来看,杭州市居首位,其中滨江区亦是一区独大(273项),其后是西湖区(73项)、余杭区(52项)、拱墅区(28项)、上城区(22项)、萧山区(20项)、钱塘区(19项)。宁波市的鄞州区(28项)与嘉兴市的南湖区(18项)是杭州市外的主要市区。

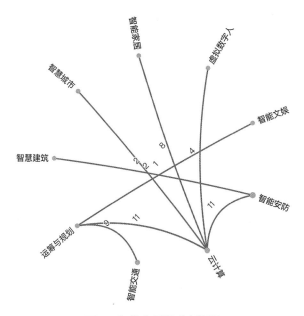

图9　智能应用技术创新链

（三）浙江在大模型方面形成前沿研究优势

据不完全统计,浙江共有9家企业与机构已开发或正在开发大模型相关技术产品(图10),目前相关企业和机构都集中在杭州。在前沿技术基础领域,阿里云推出开源"通义千问"720亿参数基础大模型,西湖心辰、幻方量化、网易伏羲、宇视科技、恒生电子、同花顺、新华三、实在智能等也各自推出了领域大模型产品。浙江大学与微软联合发布HuggingGPT大模型、浙江大学发布TableGPT关系数据库大模型,同时浙江大学正积极推动AI＋X模式下垂直领域基座模型的联合开发建设,研发了服装设计大模型、产业链大模型、教育大模型、法律大模型等垂直大模型并投入应用。浙江省在以上领域有望形成大模型技术前沿优势。

企业	产品	特点
阿里	通义千问	大语言模型,拥有强大的云计算资源支撑
西湖心辰	西湖大模型	智商情商俱佳的多模态大模型
幻方量化	深度求索	开源的代码大模型
网易伏羲	玉言	中文预训练大模型,已用于网易文字游戏、智能 NPC、文本辅助创作、音乐辅助创作等多种业务场景
宇视科技	梧桐	AIoT(人工智能物联网)行业大模型
恒生电子	LightGPT	金融行业大模型,实现了与华为昇腾系列的全面适配
同花顺	问财HithinkGPT大模型	金融行业大模型
新华三	百业灵犀	帮助百行百业建设最懂"行"的私域大模型
实在智能	塔斯TARS	面向垂直行业领域自主训练的大语言模型

图 10　浙江省代表性的大模型产品

浙江省大模型算力包括杭州智算中心、宁波智算中心、幻方量化、之江实验室、西湖大学、桐乡"乌镇之光"、浙江大学等。在大模型训练数据方面,2023 年 8 月出台《浙江省公共数据授权运营管理办法(试行)》,积极推进产业数据价值化改革(建成 57 个产业大脑),数据市场化配置试点,在政策方面有保障。

(四)数字化网络化企业是浙江省 AI 创新的主体

杭州是浙江 AI 创新高峰,数字化网络化企业是浙江省 AI 创新主体,数字化网络化基础较好的企业更具有智能化的优势。其中,如表 4 所示,产业智能化 TOP 10 企业均是数字经济引领者(互联网、智能安防、数字技术、新能源企业),如蚂蚁金服、海康威视、浙江大华、网易等龙头企业。

如表 5 所示,AI 产业化 TOP 10 企业基本上是提供数字化服务(如区块链)的新兴企业。

表4　产业智能化 TOP10 公司

企　业　名　称	AI 专利	非 AI 专利	AI：非 AI	地　区
蚂蚁金服（杭州）网络技术有限公司	619	1 521	0.41	杭州市
杭州海康威视数字技术股份有限公司	583	2 162	0.27	杭州市
浙江大华技术股份有限公司	361	1 961	0.18	杭州市
浙江宇视科技有限公司	303	1 327	0.23	杭州市
新华三技术有限公司	238	3 662	0.06	杭州市
浙江吉利控股集团有限公司	233	3 601	0.06	杭州市
网易（杭州）网络有限公司	233	1 361	0.17	杭州市
宁波方太厨具有限公司	189	3 600	0.05	宁波市
杭州安恒信息技术股份有限公司	143	419	0.34	杭州市
杭州海康威视系统技术有限公司	137	322	0.43	杭州市

注：产业智能化公司定义为非 AI 专利与 AI 专利数之比＞0.5 的公司。

表5　AI 产业化 TOP10 公司

企　业　名　称	AI 专利	非 AI 专利	AI：非 AI	地　区
杭州趣链科技有限公司	94	134	0.70	杭州市
浙江新再灵科技股份有限公司	49	98	0.50	杭州市
杭州安脉盛智能技术有限公司	36	52	0.69	杭州市
杭州云象网络技术有限公司	35	50	0.70	杭州市
杭州大杰智能传动科技有限公司	30	58	0.52	杭州市
浙江凡聚科技有限公司	28	41	0.68	杭州市
浙江数秦科技有限公司	25	38	0.66	杭州市

企　业　名　称	AI 专利	非 AI 专利	AI：非 AI	地　区
杭州休普电子技术有限公司	23	45	0.51	杭州市
新华智云科技有限公司	20	33	0.61	杭州市
瑞安市麦格电子科技有限公司	19	19	1.00	温州市

注：AI产业化公司定义为非 AI 专利占比与 AI 专利数之比＜0.5 的公司。

（五）浙江人工智能与制造业融合初见成效

浙江全省各地出台《关于公开征求〈以"产业大脑＋未来工厂"为引领加快推进制造业数字化转型行动方案（征求意见稿）〉意见建议的公告》等相关政策措施，引领人工智能与制造业加快融合发展。

1. AI 与高端制造业融合

根据浙江省十大标志性产业链的人工智能技术渗透情况，从技术专利角度分析，新能源汽车产业领域，计算机视觉相关专利占比达到 83.43％；智能计算产业领域，数据挖掘专利占比 63.05％、计算机视觉专利占比 15.72％；运筹与规划、计算机视觉是机器人领域专利数前二的 AI 技术，占比合计 53.19％；集成电路产业领域计算机视觉专利占比 47.28％。计算机视觉是数字安防、网络通信、智能家居、生物医药、炼化一体化与新材料、现代纺织等产业领域专利数量最多的 AI 技术。

根据浙江省机器人产业链人工智能技术渗透情况，机器人集成、机器人本体、机器人软件是该产业人工智能发明专利授权数较多的产业链细分领域，其中机器人集成领域，运筹与规划、计算机视觉、新型机器学习、虚拟现实或增强现实相关技术专利占比分别为 43.68％、23.56％、7.47％、6.32％；机器人本体领域，运筹与规划、计算机视觉、新型机器学习、深度学习相关技术专利占比分别为 44.64％、23.21％、7.74％、5.95％；机器人软件领域，运筹与规划、计算机视觉、语音识别相关技术专利占比分别为 53.85％、20.51％、10.26％。

根据浙江省集成电路产业链人工智能技术渗透情况，集成电路设计是该产业链人工智能相关技术发明专利授权数较多的产业链细分领域，占比高达 96.99％，其中计算机视觉、深度学习、新型机器学习相关技术专利占比分别为

17

46.61％、11.58％、11.02％，是该领域融合应用相对广泛的技术。

根据浙江省新能源汽车产业链人工智能技术渗透情况，智能网联、核心零部件是该产业链人工智能相关技术发明专利授权数较多的产业链细分领域，其中计算机视觉、数据挖掘相关技术专利占比分别为87.04％、3.79％，是智能网联领域融合应用相对广泛的技术，计算机视觉、深度学习、生物特征识别相关技术专利占比分别为53.39％、10.17％、9.75％，是汽车核心零部件领域融合应用相对广泛的技术。

另外，浙江省也涌现出一批 AI 与制造业融合的典型案例，如吉利汽车 Dark Factory、新昌轴承产业大脑。

尽管近年来浙江省大力推进新一代人工智能技术与制造业融合，使得"数字化＋""智能化＋"正加速赋能传统制造业转型升级，但仍然存在企业技术创新亟须突破、工业制造数字基建相对薄弱、制造环节数据难以开发利用、智能制造缺乏标准创新模式等亟待解决的问题和难点。

2. AI 与现代服务业融合

浙江省人工智能与现代服务业融合发展正在不断深入。从企业登记数量来看，2010 年浙江省智能服务业企业登记数量占同期现代服务业企业登记数量的5.9％，2021 年，该比重为17.5％，占比提高近 3 倍。12 年间智能服务业企业占比年均复合增长率为9.5％。从企业注册资本来看，2010—2021 年间，浙江省智能服务业企业注册资本占比从 6.0％上升至12.2％，占比提高约 2.1 倍，年均复合增长率为6.1％。从区域分布来看，浙江省智能服务业企业多分布在北部核心城市和东部沿海城市，呈现东北部高于西南部的趋势，与地区生产总值呈现一定的相关性，呈现多点聚集的发展格局。40.7％的智能服务业企业的登记地址为杭州市，其次为宁波市（16.3％）、温州市（11.6％）、嘉兴市（6.1％）。作为"双引擎"的杭州和宁波在智能服务业企业数量分布中占据领先优势。

知识密集型行业引领浙江省人工智能和现代服务业融合。2010—2021 年现代服务业企业登记数量占比前三的细分行业分别为租赁与商务服务业、科学研究与技术服务业以及信息传输、软件和信息技术服务业。从智能服务业的内在结构看，科学研究和技术服务业以及信息传输、软件和信息技术服务业的企业总登记数量排名前二，分别为 8.5 万和 7.4 万，占智能服务业企业总量的 40.1％和 34.9％。与人工智能融合程度较高的行业为信息传输、软件和信息技术服务、科学研究和技术服务以及教育行业，融合广度分别为 25％、23％和 21％。

浙江省人工智能与现代服务业融合以菜鸟全链式数智方案、微医数字化慢病管理、网易"瑶台"元宇宙为典型案例。

尽管浙江省人工智能与现代服务业的融合发展取得了显著成就,但也存在区域行业融合发展程度参差不齐、关键要素供给存在结构性失衡、人工智能核心技术攻关体系亟待完善、传统治理模式滞后于智能服务业的创新发展等问题。

四、浙江省人工智能产业发展建议

基于上述浙江省人工智能产业发展现状,结合当前 AI 技术发展趋势,我们为浙江省如何发展人工智能产业及促进传统产业智能化转型升级,抢占细分领域国内及全球 AI 产业创新高地,提出以下建议。

1. 加强大模型关键核心技术攻关,夯实人工智能发展的模型、数据、知识基础

目前,浙江省正在人工智能技术前沿领域的科学研究持续加速和发力,阿里云和浙江大学均已发布前沿技术领域大模型。建议在此基础上,一方面,集中发力布局大模型创新链,组织科技专项进行大力攻关,打造国内开源开放大模型最强创新生态体系。另一方面,加快开发大模型,在加强语言大模型优势的基础上,组织浙江大学、之江实验室等科研力量研发跨媒体大模型,抢占前沿技术高地;在专业(垂直)大模型方面,集中推进大模型与各专业领域知识深度融合等关键核心技术突破,结合浙江产业优势打造各垂直领域的数据中心和知识中心,推动大模型场景应用和生态优势的建立。

2. 加快"智能物联"和"中国视谷"建设,强化智能物联和视觉智能产业融合发展优势

浙江省已在视觉智能和智能物联方面积累显著的技术优势,延续和强化技术领域先发优势是夯实发展竞争力的重点工作。建议在此基础上,一方面,加快"中国视谷"建设进程,组织海康威视、浙江大学、网易、舜宇、之江实验室等申请建设国家视觉智能产学融合协同中心,强化浙江省智能物联和视觉智能产业发展优势。另一方面,建设视觉大数据与视觉知识中心,大力发展跨媒体智能以及AIGC 等关键核心技术,推动智能装备、智能产品、智能制造、智能驾驶、智能物流、智能设计等产业跃迁式发展。

3. 加速智能机器人与智能自主系统产业发展,形成产业集群式发展生态

浙江省制造业和服务业发达,数字技术发展出广阔的应用场景。建议在此

基础上，一方面，推动机器人产业全面向智能化、模块化、标准化产业方向升级，并扩展为通用的智能自主技术，重点推进工业机器人、服务机器人、医用与特种机器人、人形机器人和无人运载等产业，加速其技术创新与产业化进程。另一方面，充分利用宁波、嘉兴、温州、台州等地机器人产业的良好基础，进一步发展智能机器人产业，以带动浙江省整体在机器视觉、传感器、控制芯片、大模型等相关技术领域的创新发展，形成多形态、多功能、多层次的智能自主系统产业集群式发展生态。

4. 推进智能平台经济大发展，大力打造技术创新型平台

浙江省在平台经济领域已建立先发优势，当前须尽快从传统交易型平台拓展至技术创新产业平台，以人工智能技术赋能实体经济，不断推动传统产业转型升级和新兴产业培育发展。建议如下，一方面，巩固交易型平台领先优势，促进智能电商、智能金融、智能物流平台技术升级，满足实体经济和企业境外发展需求。另一方面，推动技术创新型平台发展，发力打造智能平台2.0，如知识服务平台、软件代码生成平台、数字创意平台、智能协作平台、电竞平台等新业态发展及各类平台向群体智能的智能平台升级，加速促进数字经济向智能经济升级发展。

5. 提升智能产品创新、设计和营销服务能力，锻造智能产业价值创造高地

浙江省产业门类丰富多样，为人工智能赋能产业价值提升提供了多元化途径。因此，本研究建议，一方面，推动消费产品智能化转型升级，促进传感器、物联网、智能计算与传统产业的融合发展，提升智能产品创新与设计能力，举办智能产品博览会，创建智能经济与社会新场景，开拓智能产品新市场。另一方面，聚集智能产品、技术和设计大数据，扶持基于大模型的各类智能创新设计平台和营销服务平台发展，将浙江省打造成人工智能时代产品创新设计与营销服务的价值高地。

何以高水平建设新型智慧城市？

——基于"技术-组织-环境"框架的 QCA 组态路径研究

兰　蓓　黄丽萍[*]

一、问题的提出

随着大数据、区块链、人工智能等新一代信息技术的发展,数字化智能化不断冲击着城市治理理念与治理模式的革新。作为以信息化为导向的城市发展新形态,新型智慧城市以透彻感知、深度互联、智能应用为特点,促进信息通信技术与城市战略、规划、建设、运行与服务全面深度融合,驱动着城市创新发展[1]。2021 年,《中华人民共和国国民经济和社会发展第十四个五年规划和二〇三五年远景目标纲要》提出"分级分类推进新型智慧城市建设",并以此作为加快数字社会建设步伐的关键举措。党的二十大报告指出,要加快转变超大特大城市发展方式,打造宜居、韧性、智慧城市。2022 年,国家信息中心发布《新型智慧城市评价指标》,进一步明确了新型智慧城市建设的目标与方向。在全面推进中国式现代化的时代背景下,建设新型智慧城市将为我国高质量发展注入强劲动力。

近年来,智慧城市建设热潮正在全国范围内掀起,上海"随申办市民云"、浙江"浙里办"、广东"粤省事"等地方创新实践应运而生,但与此同时,也暴露出部分城市跟风严重,浮现出"中看不中用"的"形象工程",地方城市基于现实需求的创新不足等问题[2]。据《中国智慧城市长效运营研究报告》,我国新型智慧城市建设存在"重

* 作者兰蓓系成都市经济发展研究院社会发展研究所所长,高级经济师;黄丽萍系成都市经济发展研究院社会发展研究所研究员。

1　楚金华,钟安原.智慧城市建设对城市创新力提升的影响研究[J].电子政务,2021(4):16-29.
2　邬艳丽.城市智慧治理的发展现状与完善路径[J].国家治理,2021(9):9-15.

概念、轻内涵""重平台、轻运营""重共性、轻个性"等一系列问题[1]，在建设成效上，呈现明显的区域发展不平衡现象，中西部城市普遍落后于东部沿海城市[2]，其重要原因之一在于我国多数城市对于新型智慧城市的建设逻辑与优化路径缺乏足够了解[3]。

新型智慧城市建设困境引出一系列思考：影响新型智慧城市建设水平的关键因素或核心条件是什么？如何科学促进新型智慧城市高质量发展？鉴于此，本文将重点探究新型智慧城市影响因素与建设成效的溯因关系，试图揭示高水平建设新型智慧城市的"钥匙密码"。

二、文献综述与理论框架

（一）新型智慧城市蕴含概念、价值导向及影响因素

新型智慧城市源起于"智慧城市"概念，最初强调信息技术对城市治理的影响，分析以网络组合为基础的城市发展新模式[4]。相较于传统城市治理范式，新型智慧城市更强调数据智能、信息模型等赋能支撑，以智能、高效和可持续的方式管理城市，最终目标是更好地利用公共资源，改善服务质量，同时降低公共管理的运营成本[5]。结合中国发展情景，新型智慧城市建设更加突出"以人为本"理念，通过技术创新引领城市智慧化转型，最终实现城市经济、社会、环境全面可持续发展的价值目标[6]。

鉴于新型智慧城市建设是一项复杂的系统工程，已有研究以关键基础设施、技术创新人才、城市发展政策等具体要素对新型智慧城市建设的影响进行了探究，剖析了构成新型智慧城市的重要因素[7]，亦有学者基于多要素视角探析各类因素对新型智慧城市建设的组合影响，如 Hák 等人基于"社会-经济-环境"三要

1 中国智慧城市长效运营研究报告[R].北京：国家信息中心智慧城市发展研究中心，2023.

2 杜德林，黄洁，王姣娥.基于多源数据的中国智慧城市发展状态评价[J].地球信息科学学报，2020，22(6)：1294-1306.

3 崔庆宏，王广斌.智慧城市建设影响因素对目标绩效的作用机理[J].上海铁道大学学报，2017，45(1)：152-158.

4 郭雨晖，汤志伟，翟元甫.政策工具视角下智慧城市政策分析：从智慧城市到新型智慧城市[J].情报杂志，2019，38(6)：201-207.

5 DOHLER M., et al. Smart Cities：An action plan. Proceedings of Barcelona Smart Cities Congress[J]. Spain, Barcelona, 2011：1-6.

6 贾舒.中国特色新型智慧城市的多维目标与建设路径[J].长白学刊，2021，(4)：112-119.

7 李智超.政策试点推广的多重逻辑——基于我国智慧城市试点的分析[J].公共管理学报，2019，16(3)：145-156.

素综合联动视角分析智慧城市可持续性发展问题[1]，Garcia 基于系统观的"输入-过程-输出"模型来检验智慧城市建设治理成效与预期目标之间的联系[2]。结合已有研究，影响新型智慧城市建设成效的因素大体可分为技术、组织与环境三个因素层面，技术因素强调技术创新与技术人才对城市发展的推动作用[3]，组织因素则强调政府主体推动城市建设提供政策支持与制度辅力[4]，环境因素强调以技术创新等方式推动城市可持续发展，实现经济效益与生态效益的和谐统一[5]。新型智慧城市是立足新发展阶段下的城市治理与转型的新形态与新模式，如何高水平建设新型智慧城市是一个复杂的系统问题。基于文献总结与回顾，本文尝试依据"技术-组织-环境"理论分析框架剖析新型智慧城市建设背后的复杂关系，明确高水平建成新型智慧城市的组态路径。

（二）TOE 理论分析框架

"技术-组织-环境"（Technology-Organization-Environment，简称 TOE）理论框架最早由 Tornatizky 与 Fleischer 两位学者于 1990 年提出，是基于技术应用情景的综合性分析框架[6]。结合 TOE 理论分析框架与新型智慧城市建设发展实际，本文将影响新型智慧城市建设成效的因素类型划分为技术、组织、环境因素三方面，不同维度下的影响因素相互联动作用，共同影响着新型智慧城市建设成效，由此构建起新型智慧城市建设联动分析框架（图11）。

1. 技术因素

技术创新引领城市发展，其强弱关系直接影响新型智慧城市建设的创新发展情况[7]，而地方科技人才数量一定程度上代表着城市智慧化转型的潜力[8]。技

---

1 HAK，T.，et al. Sustainability indicators：A scientific assessment[M]. Island Press. 2007.

2 GARCIA J R. Conceptualizing smartness in government：An integrative and multi-dimensional view[J]. Government Information Quarterly，2016，33(3)：524 – 534.

3 CAPUTO F，et al. Towards a systems thinking based view for the governance of a smart city's ecosystem a bridge to link smart technologies and big data[J]. Kybernetes，2019，48(1)：108 – 123.

4 KOGAN N，Lee K J. Exploratory Research on the Success Factors and Challenges of Smart City Projects[J]. Asia Pacific Journal of Information Systems，2014，24(2)：141 – 189.

5 BENITES A，et al. Felipe. Assessing the urban sustainable development strategy：An application of a smart city services sustainability taxonomy[J]. Ecological Indicators，2021，127.

6 NEDOVI Z，et al. Human factors in adoption of geographic information systems：A local government case study[J]. Public Administration Review，1996，56(6)：554 – 567.

7 CAEAGLIU A，Del Bo C F. Smart innovative cities：The impact of smart city policies on urban innovation[J]. Technological forecasting and social change，2019，142(05)：373 – 383.

8 耿强.从城市定位与竞争战略看"抢人大战"[J].人民论坛,2018,(15)：12 – 14.

术创新为新型智慧城市建设与发展提供了强大的技术支撑作用,地方科技人才加速了科技创新成果的转化与应用,有助于促进新型智慧城市高质量发展。因此,本文选取技术创新能力、科技人才储备为技术因素的典型变量。

2. 组织因素

制度理论认为良好的制度因素能规范、引领、激励人们的经济行为与社会行为,进而影响组织治理绩效[1]。政府作为新型智慧城市建设的重要推力,其政策的设计与颁布、政务资源的协调与利用情况影响着新型智慧城市建设成效水平[2]。本文在组织因素层面主要考察政策支持力度与智慧政务水平对新型智慧城市建设成效的影响效应。

3. 环境因素

智慧城市建设在充分利用信息技术的同时,也在不断培育绿色创新、数字经济等城市经济增长的新动能。根据环境库兹涅茨曲线理论,环境污染物的排放与城市发展之间呈倒 U 形关系[3],近年来,我国部分城市坚持绿色生态发展,以

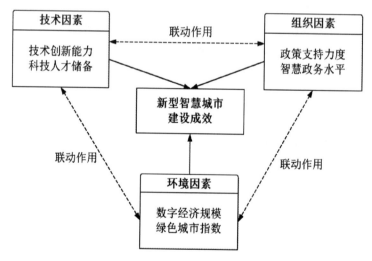

图 11　新型智慧城市建设联动分析框架

1　郑明媚,张劲文,赵蕾蕾.推进中国城市治理智慧化的政策思考[J].北京交通大学学报:社会科学版,2019,18(4):35-41.

2　陈水生.迈向数字时代的城市智慧治理:内在理路与转型路径[J].上海行政学院学报,2021,22(5):48-57.

3　刘晔,陈燕红.城市竞合视角下中国智慧城市建设驱动力研究——对49个城市的实证分析[J].上海行政学院学报,2021,22(6):67-79.

环境改善倒逼城市转型升级，研究发现，基于技术促进的绿色生态保护建设有助于推动新型智慧城市真正落实"智慧"和"绿色"的有机融合[1]。因此，在环境因素层面主要细分为数字经济规模与绿色城市指数两个因素。

三、研究设计

（一）研究方法

组态视角是一种整体性的分析视角，兼顾了定量（定义关键变量）和定性（保持整体视角）研究方法优势，能有效解释中小规模多案例间非对称性、多重并发因果和等效性等复杂因果关系[2]。作为多要素组态效应的范式，定性比较分析方法（Qualitative Comparative Analysis，简称 QCA）有助于厘清关键变量不同条件组态与结果变量间的复杂因果机制[3]。由于新型智慧城市建设是一项复杂的综合系统，基于传统的实证研究难以剖析其背后影响因素之间复杂的互动机理，因此，本文尝试利用 QCA 方法明晰高效建成新型智慧城市的联动效应与生成路径。

（二）样本选择

本文选取我国直辖市、计划单列市、副省级城市及省会城市（不含副省级城市）等 36 个城市作为样本（表 6），选取案例城市均为我国重要的先行试点城市，对汲取新型智慧城市发展经验有着较好的代表性。样本城市分布于中国的东部、中部、西部各区域，涵盖了经济发达地区与欠发达地区，有助于研究新型智慧城市区域发展不平衡的深层次原因。

表 6　新型智慧城市区域分布

东部（14 个）	中部（6 个）	西部（12 个）	东北地区（4 个）
北京、天津、石家庄、上海、南京、深圳、杭州、宁波、福州、厦门、济南、青岛、广州、海口	太原、合肥、南昌、郑州、武汉、长沙	呼和浩特、南宁、重庆、成都、贵阳、昆明、拉萨、西安、兰州、西宁、银川、乌鲁木齐	沈阳、大连、长春、哈尔滨

1　崔立志，陈秋尧.智慧城市渐进式扩容政策的环境效应研究[J].上海经济研究，2019，（4）：62 - 74.

2　RAGIN C, FISS P C. "Net Effects Analysis versus Configurational Analysis：An Empirical Demonstration"，Redesigning Social Inquiry：Fuzzy Sets and Beyond[J]，Chicago, IL：University of Chicago Press. 2008，190 - 212.

3　杜运周，贾良定.组态视角与定性比较分析（QCA）：管理学研究的一条新道路[J].管理世界，2017（06）：155 - 167.

（三）变量及赋值

1. 结果变量

本文以 36 个城市的新型智慧城市建设水平作为结果变量，考虑到数据的全面性与科学性，选取 Tahaoo 微笑（SMILE）新型智慧城市模型中《中国新型智慧城市建设与发展综合影响力评估结果通报》评估表现作为数据依据[1]。

2. 条件变量

本文基于理论及文献研究，从技术因素、组织因素、环境因素等三个维度进一步明确条件变量的测量依据，详见表7。

表7 条件变量选取、测量指标与数据来源

细分维度	选取变量	数据来源
技术因素	技术创新能力	《中国城市统计年鉴》
	科技人才储备	《中国城市统计年鉴》
组织因素	政策支持力度	政府官网大数据分析
	智慧政务水平	《省级政府和重点城市一体化政务服务能力调查评估报告》
环境因素	数字经济规模	《中国城市数字经济指数蓝皮书》
	绿色城市指数	《中国绿色智慧城市发展智库报告》

1）技术因素

技术创新能力：考虑到数据的可获得性和跨地区可比性，专利数量通常被看作是衡量技术创新产出的常用指标之一[2]，选取《中国城市统计年鉴》地方专利申请总数作为该变量的数据来源。

科技人才储备：地方科研人员数量能直接反映区域科技创新整体实力与人力资本，对新型智慧城市建设创新与发展具有显著贡献。本文选取《中国城市统计年鉴》中地方从事科技活动人员数量作为测量来源。

---

1 《中国新型智慧城市建设与发展综合影响力评估结果通报》[EB/OL]（2023－11－16）[2023－12－15].http://www.ceirp.cn/pgzq/pgjg/2023－11－16/6835.html.

2 中楷，沈露威.基于有效专利指标的区域创新能力评价[J].科技与经济，2010,23(1)：30－33.

2）组织因素

政策支持力度：新型智慧城市建设离不开政策的支持，选用地方政府截至2023年12月出台的有关智慧城市建设政策法规与地方规划、工作文件数量作为衡量地方新型智慧城市建设政策支持力度的依据。利用北大法宝网站搜索获取基础数据，并通过爬虫技术从样本城市政府官网截取补充数据。

智慧政务水平：作为信息社会的重要主体，政府掌握着城市运营与发展的重要数据，若地方智慧政务水平越高，公众对政府服务效果的感知程度越强，进而影响新型智慧城市治理的效率与温度[1]。为科学捕捉地方智慧政务实际发展情况，本文选用《省级政府和重点城市一体化政务服务能力调查评估报告》评价结果作为数据来源，该报告从在线服务呈现度、在线办理成熟度、服务方式完备度、服务事项覆盖度、办事指南准确度等维度综合衡量了地方政府智慧政务水平，数据可靠性强。

3）环境因素

数字经济规模：研究表明，数字经济对城市高质量发展具有明显的促进作用，地方数字经济发展水平越高，越有助于推动新型智慧城市建设[2]。为保证数据的科学性，选用数字经济研究院与中国信息通信研究院联合颁布的《中国城市数字经济指数蓝皮书》中各城市数字经济规模指数作为该变量的数据来源。

绿色城市指数：新型智慧城市可持续发展需贯彻绿色环保生态理念，选取《中国绿色智慧城市发展智库报告》中绿色城市指数，以衡量地方城市在绿色生产、绿色生活及绿色生态方面的情况，从可持续发展视角观察新型智慧城市建设的绿色底色与质量底色。

3. 变量赋值

基于样本数据的95％、50％与5％分位数设定为"完全隶属""交叉点"与"完全不隶属"，确定定性锚点，并利用SPSS软件确定锚点具体数值（表8）。

---

1 钟伟军.公民即用户：政府数字化转型的逻辑、路径与反思[J].中国行政管理，2019，（10）：51－55.

2 汤骑璆.数字经济赋能城市高质量发展——基于智慧城市建设的准自然实验分析[J].价格理论与实践，2020，（9）：156－159.

表 8　变量选择与校准

变量分类	变量名称	完全隶属 （95%）	交叉点 （50%）	完全不隶属 （5%）
结果变量	新型智慧城市 建设成效	86.40	79.97	64.70
条件变量	技术创新能力	231 421.4	27 620.5	897.9
	科技人才储备	318 970.8	71 851.0	2 541.5
	政策支持力度	236.45	69.50	23.55
	智慧政务水平	96.05	85.88	72.10
	数字经济规模	19 636.30	3 854.50	493.55
	绿色城市指数	84.45	60.63	38.64

四、实证结果分析

（一）必要条件分析

当变量一致性大于 0.9 时，则认为该条件变量是结果变量的必要条件[1]。非技术创新能力、非科技人才储备与非数字经济规模一致性分别为 0.926、0.943、0.967，说明以上变量是形成非高水平新型智慧城市的必要条件。然而，影响高水平新型智慧城市建设成效的所有条件中，一致性均小于临界值 0.9，这说明结果受多方面条件因素的共同影响（表 9）。

表 9　QCA 方法单一条件变量必要性检验

条件变量	高水平新型智慧 城市建设成效		非高水平新型智慧 城市建设成效	
	一致性	覆盖率	一致性	覆盖率
技术创新能力	0.866	0.921	0.523	0.556
～技术创新能力	0.583	0.550	0.926	0.874

1　张明，杜运周.组织与管理研究中 QCA 方法的应用：定位、策略和方向[J].管理学报，2019，16(9)：1312 - 1323.

条件变量	高水平新型智慧城市建设成效		非高水平新型智慧城市建设成效	
	一致性	覆盖率	一致性	覆盖率
科技人才储备	0.808	0.934	0.473	0.546
～科技人才储备	0.607	0.535	0.943	0.831
政策支持力度	0.780	0.773	0.579	0.574
～政策支持力度	0.570	0.575	0.771	0.778
智慧政务水平	0.851	0.836	0.551	0.541
～智慧政务水平	0.533	0.542	0.833	0.848
数字经济规模	0.827	0.962	0.453	0.527
～数字经济规模	0.594	0.520	0.967	0.848
绿色城市指数	0.642	0.654	0.650	0.664
～绿色城市指数	0.670	0.657	0.661	0.649

（二）条件组态分析

1. 整体性分析

为更好地解释案例间的差异性和条件间相互依赖的组态效应,通过集合模型的运算,识别出影响新型智慧城市建设成效的解释变量组合(表10)。

表 10　样本城市新型智慧城市建设成效条件组态

条件组态	高水平新型智慧城市建设成效				非高水平新型智慧城市建设成效
	S1	S2	S3	S4	NS1
技术创新能力	●	●	●		○
科技人才储备	●		●	●	○
政策支持力度		●		●	

续　表

	高水平新型智慧城市建设成效				非高水平新型智慧城市建设成效
智慧政务水平	○	●	●	●	○
数字经济规模	●	●	●	●	○
绿色城市指数	○	○	●	●	
原覆盖度	0.370	0.504	0.492	0.429	0.793
净覆盖度	0.059	0.087	0.066	0.013	0.793
一致性	0.985	0.992	0.970	0.982	0.941
解的一致性	0.966				0.941
解的覆盖度	0.715				0.793

注：●表示核心条件存在；○表示核心条件缺失；●表示边缘条件存在；○表示边缘条件缺失；空白表示该条件变量对结果无关紧要。

结果显示，形成高水平新型智慧城市建设成效的路径是多元的，共存在4种条件组合，解的一致性为0.966，远高于一致性可接受程度0.8；解的覆盖度为0.715，说明这4种条件组合中可以解释71.5%的覆盖案例。横向比较发现，数字经济规模构成了高水平新型智慧城市建设成效的核心条件。为更好解释案例间的差异性和条件间相互依赖的组态效应，参照已有研究进行反事实分析，发现技术创新能力、科技人才储备与智慧政务水平这3种核心条件的共同缺失，会导致新型智慧城市建设成效呈现非高水平的状态，解的覆盖度为0.793，说明此解释覆盖了样本城市79.3%的案例。可以发现，形成高水平新型智慧城市建设成效的路径是多元的，且高与非高水平条件组合存在明显的非对称性特征，这为探索高效建成新型智慧城市组态效应提供了一个新的解释视角。

2. 组态路径分析

基于新型智慧城市建设成效高水平与非高水平条件组合情况，结合我国地方城市发展实际，可总结归纳4种高水平新型智慧城市生成路径。

1) 技术主导下的环境支撑型

组态 S1 表示在高技术创新能力与高科技人才储备同时存在的情况下,即使地方智慧政务水平较低、城市绿色可持续发展力度不够,通过依托强化数字经济发展,仍可以助力形成高水平新型智慧城市建设成效。此路径下典型案例为天津、济南与西安,这三座城市共性特征为地方科技创新能力强,从事科技活动人员数位于全国中上水平,为城市智慧发展提供了技术基础与人才储备,有效促进城市数字化与智慧化转型。以天津市为例,近年来,天津着力提升智能制造创新能力,围绕智能制造关键核心共性技术研发应用,积极探索产学研用深度融合的创新共同体模式,实现产业链与创新链深度融合,在激发科技创新主体创新创造活力的同时,提升城市数字经济发展潜力,有效推动城市创新建设。

2) 组织支持下的技术推力型

组态 S2 表示在政策的支持作用下,政府通过网络技术的有效运用不断提升智慧政务能力,积极减少跨层级、跨部门、跨业务的"数字鸿沟"问题,提高行政效率的同时有效释放数据价值红利,形成高效透明的行政运作环境,为新型智慧城市建设提供了良好的组织基础。此路径下代表案例多为我国一线城市与新一线城市,如北京、上海、南京、成都等城市。在"放管服"改革深入推进的背景下,政府利用信息技术有效整合资源,北京"北京通"、上海"随申办"、南京"浙里办"、成都"天府通办"通过数字政务媒介有效传递价值信息,积极打造开放创新的城市科技新生态。

3) 技术-环境作用下的组织推动型

组态 S3 表示在技术因素与环境因素的共同作用下,锚定政策规划目标,通过大数据、物联网与人工智能等新兴技术整合数据信息资源,协同多方力量打造良好的数字生态环境,进而形成高水平的新型智慧城市。此路径覆盖案例有深圳、长沙、宁波、福州、合肥等城市。以深圳市为例,作为国际化创新型城市,深圳以数据为基础,融合新一代信息技术,积极打造建设城市级一体化智能协同体系,依托高科技企业和互联网企业集聚优势,逐步形成"1+4"智慧城市建设体系,实现全域感知、全网协同和全场景智慧,有效激发城市数字经济活力。

4) 组织-环境作用下的技术支持型

组态 S4 表示在组织因素与环境因素的协同作用下,若地方通过利用数字技术不断提高技术创新,激发科技人才创新能力,有助于形成高水平新型智慧城市。这一路径能够解释 42.9% 的新型智慧城市建设案例,1.3% 的案例能被这一路径所解释,典型案例有杭州、广州、青岛等城市。以杭州市为例,作为我国最早一批智慧城市试点城市,杭州市高度重视发挥政府顶层设计、系统推进的主导作用,推动实现先进技术、政策支持、产业发展等多方面融合,为城市智慧治理提供技术空间与实践发展空间。组态NS1则从反面证实,技术创新能力、科技人才储备与智慧政务水平等核心条件的缺失,地方数字经济发展基础薄弱,会导致形成非高水平智慧城市建设水平。NS1组态路径能够解释79.3%的案例,此路径下覆盖案例多为我国中西部城市,如太原、贵州、南宁、银川、西宁等城市。NS1组态路径下城市共性特征为城市智慧生态缺乏强有力的经济基础与技术支撑,"信息孤岛"与"数据烟囱"问题较为突出,影响城市数字化转型。通过组态S4与NS1的比较,进一步验证了技术因素对新型智慧城市建设的重要性。

综合而言,驱动新型智慧城市建设的力量并不是单一的,不同发展路径或动力因素会同时被采用,从而形成混合的动力机制和体系。为了便于理解和比较,我们从生成路径、组态视图与覆盖案例对上述分析进行了图表化总结(如表11所示)。

表11 高水平新型智慧城市生成路径、组态视图与典型案例

生成路径	组 态 视 图	典型案例
技术主导下的环境支撑型（S1组态）		天津、济南、西安
组织支持下的技术推力型（S2组态）		北京、上海、南京、武汉、郑州、成都、重庆

生成路径	组态视图	典型案例
技术-环境作用下的组织推动型（S3组态）		深圳、宁波、福州、合肥、长沙
组织-环境作用下的技术支持型（S4组态）		广州、杭州、青岛

注：组态视图中阴影椭圆表示核心条件存在，白色椭圆表示核心条件缺失；阴影矩形表示边缘条件存在，白色矩形表示边缘条件缺失。

3. 稳健性检验

本文对所有组态的前因条件进行了稳健性检验，将一致性阈值由 0.80 提高到 0.90，PRI 一致性阈值由 0.75 提高到 0.80，组织层面的两个影响因素，即政策支持力度与智慧政务水平，与数字经济规模一并构成了高水平新型智慧城市建设的核心条件，研究中的 4 种组态模型基本保持一致，非高水平的组态模型无变化，以上说明研究结果是可靠的。

五、结论与启示

（一）研究结论

本文以全国 36 个城市为样本，借助 TOE 理论框架模型，利用定性比较分析方法从技术、组织与环境 3 个因素层面深入探讨了影响新型智慧城市建设的复杂联动机理与优化路径机制。主要得出以下 3 点结论：① 高水平新型智慧城市建设成效受多方面因素的共同作用，条件组合的联动效应与结果之间存在"殊途同归"的因果关系。② 结合反事实分析发现，高与非高水平新型智慧城市建设成效的组态路径呈现明显的非对称性，为探究高水平建设新型智慧城市提供了一个新的解读视角。③ 通过组态分析，总结归纳 4 种高效建设新型智慧城市建设的生成路径，分别为技术主导下的环境支撑型、组织支持下的技术推动型、技术-环境作用下的组织推动型与组织-环境作用下的技术支持型，揭示了高水平建成新型智慧城市的理论逻辑与优化方向。

（二）实践启示

新型智慧城市建设是一项复杂的系统工程，我国尚处于起步发展阶段，仍面临着诸多复杂问题[1]。本文基于研究发现，新型智慧城市建设凸显以新治理为重点，以新模式为亮点，以新机制为动力，以新路径为特色，故对此提出以下 4 点建议，以期提供实践参考。

一是扬长补短，提升协同发展水平。基于组态分析结果发现，新型智慧城市建设成效水平受多方面因素的共同影响，地方城市在推进新型智慧城市建设过程中，需重视核心条件的引领作用，加强对组态中缺失条件的支持力度，以激发不同条件因素联动组合的最佳效应。NS1 组态下对应着我国大部分中西部城市，尤其需要注意提高地方技术创新能力，增强人才吸引力，提高智慧政务服务水平，以补齐城市发展短板，增强城市发展魅力。

二是因地制宜，形成亮点发展模式。通过组态结果的多案例横向比较发现，我国西部大多城市与东部、中部城市之间由于资源禀赋的基础性差距，导致新型智慧城市建设成效不明显，呈现区域发展不平衡的形态，但各组态之间条件因素的匹配情况不同，可以发挥"殊途同归"的影响机制，形成高水平建设成效。因此，在新型智慧城市建设过程中，需正视地方之间资源获得性与利用水平的差异性，避免盲目跟风现象，要结合地方实际发展优劣势，有针对性地提升与优化，助力打造地方特色的新型智慧城市发展模式。

三是创新协调，注重绿色可持续发展。研究发现，绿色城市指数这一条件的缺失，将对高水平新型智慧城市建设成效产生负向影响。作为数字时代背景下

---

1 郑烨，姜蕴珊.走进智慧城市：中国智慧城市研究的十年发展脉络与主题谱系[J].公共管理与政策评论，2021，10(5)：158-168.

城市发展新模式,新型智慧城市需高度重视协调好人与自然的和谐关系,重视绿色生态环境维护,通过技术创新变革尽力减少不必要的能源消耗,延长城市可持续发展的生命力,让城市治理更加有温度。

四是学习先进,推进政府决策创新。高水平新型智慧城市建设存在多元路径,政府作为推动新型智慧城市建设的主导力量,需发挥改革创新精神,积极制定前瞻性、科学性、智慧性规划体系,为城市高质量发展指引方向。同时,通过开展地方政府间的学习交流,积极形成多地区互动协同发展格局,将先进举措与案例经验科学推广,以助力提升我国新型智慧城市建设成效整体水平。

数字经济时代的智慧城市：发轫理路、逻辑特色、现实践履

朱文晶　邱浩钧*

一、引言

信息社会是继农业社会、工业社会后的又一重要社会阶段。在全球经济的第五个康德拉季耶夫长周期中，信息社会以其独特魅力登上了历史舞台，这预示着信息化、数字化的城市将成为城市新革命和全球新经济的引擎。这一时期，以人工智能（AI）、虚拟现实、物联网等为代表的数字技术变革，不仅促进了信息交流与知识共享，更深刻定义了数字经济，变革了社会运行方式，冲击了城市文明形态，加速了人类数字文明演进。在这一背景下，中国顺应时代潮流，融入全球数字文明，积极探索城市信息化的新路径，创新具有中国特色的智慧城市发展道路。

在21世纪的全球化与信息化浪潮中，随着科技的飞速跃进与经济社会结构的深刻变迁，智慧城市这一概念逐渐从理想蓝图走向现实构建，成为衡量一个国家和地区现代化水平与可持续发展能力的重要标尺。自20世纪末至今，尤其是进入21世纪后，全球范围内掀起了一场以信息化、数字化为驱动力的智慧城市变革运动。早期的智慧城市概念，极大地推动了商业上的成功，引发了城市和学界的关注。2007年，欧盟率先提出建设智慧城市的设想。2008年，IBM公司提出"智慧地球"的新理念。2009年，IBM以"点亮智慧的地球，建设智慧的中国"为主题推广智慧地球的理念，并建议优先建设智慧的电力、医疗、城市、交通、供应链、银行等六大行业，在中国陆续召开了20多场智慧城市研讨会。自此，智慧

* 作者朱文晶系杭州国际城市学研究中心（浙江省城市治理研究中心）副研究员；邱浩钧系杭州城市学研究会研究人员。本文系国家社科基金项目23BJL121阶段性成果。

城市的热潮逐步兴起。

智慧城市的发展离不开数字经济、数字科技的支撑。数字科技，尤其是人工智能，正在改变城市的运行方式，影响智慧城市的发展演进。一方面，数字科技使得城市管理更加高效和智能。如，智能交通系统可以实现实时路况监控，减少交通拥堵；智能安防系统可以通过人脸识别技术实现犯罪预防；智能医疗系统可以实现远程诊断和治疗，提高医疗服务效率和质量；智能建筑可以通过自动化控制降低能耗，减少碳排放，促进城市环境的可持续发展。另一方面，数字科技也带来了挑战。如，AI的普及可能会导致就业市场的变化，部分岗位的消失可能导致相应人群就业机会减少。同时，AI也可能加剧社会不平等现象。另外，数字科技的使用也会涉及信息安全问题。如，智能交通系统的应用正在集聚越来越多城市信息与个人信息，数据安全成为重要议题。因此，智慧城市建设应该积极顺应数字经济和数字科技的时代背景，努力实现扬长避短、趋利避害。

工业化、信息化、城镇化、农业现代化既是我国社会主义现代化建设的战略任务，也是加快形成新的经济发展方式、促进我国经济持续健康发展的重要动力。城市是信息化发展的出发点和最终落脚点。城市信息化是信息化和城镇化战略的重要内容。在这一轮信息革命和数字变革背景下，中国的城市化进程走出了一条具有中国特色的智慧城市发展道路。在此背景下，智慧城市作为信息化带动战略的重要抓手，通过深度融合物联网、大数据、云计算、人工智能等前沿技术，实现城市治理的精准化、公共服务的便捷化、资源配置的高效化以及居民生活的智能化，将有力推动数字中国建设。本文旨在基于党和国家领导人有关论述，探讨智慧城市的发轫理路，解析其内在逻辑特色，结合相关实践，揭示智慧城市在提升城市治理效能、促进经济转型升级、优化居民生活质量等方面的具体路径与成效，助力构建更加智慧、包容、绿色的未来城市图景，为数字时代智慧城市的可持续发展提供借鉴参考。

二、智慧城市发轫理路

智慧城市建设和布局是中国特色新型城镇化与信息化深度融合的生动体现，其核心凝结于党和国家领导人关于智慧城市、城市信息化的一系列战略思想。这一思想体系的构建，不仅基于对全球技术革命的深刻洞察，也源自对我国城市化进程的深入思考，以及对马克思主义理论在中国的本土化创新应用。

（一）现实维度：全球化与技术革命的双轮驱动

1994年，中国通过一条64K的国际专线全功能接入国际互联网，这标志着中国正式进入互联网时代，成为国际互联网大家庭中的一员。2024年，中国迎来了全功能接入国际互联网30周年。在全球化背景下，信息技术尤其是互联网、大数据、云计算、人工智能的飞速发展，为城市发展提供了前所未有的技术支撑。大数据技术的应用极大地丰富了智慧城市的信息内涵，通过对海量城市数据的挖掘分析，可以发现城市运行的规律，预测发展趋势，优化资源配置[1]。2014年11月，习近平总书记致首届世界互联网大会贺词指出，当今时代，以信息技术为核心的新一轮科技革命正在孕育兴起，互联网日益成为创新驱动发展的先导力量，深刻改变着人们的生产生活，有力推动着社会发展[2]。通过数字化转型，能够实现智慧城市、推进城市信息化的宏伟构想，解决城市发展中的问题，破解资源环境约束、公共服务不均等、城市管理效率低下等瓶颈，推动城市变革和城市治理体系与治理能力现代化。

（二）历史维度：城市化进程中的治理创新

改革开放以来，中国经历了世界上最快的城市化进程，用了40余年时间走完了传统西方发达国家近100年的城市化道路。然而，伴随着人口大规模集中和经济活动集聚，传统城市管理模式面临严峻挑战。对于中国这样人口众多、发展不均衡的国家，必须坚持走出一条不同于西方发达国家的新型城镇化道路。从早期的信息化城市探索，如数字城市概念的引入，到智慧城市的升级应用，这一过程反映了人类科技发展脉络的深刻演变。特别是智慧城市的发展模式已不再局限于技术层面的应用，而是上升到治理理念和模式的创新，强调以人为本、可持续发展，这与我国城镇化进程中的历史使命紧密相连。在城市化进程催生治理创新过程中，智慧城市顺理成章成为其逻辑延伸。它融合物联网、大数据、AI等技术，实现城市管理智能化、服务个性化、决策科学化。智慧城市在历史积淀基础上，开创公众参与、政企合作的共治新模式，为城市可持续发展注入活力，展现历史传承与未来导向并蓄的特色。

---

1 Kitchin, R. The Data Revolution: Big Data, Open Data, Data Infrastructures and Their Consequences [M]. Sage Publications. 2014.

2 习近平.致首届世界互联网大会贺词[EB/OL].习近平系列重要讲话数据库,人民网,2014.[2024 - 05 - 02]

（三）理论维度：马克思主义理论的中国化实践

城市信息化、智慧城市在中国的推广和应用,体现了马克思主义城市观的丰富和发展。生产方式的变革推动着社会结构的变化,其中就包括了城市形态和功能的转变。党和国家领导人在此基础上,结合当代中国实际,提出了"有序推动数字城市建设,提高智能管理能力,逐步解决中心城区人口和功能过密问题"[1],为数字中国、智慧城市规划建设提供了理论指导和战略框架。这一思想强调技术进步、社会发展、治理能力、人口布局等和谐均衡,主张利用数字技术优化资源配置、提高公共服务水平、促进社会公平正义,体现了马克思主义关于生产力决定生产关系的基本原理。从 2000 年建设数字福建、2003年建设数字浙江,到党的十八大以来多次强调做大做强数字经济、拓展经济发展新空间,习近平总书记关于发展数字经济的重要论述为我国数字经济发展提供了重要的思想启迪、理论支撑和实践指导[2],对智慧城市的发展具有重要的推动意义。

三、智慧城市逻辑特色

基于现实、历史和理论维度对智慧城市的观察为中国智慧城市实践提供了宏观的视角。而党和国家领导人关于城市信息化、智慧城市、数字城市的一系列论述,则构成了新时代中国特色城市治理现代化的理论基石。其逻辑特色主要表现为人本主义的精神内核、系统集成的协同思维、创新驱动的动力机制、持续发展的生态理念、开放共享的全球视野。

（一）人本主义逻辑：以人民为中心的精神内核

智慧城市的核心技术基础是互联网。互联网是技术创新的伟大成就,但它与过往的技术创新迥异[3]。有着"互联网之父"称号的 TCP/IP 协议发明者之一Vint Cerf 回顾了互联网的发展历程并提出"互联网是为了每一个人的"[4]。Caragliu 等人在其开创性工作中定义了智慧城市的特征,并探讨了向智慧城市过渡的策略,提出政策制定者需重视技术创新与社会包容性的平衡,确保数字红

1 习近平.国家中长期经济社会发展战略若干重大问题[J].求是,2020年第21期.
2 宋雪飞,张韦恺镝.共享数字文明的福祉:习近平关于发展数字经济重要论述研究[J].南京大学学报(哲学·人文科学·社会科学),2022,59(3):5-13.
3 胡启恒.互联网精神[J].科学与社会,2013,3(04):1-13+42.
4 Interview of Vint Cerf, Internet Hall of Fame, June, 2012. [EB/OL] [2014, 10] http://internethalloffame. org/blog/2012/04/11/vint-cerfs-future-internet-packets-fall-sky.

利能够惠及所有市民[1]。城市建设和发展的根本目的是人民，无论是城市信息化还是智慧城市建设，都必须坚持以人民为中心的发展思想。这一逻辑特色体现在数字化转型的每一个环节，即目的不是技术的应用，而是提升民众生活质量、增强人民幸福感和安全感。智慧城市的各项服务，如智慧医疗、智慧教育、智慧交通等，都是为了让城市更加宜居宜业，确保每个人都能享受到科技进步带来的便利与福祉。随着大数据、云计算和物联网技术的融合，智慧城市的发展进入了新的阶段。

习近平同志在福建工作时就指出，"要坚持惠民、便民、利民方针，积极推动'数字惠民'工作"。"人民对美好生活的向往，就是我们的奋斗目标"[2]。这一深情表达，同样深刻体现了在城市信息化与智慧城市建设中坚持的"以人民为中心"的发展思想。在推进城市数字化全面系统转型的过程中，总书记强调，"运用大数据、云计算、区块链、人工智能等前沿技术推动城市管理手段、管理模式、管理理念创新"，核心目的并非单纯追求技术的进步，而是"让城市更聪明一些、更智慧一些，是推动城市治理体系和治理能力现代化的必由之路"[3]，确保技术真正服务于民众，让城市生活更加便捷高效，让人民在享受智慧医疗服务时得到更及时的健康保障，在智慧教育中享有更优质的教育资源，在智慧交通的辅助下拥有更加畅通无阻的出行体验。这一切努力，都是为了让科技进步的成果惠及全民，让城市成为人民追求幸福生活的有力支撑，确保在信息化发展中不让一个人"掉队"。

（二）系统集成逻辑：全周期、全方位、全要素协同

早在 2000 年，习近平同志在浙江省经济会议上讲话指出，"加快城际快速干道、光缆等基础设施建设，推动大中小城市之间形成快速便捷的交通、信息网络，推动组群式城市发展"。智慧城市建设被视为一个复杂的系统工程，需要全周期规划、全方位布局、全要素集成。这就意味着不仅要关注技术层面的迭代更新，也要重视政策制定、机制创新、数据整合、安全保障等多方面协调联动。系统集成逻辑强调打破部门壁垒、消除信息孤岛，通过跨部门、跨层级的数据共享和业务协同，形成城市治理的合力，实现城市运转的高效、有序。

---

1 Caragliu, A., Del Bo, C., & Nijkamp, P. Smart Cities in Europe. Journal of Urban Technology, 2011, 18(2), 65-82.

2 习近平.必须坚持人民至上[N].人民日报,2024 年 04 月 01 日 01 版.

3 习近平.奋力实现今年经济社会发展目标任务[N].人民日报,2020 年 04 月 02 日 01 版.

"信息化和经济全球化相互促进,互联网已经融入社会生活的方方面面,深刻改变了人们的生产和生活方式"[1],总书记的这一论断凸显了信息化时代智慧城市建设在国家现代化进程中的重要地位,并强调了系统集成逻辑的重要性。习近平总书记指出,"要以推行电子政务、建设智慧城市等为抓手,以数据集中和共享为途径,推动技术融合、业务融合、数据融合"[2],这表明智慧城市建设不是一个孤立的项目,而是涉及经济社会发展全局的系统工程。这要求在智慧城市建设中,不仅追求技术的迭代与创新,也要注重政策法规的配套完善、机制体制的创新改革以及数据资源的深度融合与安全可控,从而打破传统的"条块分割",形成"一盘棋"的格局,正如总书记提出的,"构建一体化在线服务平台,分级分类推进新型智慧城市建设,打通信息壁垒,构建全国信息资源共享体系,更好用信息化手段感知社会态势、畅通沟通渠道、辅助科学决策。"[3]这种全要素、全方位的协同,是实现城市高效有序运行的关键所在。

（三）创新驱动逻辑：科技引领与制度创新并重

创新驱动是推动智慧城市建设的核心动力。不仅指技术创新,更包括管理创新、模式创新、制度创新等多维度创新。智慧城市的创新驱动逻辑,一方面,鼓励采用最前沿的信息技术创新,如大数据、人工智能、区块链等,为城市治理和服务提供强大的技术支撑;另一方面,强调制度创新,通过改革破除阻碍数字化转型的体制机制障碍,建立适应数字时代的法律法规体系,为智慧城市建设创造良好的外部环境。

"惟改革者进,惟创新者强,惟改革创新者胜"[4],这句话深刻揭示了创新驱动的强大动能。创新驱动逻辑在智慧城市建设中同样具有举足轻重的核心地位。创新是引领发展的第一动力,创新在国家发展全局的核心位置十分重要。在智慧城市发展策略中,不仅应突出技术创新的重要性,如利用大数据、"互联网＋"、人工智能、区块链等新兴技术来提升城市管理和社会服务的智能化水平,同时也应强调制度创新的关键作用,即推进治理方式创新,构建系统完备、科学

---

1 习近平.总体布局 统筹各方 创新发展 努力把我国建设成为网络强国[N].人民日报,2014年02月28日01版.

2 习近平.审时度势 精心谋划 超前布局 力争主动实施国家大数据战略 加快建设数字中国[N].人民日报,2017年12月10日01版.

3 习近平.在网络安全和信息化工作座谈会上的讲话[N].人民日报,2016年04月26日02版.

4 习近平.在亚太经合组织工商领导人峰会开幕式上的演讲[N].人民日报,2014年11月10日02版.

规范、运行有效的制度体系。习近平总书记指出，要"加快数字中国建设，就是要适应我国发展新的历史方位，全面贯彻新发展理念，以信息化培育新动能，用新动能推动新发展，以新发展创造新辉煌"[1]。这些论述体现出在推动智慧城市建设中，既要依靠科技力量的硬核支撑，又要同步推进制度创新，通过改革破除障碍，建立健全与数字时代相适应的政策体系，共同构成驱动智慧城市建设的强大引擎。

（四）持续发展逻辑：绿色低碳与智慧共生

在推进城市信息化、智慧城市建设的过程中，可持续发展是永续发展理念的重要逻辑体现，它强调绿色发展观与数字技术的深度融合。这要求在建设智慧城市的同时，注重生态环境保护，利用数字技术优化资源配置，减少能源消耗，推动形成绿色低碳的生活方式和生产模式。可持续发展逻辑还体现在促进城乡融合发展，利用数字技术缩小城乡差距，实现区域均衡发展，构建和谐共生的城市生态系统。

可持续发展逻辑在城市信息化和智慧城市建设中具有重要现实意义。特别是伴随人类进入人工智能时代，高算力的需求对能源消耗提出了新的挑战。党的十九大报告指出，"推进能源生产和消费革命，构建清洁低碳、安全高效的能源体系。"智慧城市建设中，在推进数字技术与城市治理深度融合的同时，必须将绿色低碳理念贯穿始终，利用数字技术监控环境质量、优化能源使用，促进资源高效循环利用，以实际行动践行绿色发展理念。智慧城市的建设不仅仅是追求技术的先进性和管理的高效性，更要在城乡融合发展上做文章，通过"互联网＋农业"、数字乡村建设等措施，缩小城乡数字鸿沟，促进区域之间、城乡之间均衡发展，构建起一个既充满活力又和谐共生的城市生态系统，实现经济发展与生态保护的双赢。

（五）开放共享逻辑：合作共建与全球视野

开放共享逻辑，体现在智慧城市建设的内外两个维度。对内，鼓励不同城市间的经验交流与资源共享，形成优势互补、共同发展的良好局面。对外，则强调国际合作，积极参与全球数字治理，分享中国智慧城市建设的成果与经验。同时，还应坚持吸收国际先进理念和技术，共同应对全球性挑战，如气候变化、网络

---

[1] 习近平.以信息化培育新动能 用新动能推动新发展 以新发展创造新辉煌[N].人民日报,2018年04月23日01版.

安全等,展现中国的大国担当。

独行快,众行远,鼓励城市间打破界限,共享数字化转型的成功经验与优质资源,共同探索符合中国国情的智慧城市发展路径为智慧城市发展提供了更多机遇。开放共享逻辑在智慧城市建设中具有重要的地位,正如习近平总书记强调的,"中国开放的大门不会关闭,只会越开越大"[1]。对于数字中国建设,《数字中国建设整体布局规划》指出,"构建开放共赢的数字领域国际合作格局""拓展数字领域国际合作空间"。在国际层面,习近平总书记指出,"中国数字经济发展将进入快车道。中国希望通过自己的努力,推动世界各国共同搭乘互联网和数字经济发展的快车"[2],显示了中国在全球数字治理中的开放态度。此外,习近平总书记还强调,"携手共建网络空间命运共同体"[3]。这些论述充分体现了中国在全球智慧城市建设中寻求合作共建、分享智慧成果的决心,以及在全球性挑战面前体现的责任意识和担当意识。

四、智慧城市现实践履

智慧城市在全球范围内有着广泛实践,这一历程体现了数字技术的进步,还彰显了发展理念与治理模式的深刻变革。党和国家领导人关于信息化与智慧城市的相关论述,勾勒出一个智慧城市的观察框架,在实践中推动这些理念落地生根,推动形成了一系列具有标志性的实践。这些实践跨越不同地域、涵盖不同领域,凸显了中国在新型城镇化、信息化融合、智慧城市建设道路上的积极探索。

（一）信息服务助力脱贫攻坚与区域发展

信息化是从工业经济向信息经济、从工业社会向信息社会演进的动态过程。2016 年 7 月,习近平总书记在宁夏考察时讲话强调,"防范市场风险,既需要经营个体敏锐把握,也需要政府加强服务,尤其要做好信息服务工作"[4]。这表明,城市信息化不仅是提升城市管理效能的手段,也是促进区域均衡发展、实现共同富裕的重要途径。政府主导的市场信息提供渠道,通过互联网平台,让偏远地区的产品和服务得以对接更广阔的市场,缩小了数字鸿沟,提升了贫困地区可持续

---

1 习近平.共建创新包容的开放型世界经济[N].人民日报,2018 年 11 月 06 日 03 版.

2 习近平.致第四届世界互联网大会的贺信[N].人民日报,2017 年 12 月 04 日 01 版.

3 习近平.集思广益增进共识加强合作让互联网更好造福人类[N].人民日报,2016 年 11 月 17 日 01 版.

4 习近平.缅怀先烈、不忘初心,走好新的长征路[EB/OL]新华网,2016 年 7 月.[2024 - 05 - 12]

发展能力。

国家高度重视信息服务在脱贫攻坚中的关键作用,通过实施网络扶贫行动,推进精准扶贫、精准脱贫,让更多困难群众用上互联网,让农产品通过互联网走出乡村,努力消弭城乡差距,打赢脱贫攻坚战。利用信息化手段助力贫困地区发展、改善民生,已成为脱贫攻坚和共同富裕新征程中的重要路径。通过政府加强信息服务工作,特别是利用互联网平台,有效连接偏远地区的特色产业与外部市场,不仅促进了当地经济的内生增长,也显著提升了这些地区参与现代社会经济活动的能力,为实现区域均衡发展和共同富裕目标奠定了坚实基础。

（二）创新城市管理与技术革新

过往的中国城市治理存在理念单一、经验不足和方式不够机动灵活等短板,特别是特大城市治理,需要不断创新探索寻求治理成本和治理效能的平衡,并最大化提升治理现代化水平。这要求城市管理者既要注重宏观层面的规划设计,也要兼顾微观层面的精细操作,将技术与艺术、科技与人文相融合。这种治理范式的转变要求,推动了城市管理向智能化、精细化方向转型。比如利用大数据分析城市交通流、环境监测等,为决策提供科学依据,提升城市运行效率和居民生活质量。

一流的城市坚持一流的治理。"像绣花一样精细"的城市管理,是对每座城市和城市管理者提出的重大课题。习近平总书记指出,"要强化智能化管理,提高城市管理标准,更多运用互联网、大数据等信息技术手段,提高城市科学化、精细化、智能化管理水平"[1]。这些讲话内容,直接指向了城市管理理念与技术革新的迫切需求,强调了在城市治理中,必须突破传统思维,勇于创新探索,将科技的精准高效与城市管理的艺术性相结合,实现从宏观规划到微观执行的全方位升级。这一系列论述,不仅指明了现代城市管理的技术路径,也奠定了智慧城市发展的哲学基础,鼓励城市管理者在科技与人文的交汇点上寻找城市管理的新模式,进而不断提升城市管理效能,满足居民生活的美好期待。

（三）韧性城市与数字技术的深度融合

2020年4月,习近平总书记在中央财经委员会第七次会议上提出,"打造宜居城市、韧性城市、智能城市,建立高质量的城市生态系统和安全系统",强调城

1　习近平.践行新发展理念　深化改革开放　加快建设现代化国际大都市[N].人民日报,2017年03月06日01版.

市化战略需将韧性安全作为重点内容。这一理念的提出，标志着智慧城市建设不仅要追求效率与便捷，还要能够有效应对自然灾害、公共卫生事件等突发事件，提高城市系统的恢复力和抵御风险的能力。数字技术在此过程中扮演关键角色，例如智能预警系统、应急响应平台等，都是韧性城市建设的重要组成部分。

韧性城市要求城市管理者应能够立足当前、着眼长远。通过补齐短板、强化弱项，不断提升城市治理水平。韧性城市建设中的韧性安全尤为重要，它在智慧城市建设中具有重要地位。正如习近平总书记强调的，"城市是生命体、有机体，要敬畏城市、善待城市，树立'全周期管理'意识，努力探索超大城市现代化治理新路子"[1]。这不仅体现了对城市复杂性和动态性的深刻理解，而且明确韧性安全在韧性城市建设中的关键作用。结合数字技术应用，通过深度融合智能预警、应急响应等数字技术手段，可以提升日常管理的效率与便捷性，有效增强城市在面对自然灾害、公共卫生事件等外部冲击时的韧性，确保城市能够迅速恢复并保持稳定运行，保障人民生命财产安全和社会秩序，这将成为数字时代智慧城市治理的重要标志。

（四）智能化管理与社会治理创新

大城市社会治理要与智能化、科技化相结合，通过强化智能化管理，提高城市管理标准。这要求城市运用互联网、大数据等信息技术手段，实现管理的科学化、精细化、智能化。例如，深圳的"智慧警务"、杭州的"城市大脑"等项目，就是对这一理念的具体实践。这些项目利用 AI 算法优化交通流量、预测犯罪热点、快速响应紧急情况，显著提高了城市管理的效率和效能。

在浙江工作时，习近平同志指出，"广泛运用信息技术，推进'数字城管'，实现管理手段的现代化，促进城市管理精细化、科学化、智能化""加快建设'数字浙江'支撑平台，积极运用数字化、网络化、智能化等信息处理技术，深度开发经济、社会等各类信息资源，逐步形成面向城乡、以中心城市为基本单位的信息资源集成、应用与共享系统"。在上海工作时他指出，"继续完善信息基础设施服务功能，不断提高城市信息化水平。积极探索符合上海特大型城市特点的城市管理新模式"。这一系列论述，为智慧城市的智能化管理创新指明了方向。作为实践典范，深圳、杭州等地通过集成数字技术开展的智慧城市实践，不仅优化了如交通管理等公共服务，还实现了对城市运行状态的全面感知、态势预测及高效处

---

1 习近平.在湖北省考察新冠肺炎疫情防控工作时的讲话[J].求是，2020 年第 7 期.

置,极大地增强了城市管理的预见性、精准性和高效性,是现代城市治理模式转型升级的生动体现。

（五）智慧城市建设的示范引领

在数字中国战略框架下,一系列智慧城市建设的先行者和示范点在全国各地涌现,如雄安新区的"数字孪生城市"规划,展示了数字技术在城市建设中的全面应用,探索了一条符合中国国情的智慧城市发展模式。这些示范项目推动了技术应用的创新,还促进了城市治理理念的升级,形成了可复制、可推广的经验,对其他智慧城市建设具有良好的借鉴意义。

雄安新区的"数字孪生城市"规划是探索未来城市发展方向的重要尝试,体现了在智慧城市建设中,注重示范引领,加强顶层设计,构建统一标准的重要作用。"坚持世界眼光、国际标准、中国特色、高点定位",雄安新区被赋予"推动高质量发展方面成为全国的一个样板"的要求和地位。同时,习近平总书记还指出雄安新区"要同步规划建设数字城市,努力打造智能新区"。通过先行先试的示范点,不仅加速了新技术的应用与融合,还为其他城市提供了宝贵经验和路径参考,形成了智慧城市建设可复制推广的"中国方案",助力全球智慧城市的发展与升级。

五、结语

中国推进城市信息化、智慧城市的逻辑和实践,体现了对全球数字化趋势的深刻洞察,融入了对国情的精准把握,推动了一系列富有成效的实践探索。这些实践聚焦于服务民生、促进区域发展、提升城市治理效能、增强城市韧性及推动社会治理创新,为全球城市化与信息化融合提供了宝贵经验。随着这些理念不断深化,相关实践持续拓展,中国的智慧城市建设正朝着更加智慧、绿色、包容和安全的未来迈进。当然,本研究以数字经济时代的智慧城市宏观议题为对象,从发轫理路、逻辑特色、现实践履等方面进行的探讨,难以涵盖对智慧城市的科学观察。诸如数字经济时代 AI 对智慧城市的冲击、智慧城市的治理边界等众多中观和微观议题仍有进一步科学研究的空间。

新时代智慧城市发展趋势
特征、挑战与展望

李　岩[*]

当前科技革命和产业变革日新月异,数字经济蓬勃发展,深刻改变着城市生产生活方式,对各国经济城市发展、全球治理体系、人类文明进程影响深远。当前,以数字化、网络化、智能化为核心特征的新一轮科技与产业革命蓬勃兴起,在新一代信息技术发展变革浪潮下,5G、人工智能、云计算、边缘计算、大数据、物联网、AR/VR等新模式、新平台、新业态持续涌现,城市正面临全时空、全方位、全要素的数字化重塑[1-2]。中国城市发展已迈入新时代,人民的美好生活需要日益广泛,不仅对物质文化生活提出了更高要求,而且在民主、法治、公平、正义、安全、环境等方面的要求日益增长。城市主要矛盾已经转化为人民日益增长的美好生活需要和不平衡不充分的发展之间的矛盾,持续提升生产、生活、治理方式的智能化水平与层级,加快构建与发展智慧城市,将成为破解这一矛盾的关键举措[3]。

一、新时代智慧城市发展趋势特征

智慧城市是城市发展的高级状态,是以不断满足人民日益增长的美好生活需要、逐步解决经济城市发展不平衡不充分为目标的新型城市,信息服务是智慧城市建设的出发点和落脚点,能否让人民群众在信息化建设成果方面有更多获得感是衡量智慧城市成败的主要标志。推动智慧城市产生的根本动力,是数字化、网络化、智能化的新一轮科技与产业革命的蓬勃兴起,标志智慧城市到来的重要特征是数据和智能成为推动城市发展的主要生产要素和核心动力源泉。

---

[*] 作者李岩系四维图新集团高级架构师。

1　陈潭.智慧城市建设的实践逻辑与发展图景[J].行政论坛,2019(3):38－43.

2　王春法.协同融合创新,迎接智能城市[J].科技导报,2015(21):9.

3　汪玉凯.智慧城市与国家治理现代化[J].中共天津市委党校学报,2018,20(02):62－65.

在智慧城市新的发展阶段,将推动 5G、人工智能、物联网、云计算、大数据、边缘计算等新一代信息通信技术,深度融入经济发展、政府治理、民生、环保等领域,通过万物智联、数据汇通,推动城市运行更加科学高效,生产生活更加绿色环保,真正实现协调统一和可持续发展。智慧化技术将融合生产、生活、生态、治理各个领域,实现各个领域的数据开放和流通,形成城市共享大平台。在这样一个系统中,人们围绕城市共享大平台,进行生产、生活、生态和治理等活动,所有活动都具有灵敏感知、智能决策、快速响应的智能特征[1-2]。

（一）在人机物融合和万物互联的趋势下,泛在、群智和易扩展是智慧城市信息基础设施的规划方向

当前,数字化浪潮席卷全球,信息空间、人与城市、物理空间加快融合,"人-机-物"呈现高度融合的发展趋势,城市正在进入万物互联、虚实结合、开放共享的智能时代。新一代智能技术持续推动城市产业再造和转型,对基础设施规划提出了新的要求。第一是泛在,实现万物智联需要无处不在的传感器、智能终端、RFID 标签等源源不断地收集数据,又需要通过无处不在的高速网络基础设施进行数据传输;第二是群智,随着互联网、云计算等新一代信息技术的快速应用与普及,大数据不断累积,深度学习及强化学习等算法不断优化,智能技术研究的焦点,已从单纯用计算机模拟人类智能,打造具有感知智能及认知智能的单个智能体,向打造多智能体协同的群体智能转变。第三是易扩展,要实现未来城市万物智联的需求,必然要解决区域内以及不同区域之间的网络连接和扩展问题,这就要求在设计高速通信网和物联网等基础设施架构时使其具备较高的易扩展性能。

（二）城市生产活动的大数据逐渐丰富,从大数据中挖掘价值成为智慧城市发展的新型生产方式

随着信息时代的来临,城市生产生活的数据基础和信息环境有了大幅提升。移动互联网和物联网的普及,智能终端和传感器的泛在,"人-机-物"的深入融合,使城市生产、生活、服务产生的数据量呈爆炸式增长,新摩尔定律认为,人类有史以来的数据总量,每过 18 个月就会翻一番。海量的数据如同工业城市的石油资源,蕴含着巨大生产力和商机。随着云计算、大数据等新兴技术的快速发

1 孙伟平.信息城市及其基本特征[J].哲学动态,2010(09)：12－18.

2 尚勇.抓住时机、发挥优势,引领智能城市发展[J].科技导报,2015,33(21)：4－5.

展,城市生产活动将全面数据化,对数据的挖掘分析与运用将不断催生大批新兴产品及服务,为数据价值的叠加和倍增开辟新源泉。与传统工业生产有形的产品不同,大数据产品具有虚拟化的特征,其通过发挥预测趋势、预警风险、辅助决策、智能响应的角色优势,深度参与生产活动,形成具备颠覆性创新意义的生产方式,有效促进生产效率大幅提升,为国民经济城市发展提供全新的充足动力。

(三)融合共享将成为新的行业分工方式,平台经济、共享经济和微经济构成新经济的三位一体形态

行业分工提高生产效率,是经济发展的根本动力。随着供给型经济向需求型经济的转变,生产要素、产品、产业之间不断跨界,融合产生新要素、新产品、新产业,为满足需求而进行的融合成为更高层次的行业分工方式。同时,以往由于网络、通信、交通等条件的限制,资源和技能没有得到充分利用,而随着网络的发展、数据处理能力的突破,资源和技能的"拥有权"逐渐弱化,"使用权"得到更多重视,城市跨过占有时代而进入共享时代,生产方式的理念从"独享占有"向"共享使用"转变。在新的行业分工发展态势下,平台企业通过融合集聚多种要素、资源和信息,显著降低各方沟通成本,创造了巨大价值。平台的发展实现了计算、物流、金融、交易等能力的充分共享,从而激发了微经济活力,"平台+小企业(个人)"的模式日益成为主流。微经济体数量高速增长,进一步促进平台企业规模和实力的快速提高,进而使平台企业迸发出更强大的共享能力,"平台经济""共享经济""微经济"相辅相成,构筑形成三位一体的智慧城市经济形态,引领商业生态不断成长和繁荣。

(四)核心竞争力要素构成呈现智能化升级,智能经济主导权掌握与否成为国家竞争力新分水岭

在农业时代,国家的核心竞争力取决于土地、气候、人力等资源禀赋;在工业时代,核心竞争力取决于机器发展、资本等生产力要素;在信息时代,信息、知识成为重要的生产力要素;当前,城市加速进入智能时代,核心竞争力要素呈现智能化升级趋势,转变为5G、大数据、云计算、物联网、移动互联网、人工智能等新一代信息技术。在智慧城市,通过以5G为引领的新一代信息技术推动传统产业的智能化升级,正在形成数字化的虚拟信息空间,未来智能经济主导权之争正在由以往的土地、人力、机器等转变到对智能技术形成的虚拟空间的争夺,由物质和信息的混杂竞争模式,进入到纯粹的信息竞争模式。未来,智能经济体将掌握城市和经济系统运行的主导权,占据价值链的高端;而传统经济体将处于被动

服从和接受领导的地位,处于价值链的低端。智能经济和传统经济阵营逐步分化,社会和城市财富和经济形态逐步重构,并呈现越来越明显的两极化趋势。未来世界发展格局中,强者恒强、弱者更弱,一步落后、步步落后的规律将更加明显。新赛场的轮廓已经显现,围绕智能技术和虚拟空间竞争的大幕将在跨国企业和各主要国家之间全面拉开。

（五）智能驱动型企业将引领产业变革,数据、算法和产品的融合会引领新的商业范式

传统企业通过增加资本、人力、设备等要素,进行产品或服务的营销获得盈利,其发展驱动力是规模经济和范围经济。随着互联网和物联网的高速发展、数据信息海量增长、算法模式持续优化、运算力大幅提升的影响和带动,基于数据和算法的智能技术处于集成创新和跨界融合爆发期,智慧治理、智慧交通、智慧物流、智慧环保、智能商业、智能生活等应用技术不断拓展,智能制造、工业互联网、能源互联网等新业态孕育突破,智能技术与传统产业的深度融合正在引领传统产业变革。在缔造新产业的同时,智能技术的革命也带来商业模式的变化。智能驱动型企业通过收集庞大而复杂的生产数据和用户数据,在反馈闭环、算法迭代中分析处理数据,对传统的生产和营销模式进行业务和流程创新,推动企业从提供产品向提供产品服务系统转变,从与客户一次性产品交易向长期性服务交易转变。数据、算法和产品三位一体构成了智能驱动型企业发展的基石,形成了用户体验实时智能化提升的反馈闭环,它将超越传统的"福特流水线",为人类整体的生产力带来又一次根本性突破。

（六）城市治理模式正在从单向管理转向多元互动,协同治理机制重塑政府治理新模式

传统的单向管理模式是一种自上而下地单向推行政令的规制型城市治理模式,一般由政府主导。在智能化浪潮冲击下,高效率、跨时空、多功能的网络空间、网络城市、在线政府、数字生活成为现实。城市扁平化、媒体大众化、组织虚拟化、信息透明化、产业网络化、资源城市化等特点,导致政府的权力被弱化,协调、组织、沟通和服务成为政府的主要工作,以人为本成为城市活动的主要特征[1]。基于智能化、网络化城市环境下的法律体系和执法形式,成为政府转型的长期挑战。在智能时代,城市治理模式正逐步从单向管理转向多向互动,从线下

---

[1] 傅昌波.全面推进智慧治理开创善治新时代[J].国家行政学院学报,2018(2)：59-63.

转向线上线下融合,从单纯的政府监管向更加注重城市协同治理转变。实施利益相关方的多元主体协同共治,将政府监管、行业自律、市民监督结合起来开展多边协商,充分发挥政府、企业、第三方机构、国际组织、用户个体的协同效应,是将在长期演化中得到证明的可行路径[1]。

二、新时代智慧城市发展面临的挑战和对策

智能化浪潮冲击下,5G、物联网、大数据、云计算、人工智能等技术加速融合创新与聚变发展,新一代信息技术得到日益广泛深入的应用,使人类城市日益逼近智能化变革的临界点,同时也对现有城市的伦理标准、法律规则、生活秩序及公共管理体制带来前所未有的挑战[2]。

(一)信息安全层面

挑战:海量数据的产生、采集和使用成为人类经济城市运行常态,很可能将引致个人数据隐私、国家和企业网络系统安全等问题频发。今天的互联网已经演变为大公司垄断流量入口、计算存储资源、服务提供和资本集中化的封闭系统,这种高度集中化的模式导致用户不得不将个人数据交给大公司以换取服务,造成了"数据跟着应用走"的局面,使得用户丧失了对个人数据的控制权,并进一步导致创新受限。根据艾瑞咨询的统计,无论是市场覆盖率还是用户使用时间,互联网巨头们已经割据垄断了中国90%以上的软件服务。垄断了服务的互联网巨头,同时也垄断了数据。互联网巨头建立了数据时代的垄断优势,其他企业大多只能在巨头的延长线上进行创新。比如近年来企业间的竞争甚至对簿公堂,本质上就是对用户数据控制权的争夺。这种对数据的垄断制约了数据和人工智能深度融合应用的创新。同时,信息时代政府权力有被弱化的趋势。面对用户数据主权失控,当前政府不仅无法为公民数据主权提供保护,而且无法履行许多基于数据驱动的政府职能。相反,具有掌控个人数据优势的大公司则具有更大的影响力与话语权。

对策:以《网络安全法》《数据安全法》为基本框架,维护网络空间主权和国家安全、社会公共利益,保护公民、法人和其他组织的合法权益。相关部门需要开展《网络安全法》《数据安全法》的法律解读,厘清网络安全、数据安全之间的关

1 杨述明.论现代政府治理能力与智能城市的相适性——城市治理智能化视角[J].理论月刊,447(03):80-86.

2 单志广.我国智慧城市健康发展面临的挑战[J].国家治理.2015,(18):27-32.

系,提高社会对网络安全、数据安全的认知,增强企业、公民遵守《网络安全法》《数据安全法》的自觉性。在基本法的基础上,联合事业单位、行业龙头企业和第三方组织,逐步完善国家标准、行业标准、团体标准。

（二）伦理道德层面

挑战:未来智慧城市的"机器工人"可能导致人类遭遇严重的失业问题,这将对现有劳动者的权利带来巨大冲击,此外"机器工人"纳税、禁止滥用等问题在美国、日本等国家已经引起了广泛争议。

对策:一是规范 AI 技术的研发应用,使之符合法律,减少乃至杜绝歧视、隐私泄漏和数据泄漏等问题。二是促进 AI 技术与人类价值观交互融合,避免 AI 技术违背人类的基本价值观和伦理。三是制定 AI 伦理准则和监管法则,规范 AI 技术的研发和应用,同时可进行监督管理,确保 AI 发展符合道德和法律标准。

（三）法律法规层面

挑战:较为突出的有四类,一是现行民法体系中主（人）客体（机器人）之间不可逾越的鸿沟正发生动摇,机器人法律资格的民事主体问题亟待解决;二是"机器工人"群体的劳动法问题,未来机器人可能造成人类大量失业,这有违当前劳动法对工人权利的保护;三是智能驾驶系统的交通法问题,随着无人驾驶中驾驶人概念的消失,法律规制的对象将不再是车辆的驾驶人员,而是智能驾驶系统的开发者、制造者;以过错责任为基础而建立的"风险分配"责任体系,在未来的交通法规中将不复存在。四是未来大量的新闻、图书和艺术作品将由人工智能创作,机器人设计的作品是否享有权利以及该项权利应归属于机器还是制造机器的人的问题对现有的著作权法提出挑战。

对策:在法律尚未成形之前,各主管部门可组织行业专家学者开展广泛探讨,推出管理办法、规定征求意见稿,在吸纳公众意见之后,通过相关管理办法,应对各行各业的智慧化变革与冲突。积极鼓励倡导不同领域的专家、学者和律师合作,集思广益解决行业交叉、技术融合中的法律问题。针对技术融合的特殊性,加快制定新的法律法规标准,或者加快更新现有的法规标准,应对新出现的各类现有法律未能覆盖之问题。

三、新时代智慧城市发展展望

目前,世界各国正在加快智慧城市发展战略的实施,这将对城市的生产、生活、生态、治理、文化等方面产生重大影响。城市将与物理世界和信息空间广泛连接且高度融合成为具有灵敏感知、智能决策、快速响应能力的智慧城市系统。该系统在对物理世界充分感知的基础上,基于三维建模、数字孪生和元宇宙等技术,深度融合计算、通信和控制能力,通过信息空间虚拟网络和物理空间实体网络的相互协调,赋予人类在生产、生活、生态、治理城市各领域实现无所不在的信息监控和精准控制,使得整个城市更高效、更便捷、更文明、更安全[1-2],主要表现在以下四个方面。

(一)协同共享成为主流生产模式,并加快城市创新速度

基于城市共享大平台,大量的创新型工作者、智能机器人等智能劳动者们收集并分析城市各生产领域的数据,使用高度智能化的劳动工具,以各领域交叉点的数据融合为创新源泉,以分布式、协作式的方式进行智能化的城市生产。在协同共享的模式下,生产与消费再度合一,大量的"产消者"涌现,买卖双方让位于"产消者",市场让位于网络。具有群体智能的智能机器人群体包括工业机器人、服务机器人、特种机器人等,在城市各个领域如工业制造、家庭服务、旅游、餐饮、救援、科考等方面面得到广泛应用,将人们从重复简单的体力和脑力劳动中解放出来,更多的人得以从事创新型生产工作,有效助力城市创新速度加快。

(二)智慧服务提供以人为本的公共服务,民生服务更趋灵敏化、精细化和普惠化

基于城市共享大平台所提供的智慧型城市服务极大地提升人们生活质量,并促进公共服务的资源共享和优化配置。智能化终端灵敏地感知到人们的出行、医疗、消费等各类需求,通过网络平台迅速联系到对应的服务提供者。城市共享大平台对人们各类生活数据予以记录和分析,将提供优化的服务解决方案,如交通平台对汽车行驶数据予以收集,预测拥堵路段,优化交通信号灯的时间,方便人们的出行。而在大平台上将不同领域的数据相结合和应用,可以催生出新的服务,如共享民宿服务数据与公共汽车服务数据结合,能够发现无家可归的流浪者并为其提供避难场所等。城市共享大平台将实现智慧型城市服务的感知、优化、分配和执行,最终实现将所需的物品、服务在所需之时按所需之量提供给所需之人,精细化应对城市的各种需求,使每个人都能享受到高质量的服务,

1 张新长,华淑贞,齐霁,等.新型智慧城市建设与展望:基于AI的大数据、大模型与大算力[J].地球信息科学学报,2024,26(04):779-789.

2 吕淑丽,薛华,王堃.智慧城市建设的研究综述与展望[J].当代经济管理,2017,39(4):53-57.

跨越年龄、性别、地区、语言等种种差异。

（三）智慧能源系统和智能环境监测推动城市绿色可持续发展

在能源方面，20世纪人们建立了集中式能源系统，在未来伴随5G、大数据、物联网、"互联网＋"、云计算等技术与传统能源深度融合，集中式能源系统将转变为能源和智能技术深度融合的能源互联网等智慧能源网络系统，形成信息广泛感知、服务广泛覆盖、用户广泛参与的智慧能源新模式。在此模式下，实现能源设施网络化、数字化、智能化，并连入城市共享大平台，收集并监测所有能源设施的运行数据，针对能源需求的未来预测，进行能源的生产、调度和使用方式，有效提高能源使用效率。在环境方面，天地空全域监测网络将实现对生态环境质量、重点污染源和生态环境状况监测的全覆盖，通过城市共享大平台的实时在线环境监测系统，实现环境数据实时上传、监测、分析、预警和处理，并通过AI技术进行数据分析执行相应的环境控制和预防手段，实现城市生态环境高水平保护和生态治理现代化。

（四）智慧型服务治理显著提升城市管理及服务水平

网络空间与人类城市和物理空间的融合与统一使得城市扁平化、媒体大众化、组织虚拟化、信息透明化、资源城市化。协调、组织、沟通和服务成为政府的主要工作，基于城市共享大平台的各方协同型"智慧型服务治理"将以服务为本位，更灵敏地、有效地回应公民的需求和利益[1]。基于系统治理、依法治理、综合治理、源头治理原则，通过数据驱动和智能驱动，推动城市治理体系和治理能力现代化，未来将形成横向到边、纵向到底、全域覆盖的城市管理服务网络[2]，城市各类事件的处理效率得到有效提高，城市管理及服务水平将得到显著跃升，城市精准化、精细化治理新画卷终将绘就。

1　黄新华.城市协同治理模式构建的实施策略[J].城市科学辑刊,2017(01)：65－71.
2　郭苏梅.探索社区网格化管理模式　完善基层公共服务和管理网络[J].中国机构改革与管理,2011(3)：66－67.

数智开放与城市
高质量发展

数字城乡建设推动共同富裕发展研究

——基于 PVAR 与门槛模型的实证检验

辛金国　　吴智鹏*

一、引言

共同富裕是社会主义的本质要求,要坚持以人民为中心的发展思想,在高质量发展中促进共同富裕[1]。目前,我国的经济增长长期稳定,社会公平的失衡问题逐步解决[2],但市场经济环境带来的城乡收入差距在迅速扩大,这是当前亟待解决的矛盾。而数字经济作为新型生产要素能够优化产业结构,并逐渐成为衡量一国经济发展水平的重要因素,同时数字技术能够降低交易成本、提高生产率,为企业、个人、政府带来了更多的机会,因此推动数字城乡建设能帮助解决城乡差异问题、促进经济增长,为推进共同富裕发展提供新动力。在此背景下,深入探讨数字城乡建设与共同富裕二者间关系及其对共同富裕的作用机制具有重要意义。

学界关于数字城乡建设的研究主要分为以下三类:一是对数字赋能城乡建设的内涵进行不同阐述[3];二是对数字城乡建设发展水平的测度[4];三是数字城乡相关领域的研究,主要包括智慧城市建设对缩小城乡收入差距[5]、绿色低碳发

---

* 作者辛金国系杭州电子科技大学经济学院教授、博士生导师,杭州电子科技大学浙江省信息化发展研究院执行院长;吴智鹏系杭州电子科技大学经济学院在读硕士研究生,研究方向为经济统计。

1 徐紫嫣,夏杰长.共同富裕思想的演进脉络和实践指引[J].学习与探索,2022(03):133-140.

2 何立峰.支持浙江高质量发展建设共同富裕示范区为全国扎实推进共同富裕提供省域范例[J].宏观经济管理,2021(07):1-2+20.

3 方卫华,绪宗刚.智慧城市:内涵重构、主要困境及优化思路[J].东南学术,2022(02):84-94.

4 苏红键.数字城乡建设:通往城乡融合与共同富裕之路[J].电子政务,2022(10):88-98.

5 卢宇荣,肖峥.智慧城市建设对缩小城乡收入差距的影响研究[J].江西师范大学学报(哲学社会科学版),2022,55(06):36-45.

展的促进[1]、新经济发展的作用[2]等领域的研究。

借鉴国内外相关文献,本文从经济、生态、文化、社会和空间五个方面总结数字城乡建设对共同富裕发展影响的传导机制,归纳为以下四点(图1):

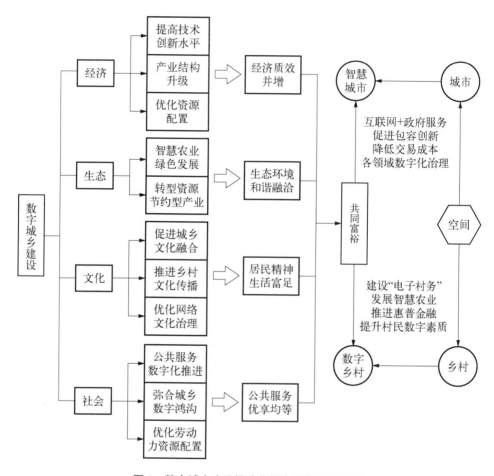

图 1　数字城乡建设推动共同富裕发展机理图

一是数字城乡建设着力建设现代化产业体系,促进区域协调发展,推动经济实现质效并增。一方面,数字化技术通过大数据模型、高端算法对生产端和需求端都能实现精细化管理和匹配,从而降低资源错配造成的损失,优化资源配置能力,推动经济高质量发展。另一方面,数字基础建设的完善和数字技术的发展催

1　黄建,冯升波,牛彦涛.智慧城市对绿色低碳发展的促进作用研究[J].经济问题,2019(05):122-129.
2　黄波."互联网＋智慧城市"对新经济发展的作用探究[J].中国市场,2017(35):12-14.

生了移动支付、直播带货及互联网电商等数字化新产业,为经济增长提供增量。

二是数字城乡建设加快发展方式绿色转型,推进农业智慧化、生产节能化,促进人与自然和谐共生。例如,智慧农机通过物联网实现对农产品生产环节的实时监控,在施肥、洒水、收割等作业做到精准调控,形成标准化生产,通过绿色生产助力共同富裕实现。

三是数字城乡建设构建数字文化平台,打破城乡间文化交流壁垒,促进城乡文化融合。一方面,短视频平台具有突破地域限制的特征,能够帮助城乡人民通过视频平台交流文化,乡村人民足不出户就能领略城市的宏伟建筑,而城市人民也可通过短视频看遍田园风光。另一方面,数字化文旅建设利用 VR、AR、数字孪生等技术让人们实现足不出户却揽遍大好河山的体验,极大满足了人们精神生活需求,助力我国共同富裕实现。

四是数字城乡建设健全社会保障,促进公共服务均衡发展。一方面,数字城乡建设通过打造基本公共服务数据共享平台提升政府政务透明度、优化公共资源配置,进而优化基本公共服务水平。另一方面,数字城乡建设通过数字技术打造"城乡智慧大脑",提升城乡间基本公共服务均等化水平,助力共同富裕实现。

综上所述,目前学界对数字城乡、共同富裕发展的研究丰硕,但对两者间关系的研究较少。鉴于此,本文基于国内外已有文献,通过实证分析研究数字城乡建设对共同富裕发展的影响作用,以期对数字城乡建设如何更好地推动共同富裕发展提供政策建议。

二、模型设定与变量选择

(一)研究方法

1. PVAR 模型

面板向量自回归模型(PVAR)由 Holtz-Eakin(1988)提出,并被学界广泛应用于经济问题分析。该模型同时结合了面板模型及传统向量自回归(VAR)模型的优点,在有效解决个体异质性问题的同时充分考虑个体和时间效应。面板向量自回归模型将所有变量均视为内生变量,同时,模型可以基于历史数据对未来数据的演化趋势展开预测,因此能较全面地用于分析变量间的动态影响关系。文章构建 PVAR 模型如式(1)所示:

$$Y_{i,t} = \sum_{p=1}^{k} \gamma_p Y_{i,t-p} + \theta_i + \omega_t + \varepsilon_{i,t} \tag{1}$$

其中,下标 i 和 t 分别表示省份、年份, $Y_{i,t}=[pros,szcx]$ 为 $1*2$ 阶矩阵, p 表示滞后指数, γ_p 表示回归系数矩阵, θ_i 反映个体效应, ω_t 反映时间效应, $\varepsilon_{i,t}$ 为随机误差项。

2. 门槛效应模型

引入控制变量进一步研究数字城乡与共同富裕发展的非线性关系,构建门槛模型如式(2)所示:

$$
\begin{aligned}
pros_{i,t}=\alpha_i &+\beta_1\, popu_{i,t}+\beta_2\, fin_{i,t}+\beta_3\, tech_{i,t}+\beta_4\, traf_{i,t}\\
&+\beta_5\, gov_{i,t}+\beta_6\, envi_{i,t}+\beta_7\, szxc_{i,t}I(szxc_{i,t}\leqslant\lambda)\\
&+\beta_8\, szxc_{i,t}I(szxc_{i,t}>\lambda)+\mu_{i,t}
\end{aligned}
\tag{2}
$$

其中,下标 i 和 t 分别表示省份、年份,共同富裕发展水平($pros$)为被解释变量,数字城乡建设水平($szcx$)为门槛变量, α_i 反映省份个体效应, $\mu_{i,t}$ 表示随机干扰的影响, $I(\cdot)$ 为指示函数。

(二)变量选取

1. 核心解释变量

本文在借鉴苏红键(2022)[1]研究的基础上,从五个维度选取 17 个二级指标构建数字城乡建设发展水平指数评价体系(表1),并利用熵权法进行测算。

表 1 数字城乡建设水平评价指标体系

一级指标	二级指标	统计方法	权重
城乡网络基建	城乡网络普及率差异	城乡网络普及率之比	0.060 6
	移动电话普及率	统计指标	0.020 8
	基站建设	移动电话基站数	0.035 0
	光缆密度	光缆长度/建成区面积	0.042 4
城乡数字经济	城乡数字经济差异	城乡投递路线之比	0.105 7
	农村电商	淘宝村数量	0.357 6
	邮政营业网点处	统计指标	0.063 6

1 苏红键.数字城乡建设:通往城乡融合与共同富裕之路[J].电子政务,2022(10):88-98.

续　表

一级指标	二级指标	统计方法	权重
城乡数字经济	数字金融	北大数字惠普金融指数	0.020 6
	智慧农业	农业气象观测业务站点个数	0.075 9
城乡网络文化	城乡网络文化水平差异	城乡有线广播电视用户数之比	0.030 8
	网络视频用户规模	数字电视用户数	0.017 6
	公共电视节目套数	统计指标	0.033 8
城乡数字治理	气象大数据治理	自动气象站站点个数	0.085 6
	生态环境治理数字化	天气雷达观测业务站点个数	0.071 4
	自然资源数字化治理	卫星云图接收业务站点个数	0.050 7
城乡智慧服务	公共图书馆计算机台数	统计指标	0.073 4
	公共图书馆电子阅览室终端数	统计指标	0.044 3

　　第一个维度是城乡网络基础。拥有完善的城乡网络基础设施是建设数字城乡的重要基础。本文参照了国内外多篇关于数字城市、乡村的指标体系的论著中数字基础建设维度指标,从中选取出现频率较高且符合本文需求的城乡网络普及率差异、移动电话普及率、基站建设、光缆密度四个指标对城乡基础建设程度进行刻画。

　　第二个维度是城乡数字经济。移动支付、互联网电商等新业态是数字城乡建设的重要内容,本文选取城乡数字经济差异、农村电商、邮政营业网点处、数字金融、智慧农业五个二级指标来刻画城乡数字经济水平。

　　第三个维度是城乡网络文化。通过构建数字文化平台可打破城乡间文化交流壁垒,促进城乡文化融合。本文选取城乡网络文化水平差异、网络视频用户规模、公共电视节目套数三个二级指标来刻画城乡网络文化水平。

　　第四个维度是城乡数字治理。从政府服务能力的视角对数字城乡建设水平展开测度。本文选取气象大数据治理、生态环境治理数字化、自然资源数字化治理三个二级指标来刻画城乡数字治理水平。

　　第五个维度是城乡智慧服务。刻画了在数字城乡建设过程中,人民在生活水平上受数字技术创新带来的提升程度。本文选取公共图书馆计算机台数、公共图书馆电子阅览室终端数两个二级指标来刻画城乡智慧服务水平。

2. 被解释变量

本文在借鉴以往文献常用方法[1]基础上，参考《浙江高质量发展建设共同富裕示范区实施方案（2021—2025年）》，从"共享""富裕"两个大维度综合选取了13个二级指标构建共同富裕发展水平指数评价体系如表2所示。

表2 共同富裕发展水平指数评价体系

指标	一级指标	二级指标	统 计 方 法	权 重
共享指标	富裕差异性	城乡收入差距	城镇居民人均可支配收入/农村居民人均可支配收入	0.033 2
		城乡消费差距	城镇居民人均消费支出/农村居民人均消费支出	0.030 3
	富裕共享性	社会福利和保障	社会福利和保障性支出/总支出	0.046 0
		个税占比	个人所得税/总税收	0.111 9
富裕指标	经济质效并增	人均GDP	统计指标	0.112 7
		产业结构	第三产业生产总值/GDP	0.057 6
		就业水平	城镇登记失业率（%）	0.048 2
	精神生活富足	教育文化娱乐消费	城镇人均教育文化娱乐消费支出/总支出	0.032 8
		人均公共图书馆藏量	统计指标	0.160 7
		文体娱乐发展水平	文化、体育和娱乐业城镇单位就业人员	0.131 4
	社会环境和谐	教育水平	每十万人口高等学校平均在校生数（人）	0.052 1
		生态环境	城市绿地面积/年末常住人口数	0.134 6
		社会保障水平	人均城乡居民社会养老保险基金支出	0.048 5

---

1 孙豪,曹肖烨.中国省域共同富裕的测度与评价[J].浙江社会科学,2022(06)：4-18+155.

共同富裕的"共同"主要由"共享"这一维度体现。"共"主要指全体社会成员,"享"则既可以是经济层面的,也可以是政治、文化、社会、生态文明层面的获取程度。其中缩小差距是降低富裕差异性的主攻方向,故本文选取城乡收入差距、城乡消费差距来刻画。社会福利和保障是一种强制性的再分配手段,可以帮助解决初次分配后产生的收入差距、资本积累问题,通过促进社会公平推动共同富裕实现,故本文选取社会福利和保障和个税占比来刻画富裕的共享性。

共同富裕的"富裕"既要实现物质上的富裕,同时也要考虑人们的精神富裕及社会和谐。其中物质富裕主要指经济发展,精神富裕则包括文化、教育,而社会环境则体现为社会保障及个人幸福指数。故本文从经济质效并增、精神生活富足、社会环境和谐三个视角进行刻画。

3. 控制变量

本文引用如下控制变量:① 人口密度(popu)为年末常住人口与行政区域面积之比;② 社会消费水平(fin)为社会消费品零售总额与GDP之比;③ 研发强度(tech)为R&D经费内部支出占GDP之比;④ 交通基础设施水平(traf)为货运量合计取对数;⑤ 政府干预程度(gov)为地方政府一般公共预算支出与GDP之比;⑥ 环境规制(envi)为工业污染治理完成投资额与工业增加值之比。

4. 数据来源

本文研究对象是中国30个省(自治区、直辖市),选取2013—2021时段数据汇总成面板数据进行实证分析。原始数据来源于《中国统计年鉴》、各省份统计年鉴。数据处理使用stata 17软件。各变量描述性统计如表3所示。

表3　变量描述性统计

变量名称	变量描述	平均值	标准差	最小值	最大值
gtfy	共同富裕指数	0.285	0.122	0.104	0.748
szxc	数字城乡建设	0.132	0.082	0.039	0.533
tech	研发强度	0.018	0.012	0.004	0.065
envi	环境规制	0.021	0.005	0.009	0.042

变量名称	变量描述	平均值	标准差	最小值	最大值
traf	交通基础水平	11.652	0.835	9.501	12.981
gov	政府干预程度	0.252	0.102	0.107	0.643
popu	人口密度	476.642	710.257	7.905	3 925.87
fin	社会消费水平	0.387	0.07	0.222	0.538

三、实证研究

（一）数字城乡建设与共同富裕时空演化特征分析

1. 数字城乡建设时空演化特征分析

中国各省数字城乡建设发展水平均呈上升趋势，同时存在明显的空间差异性和发展不均衡性。在政策引导下，居民数字化生活方式不断发展，但地区间数字城乡建设水平差异较大。东部沿海地区明显高于西部内陆地区，且随时间推移表现出明显的自东向西辐射扩张趋势。原因可能是中国地域辽阔，各省份条件差异较大，经济发达的沿海城市对数字城乡建设的投入更为丰富，人群平均数字素养也较高。内陆地区受到沿海地区的辐射带动从而提升数字城乡建设水平。

2. 共同富裕时空演化特征分析

全国各省共同富裕发展水平随时间推移逐渐增长，总体均值在九年间由0.217增长至0.360。说明在研究时段内，各省份积极响应共同富裕政策，有效满足人民群众多样化、多层次的精神文化需求。东、中、西部地区比较来看，东部地区共同富裕发展水平最高、中部地区次之、西部地区最低，但在调查年份间，西部地区共同富裕发展水平指数增长率达到79.6%，远超东部地区（53.6%），差距缩小。

（二）PVAR模型实证分析

1. 平稳性检验

变量的非平稳性可能会造成伪回归现象，导致结果出现偏差。为准确刻画变量间的逻辑关系，本文选取 LLC、IPS、PP 三种方法对面板数据进行单位根检验。结果显示，原始变量数据不能拒绝原假设。为获得平稳数据，将数据对数化处理,得到 lnpros、lnszcx。取对数后的变量均拒绝元假设,表明数据平稳。故采用 lnpros、lnszcx 的面板数据进行 PVAR 模型估计(表 4)。

表 4　平稳性检验结果

变　量	LLC 检验	IPS 检验	PP 检验	检验结论
pros	−10.41***	−0.93	70.54	不平稳
lnpros	−9.91***	−1.82**	119.64***	平稳
szcx	−5.51***	−0.82	67.52	不平稳
lnszcx	−7.57***	−3.46***	138.93***	平稳

2. 选择最优滞后阶数

利用 AIC、BIC、HQIC 信息准则判断最优滞后阶数,结果如表 5 所示,当滞后期数为 1 时,BIC、HQIC 两个准则均为最小值。当滞后期数为 4 时,AIC 准则为最小值。根据多数准则,选择建立 PVAR 滞后一阶模型探究共同富裕与数字城乡建设之间的动态关系。

表 5　滞后阶数检验结果

滞后阶数	AIC	BIC	HQIC
滞后 1 阶	−5.418	−4.398*	−5.006*
滞后 2 阶	−4.858	−3.652	−4.369
滞后 3 阶	−4.788	−3.343	−4.201
滞后 4 阶	−5.658*	−3.893	−4.942
滞后 5 阶	−4.493	−2.271	−3.597

3. Granger 因果检验

对变量做格兰杰因果检验结果如表 6 所示,数字城乡建设是共同富裕的格兰杰原因,反之拒绝,P 值分别为 0.037 和 0.463。表明在短期内,数字城乡建设影响了共同富裕发展水平,对其有助推作用。

表 6　Granger 因果检验结果

原 假 设	卡方统计量	P 值	结 果
lnszcx 不是 lnpros 的原因	4.346 6	0.037	拒绝
pros 不是 lnszcx 的原因	0.538 4	0.463	接受

4. PVAR 模型的 GMM 估计

GMM 估计结果显示（表 7），数字城乡建设与共同富裕发展之间存在显著的动态关系。滞后 1 期的数字城乡建设对共同富裕发展水平的影响显著为正。具体来说，滞后 1 期的数字城乡建设水平增加 0.36％，次年共同富裕发展水平增加 1％。原因可能是数字城乡建设通过数字技术在降低交易成本的同时提高效率，缩小了城乡数字鸿沟，从而推动经济发展、缩小城乡贫富差距，对于共同富裕发展起到了推动作用。滞后 1 期的共同富裕发展水平对数字城乡建设发展水平的影响显著为正，系数为 0.248。原因可能是共同富裕的推进让政府有更多的财政支持数字基础设施建设，农村人民的文化素质得到提升，进一步缩小了城乡数字鸿沟，对于数字城乡建设发展起到了推动作用。滞后 1 期的共同富裕发展水平和数字城乡建设发展水平分别对自身有较强的正向作用，表明前期推动共同富裕（数字城乡建设）有利于提升当期共同富裕（数字城乡建设）发展水平。

表 7　GMM 估计结果

	lnpros		lnszcx	
	系数	P 值	系数	P 值
滞后 1 期的 lnpros	0.481	0.000	0.248	0.091
滞后 1 期的 lnszcx	0.360	0.000	0.549	0.000

5. 脉冲响应函数

脉冲响应可以帮助我们直观地了解数字城乡建设对共同富裕的动态影响过程。两者间脉冲响应函数结果如图 2、图 3 所示。分析图 2 可知，当共同富裕发展水平受到自身的冲击时，产生的回应是正向的，随滞后期数增加产生的正向回应在持续下降。这表明共同富裕自身对共同富裕的正向影响作用显著,但是随着期数的增多,影响不断减弱。进一步分析图3可知,当共同富裕受到数字城乡建设水平2单位标准差的冲击后,共同富裕发展水平所产生的回应达到峰值(0.018),随后开始减弱并趋向于0。

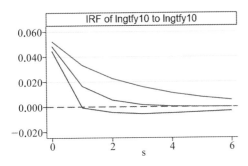

图 2　共同富裕对共同富裕的脉冲响应

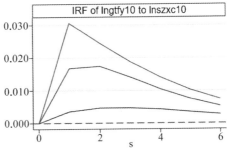

图 3　数字城乡对共同富裕的脉冲响应

6. 方差分解分析

为进一步分析影响内生变量的结构冲击重要性,考察变量总体变异的来源以及各变量在今后一段时期内相互影响情况和变化趋势,本文选定16期为方差分解的滞后期,对共同富裕(lnpros)、数字城乡建设(lnszcx)预测误差进行方差分解,得到结果如表8所示:

表 8　方差分解结果

预测期	lngtfy10		lnszxc10	
	lngtfy10	lnszxc10	lngtfy10	lnszxc10
1	1.000	0.087	0.000	0.913
6	0.737	0.065	0.263	0.935
11	0.727	0.064	0.273	0.936
16	0.726	0.064	0.274	0.936

表中数据显示,第一,共同富裕发展水平的波动在第一期主要受自身影响,贡献度达到100%,随着时间的推移贡献度逐渐下降,到第6期贡献度趋于稳定(73.7%),持续到滞后16期仍缓慢减小,数值保持在70%以上。第二,数字城乡

建设对共同富裕的贡献度在第一期为8.7%，随着滞后期数增加，贡献度逐渐稳定在6.4%，是影响共同富裕的重要因素。第三，数字城乡建设发展水平主要受自身影响，始终稳定在90%以上，到第11期贡献度趋于稳定。第四，共同富裕在第1期不对数字城乡建设波动产生影响。在第6期时达到26.3%并随着时间推移缓慢增至27.4%后趋于稳定。表明共同富裕发展水平是影响数字城乡建设波动的重要因素。

（三）门槛效应的检验与分析

前面的讨论中已经证实了数字城乡建设对公共同富裕发展具有正向作用，此外，考虑到中国国土面积辽阔，各省因环境、历史遗留等原因存在较大差异，共同富裕发展可能还受诸多因素影响，故进一步引入控制变量构建门槛模型，从非线性的角度研究不同数字城乡建设水平下其对共同富裕的影响是否存在显著差异。

1. 门槛效应检验

对面板门槛模型回归估计之前，首先确定以数字城乡建设为门槛变量的模型是否具有门槛效应，见下表9。结果显示单一门槛下模型的F值为59.99，P值为0.0067，双重门槛下模型的F值为22.07，P值为0.0767，三重门槛下模型的F值为12.96，P值为0.7533，因此门槛变量数字城乡建设（szcx）通过双重门槛效应检验，在百分之十的显著性水平下具有双重门槛，表明实证检验需要构建面板双重门槛模型。

表9 门槛效应检验结果

门槛数	F统计量	P值	Bootstrap次数	临界值		
				10%	5%	1%
第一门槛值	59.99	0.0067	300	34.3692	39.8048	56.6410
第二门槛值	22.07	0.0767	300	18.9595	23.5324	37.1738
第三门槛值	12.96	0.7533	300	33.2066	38.4445	43.9573

2. 门槛值估计

对门槛变量数字城乡建设（szcx）进行双重门槛估计，门槛值为似然比检验（LR图）中的最低点，估计结果见表10、图4。其运用的方法是最小残差平方和法。第一、第二门槛值落在各自对应的95%置信区间内,表明估计的双重门槛值较有效。数字城乡建设(szcx)变量的双重门槛估计值分别为0.0795和0.2176。

表10　门槛效应估计

门槛类型	门槛值	95%置信上限	95%置信下限
第一门槛	0.079 5	0.079 8	0.076 3
第二门槛	0.217 6	0.218 1	0.097 6

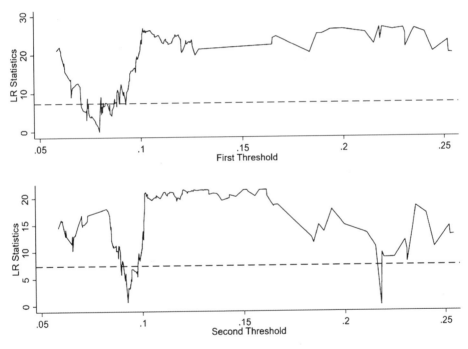

图4　第一、二门槛估计值及似然比检验图

3. 门槛模型结果

表11给出门槛模型参数估计结果,数字城乡建设对共同富裕的影响被门槛变量划分为三个区间,均在1%水平上显著。当数字城乡建设(szcx)低于第一门槛值时,对共同富裕的影响系数为正(0.548 7);当其分别跨过第一、二门槛值时,其对共同富裕发展发的影响系数先提高(0.734 9)后回落(0.551 2)。原因可能在

于数字城乡建设初期,孕育的新产业带动产业结构升级、资源配置优化,乡村人与物的流通效率提高,有效推动共同富裕发展。数字城乡建设水平发展到一定程度,由数字红利带来的经济动力从爆发期过渡至稳步增长阶段,此时数字城乡建设仍能对共同富裕产生正向推动作用,但程度会相较趋弱。

表 11　门槛模型估计结果

变　量	系　数	标准误	T 统计量	P 值
$szcx \times I(szcx \leqslant 0.08)$	0.548 7***	0.121 1	4.53	0.000
$szcx \times I(0.08 < szcx \leqslant 0.22)$	0.734 9***	0.094 2	7.80	0.000
$szcx \times I(0.22 < szcx)$	0.551 2***	0.063 2	8.71	0.000
$popu$	0.436 2***	0.165 7	2.63	0.001
fin	0.058 9***	0.015 6	3.77	0.024
$tech$	0.033 1***	0.011 5	2.88	0.000
$traf$	0.029 9	0.015 1	1.97	0.238
gov	7.891 2***	1.014 1	7.78	0.000
$envi$	0.001 2	0.043 0	0.03	0.978
常数项	0.351 8***	0.107 5	−3.27	0.000
R^2	0.921 6			
F	82.62			

四、结论及建议

本文以数字城乡建设对共同富裕度效应研究影响为出发点,基于中国 30 个省份,分别测度二者综合评价指标水平,构建 PVAR 模型和门槛效应模型对两者关系进行实证研究,得出以下四个结论:第一,我国各省份数字城乡建设发展水平均呈现上升趋势,但区域间存在显著空间差异性。东部沿海地区明显高于西部内陆地区,且随时间推移表现出自东向西辐射扩张趋势。第二,全国各省共同富裕发展水平随时间推移逐渐增长,但局部存在较大差异,好的方面在样本期内西部区域共同富裕发展水平指数增长率高于东部区域。第三,数字城乡建设对共同富裕发展具有正向促进作用,且具有动态演变特点,随着滞后期的演进,共同富裕受到数字城乡建设的冲击呈现先增大后减小的态势,当受到滞后2期数字城建设冲击后,共同富裕发展水平所产生的回应达到峰值,随后回落最终趋于0。第四,数字城乡建设对共同富裕存在门槛效应,并在选择双重门槛下评估共同富裕最具有合理性。

依据以上结论,提出以下三点建议:

第一,正视地区间发展不平衡问题,实施差异化政策助力共同富裕发展。实证结果可知我国数字城乡建设具有显著的空间差异性和发展不均衡性。东部沿海地区明显高于西部内陆地区,同时共同富裕水平也同样表现为东部最高,东北次之,中西部相对较低的特征。因此根据各省份经济基础、数字建设成效等特征因地制宜推进共同富裕建设是很有必要的。其一,政府需加强中西部区域政策支持。鼓励发展较好的省份主动加强与周边省份城市合作、优化区域产业及人力资源配置,发挥区域中心效应,通过辐射带动作用帮助周边省份实现高质量协调发展。其二,通过试点城市探索积累可复制可推广的机制模式,总结成功经验,为全国数字城乡建设与共同富裕协调发展提供思路。

第二,实证结果可知,我国数字城乡建设对共同富裕具有显著正向推动作用。因此我国应大力发展数字城乡建设,通过数字技术的高效性、包容性为城市经济发展提供新动力,通过共享性、空间性缩小三大差距,从"富裕"和"共享"两个角度共同发力,推动共同富裕发展。具体而言,政府需强化顶层设计,统筹"智慧城市""数字乡村""数字县城"体系建设。各省份结合自身实际情况,推进城乡要素双向自由流动,合理配置公共资源,将以城带乡、共建共享的数字城乡融合发展作为目标,构建数字城乡一体化建设体系,以整合资源提高效率。

第三,实证结果可知,在数字城乡建设水平处于不同阶段时,我国数字城乡建设对共同富裕影响存在先提升后回落的现象。因此,建议数字城乡建设水平还低于门槛值0.22的省份进一步聚焦发展数字城乡建设,重视乡村数字素质落后问题,教育部门及政府可定期开展数字技术宣传讲座、增设数字技术课程,积极引导民众使用互联网电商、网络短视频、智慧政务等数字化产品,鼓励农村年轻群体参与智慧农业、智慧旅游等数字产业。对于数字城乡建设水平高于门槛值的省份则需重视数字城乡建设过程中的不正当竞争和资源分配优化问题。

智慧城市建设是否提升了城市竞争力？

——基于面板数据的实证研究

刘春浩　马颖杰　郑　林　张西尧[*]

　　"智慧城市"的概念在 2008 年首次提出，而后引发了广泛的讨论和研究。智慧城市建设能够有效解决城市发展过程中产生的诸多问题，提升城市发展质量和城市竞争力，提高人民生活质量和生活水平，因而智慧城市建设成为城市发展的有效战略[1]。随着我国城镇化进程快速推进，城市发展进入了新的阶段，从重视"量"的提升开始转向质量并重，同时更注重"质"的发展。我国在 2011 年基本接受了"智慧城市"的概念。2012 年 12 月开始，住建部陆续公布了共计 290 个城市(区、县、镇)的智慧城市试点名单。《国家新型城镇化规划(2014—2020年)》中明确要求要推进智慧城市建设，2015 年，"智慧城市"首次写入国家政府工作报告，党的十九大报告也明确指出，要建设"网络强国、数字中国、智慧社会"[2]。总体来看，我国智慧城市发展大体上经历了四个阶段[3]：第一阶段为探索实践期，从 2008 年底到 2014 年 8 月，这期间的智慧城市建设隶属于各个部门，各个地方按照自己的理解来推进，是相对分散、无序的发展阶段。第二阶段为规范调整期，从 2014 年 8 月至 2015 年 12 月，按照国务院要求，由国家发展改革委牵头，成立了 25 个部委组成的促进智慧城市健康发展部际协调工作组，统一指导地方智慧城市建设。第三个阶段为战略攻坚期，从 2015 年 12 月到 2017年 12 月，新型智慧城市建设成为国家落实新型城镇化的重要抓手，成为国家层

---

　　* 作者刘春浩、张西尧系江西师范大学博士研究生；郑林系江西师范大学教授、博士生导师；马颖杰系浙江省城市治理研究中心博士后。

　　1 张优智，刘寅可，赵璟，等.智慧城市建设能否促进中国经济高质量发展？[J].西部经济管理论坛，2023,34(05)：22-37.

　　2 赵蔡晶，吴柏钧.智慧城市建设促进了城市发展质量提升吗？——基于多期 DID 方法的政策效应评估[J].经济经纬,2020,37(06)：18-27.

　　3 单志广.智慧城市将成下一个增长极[N].新京报,2019-01-04(特04).

面的战略抉择。第四个阶段为全面发展期,从党的十九大召开到现在,智慧社会使智慧城市理念进行了深化和拓展,智慧城市建设更加突出城乡统筹、城乡融合发展。

我国进行智慧城市试点以来,关于智慧城市建设对城市发展的实证研究大量涌现。这些研究包含了智慧城市建设对城市发展多个维度的影响,但这些研究主要关注智慧城市建设对全要素生产率[1]、经济高质量发展[2]和绿色经济[3]等方面的政策效应,关于城市竞争力的研究较少。基于此,本文以 2009 年—2018年我国 283 个地级及以上城市为研究对象,利用面板数据,构建城市竞争力指标体系,生成各城市的城市竞争力得分,采用东部、中部、西部和东北地区的地域划分,衡量城市竞争力时空变化状况;运用 DID 模型和 PSM - DID 模型分析智慧城市建设对城市竞争力的政策效应;探索几个区域的城市竞争力对政策响应的区域异质性,为后续的政策建议提供有效支撑。

一、智慧城市建设对城市竞争力的影响机制分析

智慧城市即具备智能化、数字化、信息化特征的新型城市发展方式,核心在于运用大数据、物联网、云计算等信息技术推动城市向数字化、智能化方向发展,提升城市的运行效率[4]。

一方面,智慧城市建设通过扩大人均财政预算支出的方式提高城市竞争力。智慧城市建设所需的先进技术离不开完善的基础设施,因此加大互联网、5G 网络和大数据中心等基础设施的财政支出是提升城市竞争力的前提条件,城市通过扩大此方面的财政支出,提升了城市的智能化水平,可以实现不同部门、区域、层级和系统之间的数据交换和共享[5]。城市管理部门可以通过智慧城市管理系统,实时监测城市内部的各个方面,及时获得反馈信息,针对具体事件进行快速响应,城市管理部门也可建设城市居民智能服务平台,实现社会治理的精细化和

1 张卫东,丁海,石大千.智慧城市建设对全要素生产率的影响——基于准自然实验[J].技术经济,2018,37(03):107-114.

2 张治栋,赵必武.智慧城市建设对城市经济高质量发展的影响——基于双重差分法的实证分析[J].软科学,2021,35(11):65-70+129.

3 朱奕帆,丁慧.智慧城市建设对绿色经济发展的影响研究——基于长三角城市群面板数据的实证分析[J].生态经济,2023,39(07):93-98+164.

4 宣旸,张万里.智慧城市、经济集聚与绿色全要素生产率[J].现代经济探讨,2021(09):12-25.

5 姚冲,甄峰,席广亮.中国智慧城市研究的进展与展望[J].人文地理,2021,36(05):15-23.

高效化[1]。

另一方面，智慧城市建设通过加大科技支出，提升科技创新能力，从而提高城市竞争力。智慧城市建设是信息化时代背景下城市发展的必然趋势，信息技术创新、人工智能、3D打印等科技的突飞猛进给城市发展带来诸多的机遇[2]。不断加大科技投入，不仅能够推动产业信息化和信息产业化，而且能够提升科技工作人员的待遇水平。智慧城市建设以及科技创新都离不开人才，人才在智慧城市建设中居于中心位置。高素质人才是智慧城市建设的动力源，无论是技术的开发和应用，还是智慧平台的管理和反馈，都离不开相关行业的高素质人才。在智慧城市建设中，加大科技投入能够增加城市高技术人才数量，为提升城市竞争力提供源源不断的动力。

基于上述分析，提出以下假说。

假说（1）：智慧城市建设通过增加人均公共财政预算支出提升城市竞争力。

假说（2）：智慧城市建设通过增加科技支出提升城市竞争力。

二、研究设计

（一）研究方法

1. 城市竞争力评价

熵值法根据指标的离散程度确定各指标的权重，是一种客观的权重赋值法，本研究采取熵值法测度指标的权重，计算各项指标公式如下[3]：

$$P_{ij} = \frac{x'_{ij}}{\sum_{i}^{m} x'_{ij}} \tag{1}$$

其中，m 为样本数，x'_{ij} 为标准化处理后的各指标值。

计算第 j 项指标的熵值、差异性系数和权重，利用公式：

$$h_j = -k \sum P_{ij} \cdot \ln P_{ij} \tag{2}$$

$$g_j = 1 - h_j \tag{3}$$

1　司林波，宋兆祥.人工智能时代合作式智慧治理如何促进城市治理创新？——雄安新区绿色智慧新城成长轨迹的探索[J].长白学刊，2023，（04）：57－68.

2　杨晓兰，倪鹏飞.城市可持续竞争力的起源与发展评述[J].经济学动态，2017，（09）：96－110.

3　张艺帅，王剑，潘鑫.我国都市圈综合竞争力指标体系建构研究[J].城乡规划，2023，（05）：9－19.

其中：$k = 1/\ln m > 0$，$0 \leqslant h_j \leqslant 1$。

$$a_j = \frac{g_i}{\sum g_i} \tag{4}$$

计算各个年份各城市的城市竞争力的综合得分：

$$F = \sum a_j \cdot P_{ij} \tag{5}$$

2. 政策效应评价

本文的基准模型构建如下[1]：

$$T_{i,t} = \beta_0 + \beta_1 did_{i,t} + \beta_i control_{i,t} + \lambda_i + \mu_t + \varepsilon_{it} \tag{6}$$

式中，$T_{i,t}$ 为城市竞争力，i 表示地级及以上城市个体，t 表示时间，did 为智慧城市试点虚拟变量，即城市虚拟变量与时间虚拟变量的交互项，$control$ 表示控制变量，λ_i 为个体固定效应，μ_t 为时间固定效应，ε 为随机扰动项。

为了解决双重差分法可能导致的内生性问题，也为了更好评估智慧城市试点对城市竞争力的政策效应，检验智慧城市试点是否促进了城市竞争力的提升，本文采用 Heckman 等[2]提出并发展起来的倾向匹配得分-双重差分法（PSM-DID）进行政策效应评价。

（二）变量选择

1. 城市竞争力评价

从经济学和地理学视角出发，将城市竞争力分为经济竞争力、科技竞争力、基础设施竞争力、环境竞争力、社会竞争力和外向竞争力六部分[3]。经济竞争力包含人均 GDP 和人均固定资产投资两部分，科技竞争力使用每万人发明专利授权数作为衡量指标，基础设施竞争力使用人均道路铺装面积作为衡量指标，环境竞争力使用人均绿地面积作为衡量指标，社会竞争力使用每万人拥有医院床位数作为衡量指标，外向竞争力使用每百人互联网宽带接入用户数作为衡量指标（表 12）。

1　张铎,张沁,李富强.智慧城市建设对城市经济高质量发展的影响研究——基于城市面板数据的实证检验[J].价格理论与实践,2024,(01)：158-162.

2　Heckman J J, Ichimura H, Todd P E. Matching as econometric evaluation estimator[J]. Review of Economic Studies, 1998, 65(2)：261-294.

3　王发曾,吕金嵘.中原城市群城市竞争力的评价与时空演变[J].地理研究,2011,30(01)：49-60.

表 12 城市竞争力评价指标体系

一 级 指 标	二 级 指 标	单位	权 重
经济竞争力	X1：人均 GDP	元	0.077 6
	X2：人均固定资产投资	元	0.078 3
科技竞争力	X3：每万人发明专利授权数	件	0.454 8
基础设施竞争力	X4：人均道路铺装面积	m²	0.155 9
环境竞争力	X5：人均绿地面积	m²	0.105 8
社会竞争力	X6：每万人拥有医院床位数	张	0.023 6
外向竞争力	X7：每百人互联网宽带接入用户数	人	0.104 0

2. 政策效应评价

在运用双重差分法和倾向匹配得分-双重差分法时，变量主要分为被解释变量、解释变量、控制变量、中介变量和哑变量[1]。被解释变量为通过熵值法计算得分的城市竞争力。解释变量采用 $time$（智慧城市试点时间）$\times treated$（是否为智慧城市）生成的虚拟变量表示城市是否进行了智慧城市试点，评价智慧城市试点对城市竞争力的政策效应，只有在智慧城市试点政策实施后为智慧城市试点的区域，$time \times treated$ 的取值为 1，否则为 0。控制变量选取 GDP 增速、建成区人口密度和在岗职工平均人数三个。各变量具体获取方式见表 13。

表 13 DID 和 PSM‐DID 变量选择和获取方法

变 量	变量指标	获 取 方 法
被解释变量	城市竞争力	熵值法
解释变量	智慧城市试点时间	试点时间起设为 1，否则为 0
	是否为智慧城市	智慧城市设为 1，否则为 0

---

1 张铎，张沁，李富强.智慧城市建设对城市经济高质量发展的影响研究——基于城市面板数据的实证检验[J].价格理论与实践,2024,(01)：158‐162.

续　表

变　　量	变 量 指 标	获 取 方 法
控制变量	GDP 增速	统计年鉴获取
	建成区人口密度	建成区人口数/建成区面积
	在岗职工平均人数	统计年鉴获取
中介变量	人均公共财政预算支出	公共财政支出/常住人口
	科技支出	统计年鉴获取
哑变量	年度固定效应	年度哑变量
	个体固定效应	个体哑变量

（三）数据来源

研究数据来源于《中国城市统计年鉴》、各城市统计年鉴和各城市统计公报等，时间跨度为 2009 年—2018 年，剔除无法补齐数据的城市后，最终得到 283 个样本城市，样本数量为 2 830 个。

三、城市竞争力的动态演变分析

（一）智慧城市试点城市与非试点城市的动态差异分析

表 14 展示了智慧城市试点城市和非试点城市历年城市竞争力的动态变化。可以看出：2013 年之前，智慧城市试点城市和非试点城市的城市竞争力水平差距不大，而 2013 年之后智慧城市试点城市和非试点城市的城市竞争力水平差距逐渐扩大。2008 年试点城市的城市竞争力比非试点城市的城市竞争力低了 0.000 9，而到了 2014 年试点城市的城市竞争力比非试点城市的城市竞争力高了 0.003 4。试点城市的城市竞争力平均值比非试点城市的城市竞争力平均值高 0.003 2，可以考虑是智慧城市试点政策使试点城市的城市竞争力显著高于非试点城市。

（二）智慧城市试点城市的城市竞争力动态发展差异

对比东部、中部、西部和东北四大地区的城市竞争力及增长状况，东部地区总体呈现城市竞争力高和增长速度快的双重优势，这两种优势在 2013 年开始进行智慧城市试点后变得更加显著，主要表现为长三角和沿海地区的城市竞争力

表 14　城市竞争力评价结果

	试 点 城 市	非 试 点 城 市
2009 年	0.034 7	0.035 6
2010 年	0.040 5	0.040 6
2011 年	0.045 0	0.044 8
2012 年	0.051 6	0.051 4
2013 年	0.058 6	0.056 4
2014 年	0.063 1	0.059 7
2015 年	0.072 7	0.066 4
2016 年	0.079 9	0.073 0
2017 年	0.082 9	0.076 0
2018 年	0.087 4	0.080 5
均　值	0.061 6	0.058 4

和增长速度始终处于领先地位。对比南方和北方地区来看，南方地区呈现城市竞争力高和增长速度较快的双重优势，这两种优势在 2013 年开始进行智慧城市试点后也变得更加显著，主要表现为长江以南地区的城市竞争力水平和增长速度明显高于其他区域。结合 GDP 水平来看，GDP 水平高的城市，城市竞争力及增长水平呈现双重领先优势，并且在 2013 年开始进行智慧城市后这种优势变得更加显著。

四、智慧城市试点政策效应分析

（一）基准回归分析

表 15 中的模型（1）和模型（2）是没有加入控价变量和加入控制变量的基准回归模型，从回归结果来看，无论是加入控制变量还是不加入控制变量，智慧城市试点对城市竞争力的影响都在 1% 的显著性水平下为正，其中未加入控制变量的影响系数为 0.053 3，加入控制变量的影响系数为 0.069 9。可以看出智慧城市试点政策能够显著提高城市竞争力水平。

表 15 基准模型估计结果

变 量	(1)	(2)
	DID	
	城市竞争力	城市竞争力
did	0.053 3***	0.069 9***
GDP 增速		0.432 5***
建成区人口密度		−0.004 3
在岗职工平均人数		0.004 5***
个体效应	控制	控制
时间效应	控制	控制
常数项	0.584 8***	0.319 4***
R²	0.925 1	0.938 9
样本量	2 830	2 830

(二) PSM‐DID 结果分析

为降低 DID 估计的系统性差异而导致的内生性问题,本文使用 PSM‐DID 方法进一步解决内生性问题。本文基于 Becker 和 Lchino[1] 对倾向得分匹配方法的介绍,选用非替代性的一对一最近邻匹配方法。在进行匹配时,为了验证匹配结果的可靠性,本文对匹配结果进行了检验,结果如表 16 所示。从表 16 中可以看出,所有匹配变量的标准偏差,其绝对值在匹配之后都小于 5%,说明本文选取的匹配变量和匹配方法是合理的。同时,匹配之后的 t 统计量都不显著,这说明在进行匹配后匹配变量在处理组和对照组之间并不存在显著的差异,即在给定倾向得分的情况下,处理与否是独立于匹配变量的,所以匹配后保证了样本进行处理的随机性,确保了本文估计结果的可靠性[2]。

1 Sascha Becker, Andrea Lchino, 2002.Estimation of average treatment effects based on propensity scores. Stata Journal, 2(4): 358‐377.

2 刘晔,张训常,蓝晓燕.国有企业混合所有制改革对全要素生产率的影响——基于 PSM‐DID 方法的实证研究[J].财政研究,2016,(10): 63‐75.

表 16 倾向得分匹配平衡性检验结果

变量		均 值		标准偏差（%）	标准偏差减少幅度（%）	t 统计量	p＞|t|
		处理组	对照组				
GDP 增速	匹配前	0.101 1	0.098 6	5.8	92.5	1.39	0.164
	匹配后	0.101 1	0.100 9	0.4		0.10	0.922
建成区人口密度	匹配前	1.259 0	1.361 4	－14.1	89.0	－3.51	0.000
	匹配后	1.259 0	1.247 7	1.6		0.36	0.717
在岗职工平均人数	匹配前	0.004 2	0.005 4	－19.6	94.1	－4.38	0.000
	匹配后	0.004 2	0.004 2	－1.2		－0.39	0.700

　　基于倾向得分匹配，本文得到一组新的与实验组有相似特征的控制组，在新样本集基础上，控制时间固定效应和个体固定效应，运用双重差分法分析智慧城市试点政策对试点城市的城市竞争力的提升作用，结果如表 17 所示。

　　表 17 中模型（1）和模型（2）是 PSM－DID 的估计结果，从表中可以看出，无论是加入控制变量还是不加入控制变量，智慧城市试点对城市竞争力的影响都在 1％的显著性水平下为正，其中未加入控制变量的影响系数为 0.055 3，加入控制变量的影响系数为 0.037 4。可以看出智慧城市试点政策能够显著提高城市竞争力水平。

表 17 PSM－DID 估计结果

变量	（1）	（2）
	PSM－DID	
	城市竞争力	城市竞争力
did	0.055 3***	0.037 4***
GDP 增速		0.492 0***
建成区人口密度		0.004 6
在岗职工平均人数		0.004 5***

续　表

变　量	（1）	（2）
	PSM－DID	
	城市竞争力	城市竞争力
个体效应	控制	控制
时间效应	控制	控制
常数项	0.573 9***	0.318 7***
R²	0.931 7	0.938 4
样本量	2 785	2 785

（三）稳健型检验

考虑到实证结果可能存在由于遗漏变量产生的内生性偏差,同时智慧城市建设与城市竞争力之间的关系可能存在滞后效应,本文对核心解释变量的估计结果进行稳健性检验。

1. 平行趋势检验

满足平行趋势假定是进行双重差分法分析的重要前提,即要满足实验组与控制组在政策发生前具有相同的发展趋势,以此验证结果的有效性[1]。

检验结果如图 5 所示,智慧城市试点政策在实施之前,回归结果不显著,即 2013 年之前,实验组和对照组的城市竞争力满足相同的发展趋势,满足政策发生前的一致性假设,通过了平行趋势检验。在图 5 中还可以看出在 2013 年智慧城市试点政策推出之后,实验组和对照组之间逐渐呈现不同的发展趋势。

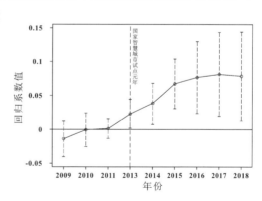

图 5　双重差分法（DID）
平行趋势检验

---

1 秦晓楠,王悦,韩苗苗."一带一路"倡议对中国沿线区域入境旅游发展的政策效应评价[J].地理科学,2024,44(01)：82－90.

2. 安慰剂检验

为了避免实验设计对估计结果产生的随机性因素的影响,参考张继军等[1]的研究方法,采用随机抽样的方法进行安慰剂检验。在样本中,随机抽取生成新的处理组。进行 500 次随机重复实验,由此可以得到 500 个估计系数,系数的 p 值和密度值分布如图 6 所示,图中横向虚线表示 p 值为 0.1,竖向虚线为基准回归的政策效应估计系数 0.037 4。图 6 中可以看出随机抽样生成的估计系数主要集中在"0"附近,同时大部分估计系数的 p 值大于 0.1,这表明大多数回归系数估计值都在 10% 的统计水平下不显著,证明了在随机抽样构建实验组前提下,智慧城市试点政策没有对城市竞争力产生显著影响,因而证明了基准回归实验结果的可靠性。准自然实验设计得到的系数显著异于安慰剂检验得到的系数,从而证实了智慧城市试点政策对城市竞争力的影响效应并非源于其他不可观测因素。

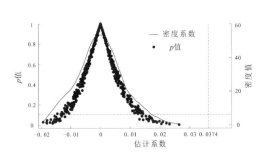

图6 安慰剂检验 p 值和密度值分布

五、智慧城市试点对城市竞争力的作用机理分析

（一）中介效应分析

通过基准回归分析可以看出智慧城市试点政策能够显著提升城市竞争力,为了进一步分析智慧城市试点政策对城市竞争力的影响机制,因而构建中介效应模型进行检验。基于前文"智慧城市建设对城市竞争力影响机制"假说中的分析,人均公共财政预算支出和科技支出可能是智慧城市试点对城市竞争力的影响路径,因此选择这两个变量作为中介变量,具体结果如表 18 所示。

表 18 中,模型（2）和模型（3）验证了人均公共财政预算支出中介效应检验结果,模型（4）和模型（5）验证了科技支出中介效应检验结果。从结果能够看出,智慧城市试点对人均公共财政预算支出的影响在 5% 的显著性水平下为正,这证明智慧城市建设有效促进了城市人均公共财政预算支出的增加,将人均公共财

1 张继军,刘岩,张子涵.新型城镇化建设中户籍制度改革的绿色发展环境效应——基于多期双重差分模型的实证分析[J].农业技术经济,2024,(03):128-144.

政预算支出纳入基准回归模型之后，人均公共财政预算支出和智慧城市试点的系数均在1‰的显著性水平下为正，这说明人均公共财政预算支出在智慧城市试点影响城市竞争力的过程中起到了中介作用，假说（1）得到验证。模型（4）的结果表明，智慧城市试点对科技支出的影响在1‰的显著性水平下为正，这证明智慧城市建设促进了科技支出的增加，将科技支出纳入基准回归模型之后，科技支出和智慧城市试点的系数均在1‰的显著性水平下为正，这说明科技支出在智慧城市试点影响城市竞争力的过程中起到了中介作用，假说（2）得到验证。

表 18　中介效应检验结果

变　量	（1）城市竞争力	（2）人均公共财政预算支出	（3）城市竞争力	（4）科技支出	（5）城市竞争力
DID	0.066 9***	0.037 7**	0.058 3***	0.080 4***	0.040 9***
人均公共财政预算支出			0.309 2***		
科技支出					0.361 1***
GDP 增速	0.432 5***	0.254 3*	0.353 8***	0.446 3**	0.271 3**
建成区人口密度	−0.004 3	0.027 4**	−0.012 8**	0.036 1**	−0.017 3*
在岗职工平均人数	0.004 5***	0.006 5***	0.002 5***	0.003 7***	0.003 1***
个体效应	控制	控制	控制	控制	控制
时间效应	控制	控制	控制	控制	控制
常数项	0.319 4***	0.411 7***	0.192 1***	2.220 2***	−0.482 3***
R^2	0.938 9	0.916 7	0.949 6	0.952 8	0.951 9
样本量	2 830	2 830	2 830	2 830	2 830

（二）异质性分析

根据国家地域划分标准，选取的样本按照东部、中部、西部和东北四个区域进行分类,东北地区划分后样本数量较少,因此只保留东部、中部和西部地区的样本,分别检验这三大区域的智慧城市试点对城市竞争力的影响效应,结果如表19所示。异质性检验结果表明智慧城市试点对东部、中部和西部的城市竞争力都有显著的影响,智慧城市试点对三大区域城市竞争力的影响在1‰的显著性水平下为正。智慧城市对三大区域城市竞争力提升作用存在一定的差异,其中智慧城市试点对东部地区城市竞争力的影响最大,对中部地区的影响最小。东部地区相对中西部地区经济更加发达,能够投入智慧城市建设的资金量大,科技发展水平较高,人才规模比较庞大,而且东部地区多是人口净流入地区,因此智慧城市建设能够极大提升东部地区的城市竞争力。但是建成区人口密度对东部地区城市竞争力的影响在1‰的显著性水平下为负,这表明东部地区已经出现了"集聚不经济"的状况,人口达到一定阈值后,这时人口集聚就会给城市带来负效应。西部地区城镇化水平相对较低,经济发展水平相对落后,因此进行智慧城市建设时,投入相同的资本,更容易提升城市竞争力。智慧城市试点对中部地区的城市竞争力影响最小,主要是因为中部地区人口流失比较严重。根据第七次全国人口普查数据来看,中部六省均处于人口净流出的状态,并且河南和安徽居于人口净流出的前两位,这对中部地区城市竞争力的提升产生了重大阻碍。综上所述,智慧城市试点政策对不同区域城市竞争力的提升具有差异性,但从异质性检验结果可以看出,智慧城市建设是提升城市竞争力的有效途径。

表19　异质性检验结果

变　量	(1)	(2)	(3)
	东　部	中　部	西　部
did	0.117 5***	0.054 2***	0.082 6***
GDP 增速	0.578 5	−0.224 1	0.016 9
建成区人口密度	−0.101 6***	0.030 3*	0.025 7***
在岗职工平均人数	0.003 9***	0.004 0***	0.002 9***
个体效应	固定	固定	固定
时间效应	固定	固定	固定

变　量	(1)	(2)	(3)
	东　部	中　部	西　部
常数项	0.597 4***	0.269 2***	0.324 2***
R^2	0.943 0	0.914 2	0.942 2
样本量	860	800	830

六、研究结论与政策建议

（一）研究结论

为了验证智慧城市试点政策是否能够提升城市竞争力,本文利用 283 个城市 2009—2018 年的面板数据,利用熵值法获得城市竞争力得分,对智慧城市试点城市的城市竞争力动态演变进行分析。而后运用 DID 和 PSM - DID 模型对智慧城市试点政策是否能够提升城市竞争力进行了实证研究,并进一步分析了智慧城市试点政策的中介效应和异质性。本文研究可以总结为以下几点:

（1）2013 年之前,智慧城市试点城市和非试点城市的城市竞争力水平总体差距不大,2013 年之后智慧城市试点城市和非试点城市的城市竞争力水平差距逐渐扩大。东部地区总体呈现城市竞争力高和增长速度较快的双重优势,这两种优势在 2013 年开始进行智慧城市试点后变得更加显著。南方地区比北方地区呈现城市竞争力高和增长速度较快的双重优势,这两种优势在 2013 年开始进行智慧城市试点后也变得更加显著。

（2）运用基准回归分析和 PSM - DID 分析对智慧城市试点的政策效应进行评估,结果发现:智慧城市试点能够显著提升城市竞争力,其平行趋势检验和安慰剂检验均稳健。

（3）智慧城市试点对人均公共财政预算支出和科技支出的影响均显著为正。这表明地方政府通过增加人均公共财政预算支出和科技支出,在一定程度上能够提升城市竞争力。

（4）智慧城市试点对东部、中部和西部的城市竞争力都有显著的影响,并且影响的程度存在一定的差异。其中智慧城市建设对东部地区城市竞争力的提升有较大影响,西部次之,对中部地区影响最小。

（二）政策建议

1. 扩大试点范围,发展新质生产力

通过智慧城市试点政策效应的分析,可以看出智慧城市试点政策能够显著提升城市竞争力,因此智慧城市试点政策能够推广至更多符合条件的城市,从而促进更多城市的竞争力提升。智慧城市建设不仅能够提升城市竞争力,同时也是未来城市发展的重要方向。在我国大力发展新质生产力的背景下,智慧城市建设是促进科技创新、数字化发展和劳动力素质提升的有效路径。智慧城市建设与新质生产力天生高度契合,其为新质生产力发展指明了方向。因此扩大智慧城市试点范围,加大科技创新扩散,走数字化发展道路,是新时代提升城市竞争力的重要战略决策。

2. 重视科技投入,推动科技创新

通过中介效应检验可以看出,智慧城市试点政策能够通过科技投入对城市竞争力产生显著影响,因此在城市发展中,需要加大科技投入水平,促进城市科技创新能力的提升。智慧城市建设对科技发展水平具有强依赖性,物联网、5G、信息通信技术、3D打印等先进技术都能为智慧城市建设提供支撑,未来智慧城市的进一步发展离不开新技术、新方法和新设备的应用,科技创新是智慧城市建设的"先锋官"。面对"百年未有之大变局",我国处于产业转型升级的关键时刻,科技创新将产生决定性作用。城市格局也将面临一轮新的"洗牌",如何在这次变局中立于不败之地? 以智慧城市建设为导向,加大科技投入,推动科技创新,不断提升城市竞争力,走科技强市的发展道路,是城市发展的制胜法宝。

3. 优化财政支出,建设"人本"城市

通过中介效应检验可以看出,智慧城市试点政策能够通过增加人均公共财政预算对城市竞争力产生显著影响。在智慧城市建设中,通过增加财政预算支出,能够促进智慧城市发展,提升城市竞争力。例如,加大与智慧城市相关的基础设施建设的财政支出,能够为智慧城市发展提供有利条件,为城市竞争力的提升创造良好的环境。智慧城市建设一定要以人为本,"人"是智慧城市建设的核心内容,同时也是决定城市竞争力的关键所在。第一,智慧城市建设的最终目的一定是为"人"服务,因此在智慧城市建设中,需要通过政策引导和资源配置,加强5G网络、大数据中心等数字化基础设施建设,推动云计算、人工智能等技术在城市管理和服务中的应用,最终实现城市管理的高效化和智能化。第二,智慧城市建设需要依靠大量的高技术人才,依靠增加人均公共财政预算支出,能够营造更好的生活和工作环境,提升工作待遇水平,从而吸引大量的高新技术人才。

4. 因地制宜发展,区域协同创新

智慧城市试点政策对不同区域城市竞争力的影响效应存在差异,因此不同城市在智慧城市建设时应该因地制宜地制定发展策略。东部地区在智慧城市发展中具有先发优势,东部地区经济发达,科技基础雄厚,人才集中,信息化水平高,可以利用其技术和资本优势,推动高端信息技术的研发与应用,如 AI、大数据、5G 等,打造世界级的智慧产业集群。中部地区工业基础较好,但信息化水平相对滞后,有较大的发展潜力。其应该加大对信息基础设施的投资,缩小与东部的数字鸿沟,同时利用智慧技术改造传统产业,比如智能制造、智慧物流,促进经济结构转型。西部地区自然资源丰富,地域广阔,但经济相对落后,基础设施薄弱。其应该重点解决民生问题,如智慧水利、远程教育、远程医疗服务,提升民众生活水平,同时可以发展智慧农业、智慧旅游等,利用智慧技术保护环境,促进绿色发展。在智慧城市发展中,不同地区之间的城市应该通过资源共享、信息互通、政策协同及技术创新合作等方式,形成一体化、网络化的城市发展新模式,进而提升区域整体的竞争力,促进区域协同发展。

以新型智慧城市建设推进社会治理创新的探索与思考

裴正良[*]

一、引言

2024年4月,习近平在重庆考察时强调,加快智慧城市建设步伐,构建城市运行和治理智能中枢,建立健全"大综合一体化"城市综合治理体制机制,让城市治理更智能、更高效、更精准。扎实推进党建引领基层治理,坚持和发展新时代"枫桥经验",深化城乡精神文明建设,推进移风易俗,提高全社会文明程度。全面推进韧性城市建设,有效提升防灾减灾救灾能力[1]。随着科技的迅速进步,智慧城市建设已成为当今城市发展的重要方向。智慧城市是运用互联网、物联网、云计算、大数据、人工智能、区块链、空间地理信息集成等新一代信息技术,促进城市规划、建设、管理和服务智慧化的新理念和新模式,是集城市规划、产业发展、基础设施改造、城市管理创新、公共服务改善、政府职能转变等为一体的城市科学发展新实践,已经成为推进全球城镇化、提升城市治理水平、破解"大城市病"、提高公共服务质量、发展数字经济的战略选择。

在政策部署、技术突破、机制改革等多重因素下,近年来,智慧城市在全球范围内方兴未艾,中国的智慧城市建设更是如火如荼,同时加速推动了数智化时代的到来,"万物感知""万物互联""万物智能"已成为社会发展的重要趋势,社会的生产方式、生活方式、消费方式等发生着巨大的变化,线下的物理社会和线上的网络社会高度地交织在一起,个体、群体和组织进入数字世界,带来了一系列新的社会治理问题。另一方面,数字科技在社会治理方面的运用,也不断赋能社会治理体系的迭

* 作者裴正良系城云科技(中国)有限公司行业首席架构师。

1 新华社.习近平在重庆考察时强调:进一步全面深化改革开放　不断谱写中国式现代化重庆篇章. [2024－04－24] https://www.gov.cn/yaowen/liebiao/202404/content_6947266.htm.

代发展,畅通居民办事、交流、反映的渠道,保障社会机制高效有序运行,提升社会治理的专业化和智能化水平,客观上加快了社会治理的手段、模式与理念的转型升级。党的二十大报告指出,坚持人民城市人民建、人民城市为人民,提高城市规划、建设、治理水平,加快转变超大特大城市发展方式,实施城市更新行动,加强城市基础设施建设,打造宜居、韧性、智慧城市。新时代新阶段,城市治理面临新形势、新挑战、新要求,以新型智慧城市建设推进社会治理创新是顺应历史潮流的必然选择。本文将以杭州市城市大脑建设推进市县镇三级社会治理创新为例,探索利用数智技术赋能社会治理的手段创新、模式创新、理念创新,分析了数智化时代下传统方式的治理瓶颈,并提出应坚持以数字底座驱动治理手段创新,以智能算法驱动治理模式创新,以多元共治驱动治理理念创新,不断推进社会治理创新。

二、文献综述

（一）数智化时代的概念

从普遍意义上来讲,数智时代即"数字时代与智能时代"。张建锋、肖利华等认为,广义的数字化是利用数字技术,对企业、政府等各类组织的业务模式和运营方式进行系统化、整体性的变革,更关注数字技术对组织的整个体系的赋能和重塑。同时也分为信息化、网络化与智能化三个部分,而"数智化"则是数字化发展的高级阶段,以数字化和智能化协同来实现[1]。本文所探讨的数智化时代,即大数据、人工智能、深度学习等不断发展所带来的新一轮变革的时代。

（二）社会治理的概念

"社会治理"这一概念在党的十八届三中全会审议通过的《中共中央关于全面深化改革若干重大问题的决定》中被首次使用后,迅速成为我国国内学界的研究热点。蔡益群从国家治理、政府治理与社会治理三者关系的角度对社会治理的概念进行了辨析和界定,认为"社会治理是一个上下互动的管理过程,通过多元主体、协商合作、伙伴关系来确立认同、共识和共同目标,实施对社会事务的管理,也是政府与社会力量通过平等合作方式组成的治理体系,为了实现与增进公共利益,政府主体和非政府主体彼此合作,在相互依存的环境中分享公共权力、共同管理社会事务的过程[2]"。陈丽君、郁建兴等则认为"社会治理是政府、社会组织、市场主

---

1 张建锋,肖利华,许诗军.数智化:数字政府、数字经济与数字社会大融合[M].电子工业出版社,2022.
2 蔡益群.社会治理的概念辨析及界定:国家治理、政府治理和社会治理的比较分析[J].社会主义研究,2020,(03):149-156.

体、公众等在法律和制度框架下共同努力解决社会问题、回应治理需求的过程。换言之，社会治理不仅是治理社会，而且包括政府管理、政社共治和社会自治[1]"。

（三）数智化对社会治理的影响

根据前人的有益探索可知，数智化对社会治理有两方面影响。一方面，数智化通过改变社会环境，使得社会治理大背景转变，具体治理要素也产生相应的变化，促使社会治理进行创新。罗家德认为，数智时代给社会治理带来的变化主要有三个方面。第一，万物互联时代，危机传导速度惊人；第二，不确定下，"灰犀牛"及"黑天鹅"事件随时可能出现；第三，全球开放系统中类似事情的传导都是全球性事件，为社会治理带来极大难题[2]。陈水生对这种治理生态的不确定性进行了更加翔实的探讨，他认为数字时代与信息社会充满了不可预测性与不确定性，随之而来的城市非传统风险也容易引发各类复合型危机[3]。赵静等也认为，在新兴经济迅猛发展的社会中，居民生活中面临的各类风险和不确定性内化于城市的方方面面，风险问题呈指数级增长，不可预期事件更加频繁[4]。

另一方面，数智时代下数字技术在社会治理中的应用，也使得社会治理在不同层面提高了治理的效率，破解原本无法解决的社会治理困局。李永杰认为"数字技术具有独特的工具性价值，其融入社会治理体系，有助于破解系统治理、综合治理、源头治理等方面的难题[5]"。郁建兴等也认为"数字技术可以赋能政府提高需求回应能力、创新政府组织方式、提升政府决策能力，形成整体智治的现代政府新形态[6]"。即社会治理的各个主体，通过数智化时代下数字技术的使用，能更主动探索社会治理的创新方法。

三、数智化时代下的社会治理创新实践探索

杭州市深入贯彻习近平总书记考察城市大脑运营指挥中心时的重要指示精

1 陈丽君，郁建兴，董瑛.中国县域社会治理指数模型的构建[J].浙江社会科学，2020，(08)：45-52+156-157.

2 罗家德.数字社会治理：内涵、特点和创新路径.[2022-4-29]https://mp.weixin.qq.com/s/qItzl5hFeuFZ1fflcwZH4Q.

3 陈水生.城市治理数字化转型：动因、内涵与路径[J].理论与改革，2022，(01)：33-46+156.

4 赵静，薛澜，吴冠生.敏捷思维引领城市治理转型：对多城市治理实践的分析[J].中国行政管理，2021，(08)：49-54.

5 李永杰.数字技术赋能社会治理创新[N].中国社会科学报，2022-06-17(001).

6 郁建兴，樊靓.数字技术赋能社会治理及其限度——以杭州城市大脑为分析对象[J].经济社会体制比较：1-10.

神,坚持"数智杭州·宜居天堂"的发展导向,创建市域社会治理示范城市,坚持系统施治,强化源头施治,推进精准施治,全面建设"全国数字治理第一城"。杭州以城市大脑建设为抓手,在打造新型智慧城市的路上前行不辍,成果丰硕,笔者团队有幸参与杭州市"城市大脑·市域社会治理数字化系统"、萧山区城市治理一网统管平台、瓜沥镇未来社区和数字乡村建设,探索数字赋能的市域、区县、镇街三级治理模式创新,创新研发"五色预警、六和指数、平安法治实时报表、一网统管、未来社区、数字乡村"等场景应用,助力杭州市打造全国市域社会治理现代化标杆城市。在实际一线项目推进过程中,笔者团队多次前往上述各地,有幸与各层级领导、各职能部门、各社会群体进行多次调研、深度沟通,专班制一起推进市域社会治理数字化工作,通过理论学习、案例实践和实地调研多种方式相结合的研究方法收集整理了大量资料,在此基础上提出了数智化时代下的社会治理创新方式及实现机制。

（一）数字底座驱动治理手段创新

传统社会治理的战术是人海战术,治理手段靠人盯、靠人管、靠人防,在长期的社会治理实践取得了不错效果,但是也存在一些治理瓶颈。其一,"人防"为主的治理手段首先需要有人,恰恰基层反映最多的是人手不足的问题,这也是长期以来凸显的基层负担重、基层干部普遍"忙"与"累"的现象,如何在"人防"的基础上,结合数智化"技防"手段解放基层战斗力,既提升治理效率,又做好应对服务。其二,人口是社会治理的核心要素,人口发展演变的基本趋势与空间分布规律,是社会治理创新、公共政策优化的根本依据和逻辑前提。改革开放以来,在快速城镇化和人口跨区域流动的大背景下,我国正在由传统熟人社会转变为陌生人社会,以往基层网格员具有的人头熟、信息灵、家底清的优势不复存在,依靠熟人社会特征实施的传统治理模式难以为继。其三,随着城市化的快速发展和人口在城市的大量集聚,市域成为社会治理的主阵地和前线指挥部,市域社会治理普遍存在不同部门横向协调和不同层级纵向统筹的困难,而数智化技术手段能够跨越多元治理主体边界,整合各层级、各部门力量形成社会治理合力,将传统割裂式治理转变为整合连接式治理,打破"九龙治水"治理格局。以杭州市推进"城市大脑·市域社会治理数字化系统"为例,利用数智化技术手段,解决了条块分割数据汇聚难、标准不一数据治理难、场景应用数据赋能难的问题,系统架构示意图如图7所示。具体做法如下:

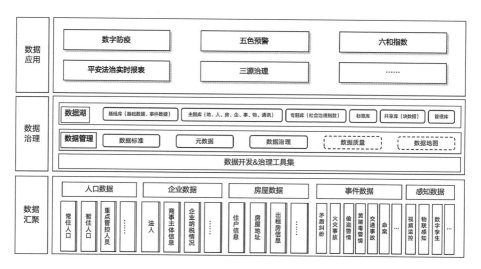

图7　杭州市城市大脑·市域社会治理数字化系统架构示意图

1. 数据汇聚，筑牢治理塔基

借助城市大脑数据中枢接口，将政法委、公安、信访、法院、司法、市场监督管理局相关部门数据集成汇集，打破"部门壁垒"、覆盖"管理盲区"、融通"信息孤岛"，统筹治理主体、相关部门和社会多方资源，实现社会治理数据大融合。

2. 数据治理，夯实能力中台

根据社会治理数据归集的场景需求，构建市域社会治理数据专题库，综合多种数据治理方法对数据进行清洗、处理和关联，实现社会治理数据要素关联到区县、镇街、村社和网格，促进数据"活"起来，最大限度地发挥出数据的价值，实现"活用"，发挥数据治理效能是激发社会治理动能的关键，助力提升社会治理精细化和智能化水平。

3. 数据应用，深化场景赋能

（1）五色预警，推进基层治理分层分类精准施策。针对杭州15个区县（市）和194个镇街级社会治理单元的刑事案件、电信诈骗、交通事故、黄赌毒、偷盗、纠纷、火情等社会治理重点事件进行五色预警，以数字化反映基层平安创建和社会治理实际效能，推动各地运用智能化成果加强社会治理的过程管控，推进城市治理手段创新。

（2）六和指数。围绕国家和省市对市域社会治理现代化的"总体要求"，坚持理论与实用结合、定性与定量结合、评估与预警结合、考核与管控结合的原则，通过量化的指数,定期评价市域社会治理中镇街的治理绩效,加强过程管控,实时预测预警治理风险,为基层社会治理工作提供精准的数字标尺,提升基层社会治理的精准性和实效性。

（3）平安法治实时报表。贯通法院、公安等 7 个业务系统,全面展示刑事案件、信访事项、诉讼案件、交通事故、消防事故、安全事故、非正常死亡 7 个领域 33 项指标的每日、每月、全年动态数据,实现平安建设跨层级、跨部门、跨地域、跨系统、跨业务的协同,动态晾晒全市及各区县(市)的各项指标、分类排名,全面推进七类案事件预测预警预防和源头治理改革,破解传统办法不能解决的治理难题,形成"一屏统揽,两端发力"的数字赋能平安杭州新模式。

（二）智能算法驱动治理模式创新

传统的社会治理模式基本上是"灭火"的模式,是矛盾风险发生之后被动的应对处置。现代社会治理模式创新应该是"防火"模式,防患于未然,治病于未病,加强对各类风险隐患的源头治理、早期控制,努力把小矛盾小问题解决在基层,把大问题大风险解决在市域,而实现这一转变关键在于能否精准地预测、预警、预防各类社会矛盾风险。过去靠的是主政者的经验决策,而数智化时代更需要数据算法的智能支撑,创新推动社会治理模式从单向管理转向双向互动、从线下转向线上线下融合,着力提升矛盾纠纷化解、社会治安防控、公共安全保障、基层社会治理等领域数字化治理能力。2021 年底,杭州市萧山区举行了"一网统管"发布会,成为浙江省首个全区运行"一网统管"的区县,其中核心应用之一就是利用大数据、人工智能(AI)手段构建的人工智能赋能中心,对群发、多发、突发事件提前预警预测,尽早应对,比如群租房投诉、违章搭建、欠薪上访、渣土运输、车辆违停等。支撑实战应用的智能算法有三类,如图 8 所示。一是视觉识别算法,充分盘活雪亮工程以及视频联网共享平台已建的视频资源,通过人工智能的视频数据结构化分析,对出店经营、人行道违停、沿街晾晒、乱堆垃圾、违法设备广告牌、人群聚集、打架斗殴等城市治理难题进行自动识别、自动预警,实现从"看到物体"到"看到问题",发现更及时,处置更高效,助力"智治"和"自治"。二是语义识别算法,通过自然语言处理算法针对事件中枢里归集的"110、12345、119、12315、基层治理四平台"等各类城市运行相关案事件进行深度挖掘分析,通过对"涉事人、涉事地址、涉事时间、涉事类别、涉事主体"等结构化提取要素特征信息,实现从"读取信息"到"读懂内容",能够用海量文本数据挖掘业务价值,智能抽取关键信息,将人员从繁杂枯燥的工作中解放,建立热点诉求、群发模型、久而未决、突发热点、热点主体、敏感诉求、持续高发、冷门潜在等预警模型，提前识别城市运行的关键问题、热点问题、突出问题，防患于未然，提高城市治理效率。三是知识图谱构建。通过知识抽取、本体构建等多种手段将各种结构化数据转化为图数据库，基于图数据库实现事物间的关联关系，能够将信息表达成更接近人类认知的形式，提供智能分析、决策与服务等能力，对城市整体态势进行全局、实时地感知。针对重点人员管理中关系复杂、数据繁多、漏管率高等问题，充分发挥知识图谱的多维度数据挖掘、无限度关系拓展以及毫秒级的数据查询优势，实现对关键人员的深度挖掘、智能预警，实现从"大数据"到"大知识"，打造数据知识体系，构建类脑认知智能，助力风险防范中的重点人员分析，提高预测预警预防各类风险的能力。

图 8　杭州市萧山区"一网统管"平台 AI 赋能中心核心算法

（三）多元共治驱动治理理念创新

在党的十八届三中全会上，"社会治理"这一新概念第一次出现在相关文献中，取代了过去的"社会管理"的提法，从社会管理到社会治理，反映了在治理主体、治理方式、治理范围、治理重点等方面的明显不同，意味着社会治理由过去政府一元化管理体制转变为政府与各类社会主体多元化协同治理体制，凸显了公众参与在社会治理中的基础性地位，可是在社会治理实践探索中，依然无法摆脱"政府管理强、社会参与弱"的问题，如何让群众居民从"站着看"到"跟着干"再到"自己管"，需要发挥数智化手段来推动治理理念从"政府主导型"向"多元共治型"转变的创新，最终为人民创造美好生活，促进城市治理现代化。萧山区瓜沥镇作为萧山区第一大镇,率先探索打造"镇、村、户"三级管理架构的"沥家园"基层治理平台,三级管理架构如图9所示,全镇5.4万户村社居民均已完成实名注册。"沥家园"是以"小程序、积分制、任务单、实体店"等途径,实现社会治理模式从一元主动转向多元共治、从线下转向线上线下融合,具体内容包含:数字互动,村社区通过管理端转发通知、村情动态、村务公开、意见反馈、网上议事厅等互动栏目,让村社居民群众在"云端"相遇相识,实现了从"陌生人社会"到"数字熟人社会"的转变,推动了"自治、法治、德治、智治"加速融合;数字公益,村社在管理端线上发起任务、村民在服务端抢任务,开展各类义务劳动和公益活动,村民参与活动获得积分后,可用于在本村社区线下"沥·mall"实体店兑换商品,实现自治的正向激励。数字信用,围绕公益活动、农户垃圾分类等面向群众的重点工作,将村民的评优率、先进性、贡献值与积分挂钩,对村社用户进行数字化考核管理,村民管理更加透明、便捷,让居民群众在村社建设发展中发挥主人翁精神,实现干群关系更紧密、群众呼声更可及。如今,"沥家园"已逐渐融入居民群众的生活,形成了政府服务更有效、群众参与更积极、家园乡风更文明、工作制度更科学、"比学赶超"氛围更浓厚的局面,实现了政府行政管理与基层群众自治互促互进。

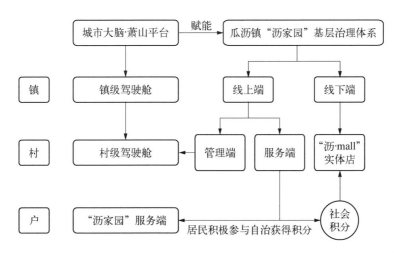

图9 瓜沥镇三级管理架构的"沥家园"基层治理平台

四、思考与建议

以新型智慧城市建设为载体打造"城市大脑",借助互联网、大数据、人工智能等现代信息治理手段,通过创新、高效、智能的治理模式,从而实现整体、精准和主动的治理目标，不断提升社会治理效能。

（一）以数智赋能实现由多头治理向整体治理转型

传统社会治理普遍存在"九龙治水"、各自为政、协同乏力的情况，降低了社会治理的效率，所取得的效果也有一定不足之处。整体治理旨在解决传统治理中资源分散、治理碎片化、效率低下等问题，通过建设新型智慧城市，将之前的各个部门的"多数据中心"升级集成为城市的"一个数字底座"，将事件上报、协同流转、受理处置、分析研判、反馈评价等功能集成于"一个事件中枢"，确保"一道令"贯通到底，通过城市"大脑"和"神经中枢"来敏捷"感知"城市生命体，实现技术、业务、数据高度融合和敏捷协同，实现以"整体化"重塑破解"多头管"难题。

（二）以数智赋能实现粗放治理向精准治理转型

社会治理的首要工作是摸清"家底"，熟悉掌握辖区内"人、地、事、物、情、组织"等社会治理要素，而传统治理模式高度依赖网格员敲门排查，增加基层负担，同时面对当今人口流动大、情况变化快、突发状况多等治理现状，仅仅依靠人海战术可能会降低治理成效。通过数智化技术可以整合各类社会治理要素，借助物联感知、算法识别、模型匹配和数据驱动等，抓住问题的关键突破点，对症施药，确保绝大部分事项在最低层级和最早时间以相对较小的成本得到最有效的处理，实现社会治理摸清民意、分层分类和精准施策，提高社会治理的精准度。

（三）以数智赋能实现由被动治理向主动治理转型

传统治理理念大多定位"不告不理"和"就地防守"，也就是"民不举官不究""等着问题上门再处理"，所以经常是等到事情"闹大"了，相关部门才被动去"救火"，结果就是"头痛医头，脚痛医脚"，被问题牵着鼻子走。数智赋能就是要从"有一办一、举一反三"向"主动治理、未诉先办"转化，借助于智慧城市建设不断积累的数据资源要素，通过 AI 智能算法，深度应用"重点事件比对""高频热词抓取""动态趋势预判"等功能聚焦投诉热点难点，实时抓取激增事件、紧急诉求、高频事项，及时研判预警苗头性问题、倾向性问题、趋势性问题和风险性问题，增强见微知著、防微杜渐的风险防范能力，做到未雨绸缪，防患于未然，提升从数据中智慧发现风险、预测风险、提示风险、解决风险的能力，推动治理理念从"事后应急"走向"超前治理"。

数智化时代下的社会治理也催生了一些新情况、新问题、新挑战。首先是政府层面，一方面，一些政府主体因陌生而对数字化赋能的工作产生排斥，固守原有治理模式，不敢刀刃向内、不愿自我革命、不会革除弊端；另一方面，也有一些迷信数字技术成效,未知全貌冒进改革,出现"盲从""跟风"建设,或者为建而建,应付任务考核,最终成为"数字炫技""数字演示",既没有满足公众的真实需求,也不解决实际的治理问题。

其次是社会层面,数字技术的应用并未真正实现"数字包容",仍旧会出现数字技术强制推行与硬性嵌入,过渡与并行措施的缺失使得一些特殊群体,如老人、残障人士与低收入人群等失去了选择的机会,原本可以解决的问题,却因数字技术的使用而变成了不可能[1]。如健康码推行前期未考虑到独居老年人学习能力,造成身体健康却寸步难行的尴尬局面。

最后是数字技术自身层面,技术本身没有好坏,关键在于人们如何去使用技术,要避免"数治"到"人治"的历史倒车,诸如人工"赋红码""黑河统一黄码"等技术滥用,是对数字治理初衷的"背叛",对传统权力的"留恋",对数字形式主义的"复辟"。数智化时代提升人民群众获得感的同时,也要提升其幸福感和安全感,规避个人隐私安全、数据滥用、算法歧视和数字霸权等问题和挑战,要加快构建数据基础制度,建立健全数据安全治理体系,提高数据安全保障能力。

因此,利用数智技术推动社会治理创新的同时,我们也要深刻地认识到,数据资源源于社会,也应造福于社会,应该做到还数于民、用数利民、数智惠民。建设新型智慧城市,应聚焦人民所思所盼所愿,让数智技术更好地服务于社会,让广大人民群众切实享受到数智化美好生活,从"数智"到"数治",最终实现"善治",真正将数字技术内化于社会治理创新,利万物而不争,不断推进社会治理创新实践。

---

1 郑磊.数字治理的"填空"与"留白"[J].人民论坛·学术前沿,2021,(23):106-112.

当"智慧城市"遇上县域高质量发展

——县域智慧城市建设实践与发展思考

丁　佳[*]

郡县治则天下安,县域强则国家强。我国县一级地方建制,国土面积占比89%、户籍人口占比70%。县域是我国经济发展和社会治理的基本依托。近年来,在数字经济持续驱动国民经济高质量发展的大趋势下,作为衔接城市和乡村的重要载体,许多县级城市都纷纷踏上了数字化建设的快车,以数字化促进现代化,争做县域高质量发展的示范。不难看出,智慧城市建设的热潮,已经从大城市下沉到县域层级,尤其在国家乡村振兴战略的推动下,县域高质量发展正在阔步向前,同时也面临诸多机遇和挑战。

一、县域智慧城市的发展背景与政策环境

新型城镇化是撬动中国未来经济社会发展的重要战略支点,是满足人民日益增长的美好生活需要的重要途径和必然选择。党的二十大擘画了以中国式现代化全面推进中华民族伟大复兴的宏伟蓝图,对城乡融合发展作出重要部署、提出明确要求。

(一)县域智慧城市发展背景

县域不仅是推进国家治理体系和治理能力现代化的重要组成部分,也是推动高质量发展的重要空间载体,承载着高质量发展的特殊使命。而智慧城市建设正是推动县域高质量发展的重要抓手,随着各地分级分类推进新型智慧城市建设,县域已成为我国智慧城市下半场的重要阵地。据统计,2023年在各级政府数字化采购项目中,区县级采购金额和项目数占比均高于省级、市级,采购金额占比超过65%。

---

* 作者丁佳系浙江中控信息产业股份有限公司智慧城市研究院常务副院长。

（二）县域智慧城市政策环境

1.县域发展支持政策

从时间线梳理我国县域发展政策,我们发现其与城镇化进程相匹配演变。把县城单独拎出来,以县城为重要载体的城镇化,这是中国建设社会主义现代化强国、实现高度城镇化的关键一步。中国的城镇化率早已超过 60%,城镇化下半程之路正在不断走深走实。国家和区域中心城市取得了长足发展,乡村振兴正在全面启动。县城在城乡之间起着关键联结作用,进一步发展县城对于完善城镇化的体系结构、加快城乡融合、推动区域协调高质量发展意义重大(表20)。

表20　国家对于县域发展的支持政策

序号	时　间	政策文件	相　关　内　容
1	2020 年 6 月	《关于加快开展县城城镇化补短板强弱项工作的通知》发改规划〔2020〕831 号	大力提升县城公共设施和服务能力,促进公共服务设施提标扩面、环境卫生设施提级扩能、市政公用设施提档升级、产业培育设施提质增效,适应农民日益增加的到县城就业安家需求,扩大有效投资,释放消费潜力、拓展市场纵深,为坚定实施扩大内需战略和新型城镇化战略提供重要支撑
2	2021 年 3 月	《中华人民共和国国民经济和社会发展第十四个五年规划和 2035 年远景目标纲要》	推进以县城为重要载体的城镇化建设。加快县城补短板强弱项,推进公共服务、环境卫生、市政公用、产业配套等设施提级扩能,增强综合承载能力和治理能力
3	2022 年 5 月	《关于推进以县城为重要载体的城镇化建设的意见》	统筹县城生产、生活、生态、安全需要,因地制宜补齐县城短板弱项,促进县城产业配套设施提质增效、市政公用设施提档升级、公共服务设施提标扩面、环境基础设施提级扩能,增强县城综合承载能力,提升县城发展质量
4	2022 年 7 月	《"十四五"新型城镇化实施方案》发改规划〔2022〕960 号	推进以县城为重要载体的城镇化建设。顺应县城人口流动趋势,选择一批条件好的县城重点发展,因地制宜补齐短板弱项,增强综合承载能力,满足农民到县城就业安家需要
5	2022 年 10 月	党的二十大报告	以城市群、都市圈为依托构建大中小城市协调发展格局,推进以县城为重要载体的城镇化建设
6	2024 年 3 月	第十四届全国人大政府工作报告	培育发展县域经济,补齐基础设施和公共服务短板,使县城成为新型城镇化的重要载体

2.县域智慧城市发展支持政策

2020年6月,国家发改委发布的《关于加快开展县城城镇化补短板强弱项工作的通知》中指出县城仍存在较多的短板弱项,与满足人民美好生活需要依然存在较大差距。因此,必须正视短板,积极寻求县域发展的突破口,抢抓城市数字化背景下的发展机遇,开启深入发展县域数字化的新阶段(表21)。

表21　国家对于县域智慧城市发展的支持政策

序号	时　间	政策文件	相　关　内　容
1	2020年6月	《关于加快开展县城城镇化补短板强弱项工作的通知》发改规划〔2020〕831号	围绕市政公用设施提档升级,推进市政交通设施、市政管网设施、配送投递设施、老旧小区更新改造和县城智慧化改造
2	2022年5月	《关于推进以县城为重要载体的城镇化建设的意见》	推进数字化改造。建设新型基础设施,发展智慧县城。推行县城运行一网统管,促进市政公用设施及建筑等物联网应用、智能化改造,部署智能电表和智能水表等感知终端。推行政务服务一网通办,提供工商、税务、证照证明、行政许可等办事便利。推行公共服务一网通享,促进学校、医院、图书馆等资源数字化
3	2022年7月	《“十四五”新型城镇化实施方案》发改规划〔2022〕960号	推进以县城为重要载体的城镇化建设。推进市政公用设施提档升级,健全市政交通、市政管网、防洪排涝、防灾减灾设施,加强数字化改造
4	2024年3月	第十四届全国人大政府工作报告	培育发展县域经济,补齐基础设施和公共服务短板,打造宜居、智慧、韧性城市

二、智慧城市与县域高质量发展的关系

二十大以来,县域发展虽然在城乡一体化发展、新型城镇化建设、乡村振兴方面取得了显著成效,但是要素流动不顺畅、公共资源配置不均衡、社会治理水平落后等问题依然突出。在经济发展方面,产业发展质量和效益不高、创新能力不强等问题也很明显,尤其是数字经济赋能产业经济占比甚微,这些问题都制约了县域经济的高质量发展。通过县域智慧城市建设,发挥数字技术在改变和重塑社会经济组织方式中的重要作用,提升县域产业支撑力、人口吸纳力、设施保

障力和要素集聚力已经成为一种被广泛认同的创新发展路径。

（一）县域智慧城市是创建高质量发展环境的关键变量

一方面,智慧城市作为一种新型基础设施,影响领域已逐渐从满足政府管理需求向营造优质环境转变。另一方面,县域产业发展和招商引资的水平高低,在政策同质化严重的大背景下,更大程度上决定于软环境的优劣。数字技术具有高创新性、强渗透性、广覆盖性,是推动构建新发展格局、建设现代化经济体系、构筑竞争新优势的重要引擎,是实现高质量发展的强劲动能。

（二）县域智慧城市是激发新质生产力的有力之举

随着传统要素对经济发展的促进作用逐步减弱,新质生产力会带来经济发展质量、效率、动力的深层次变革。智慧城市建设将加速信息技术与县域传统产业深度融合,推动传统产业向数字化、智能化转型,为县域经济的转型升级注入新动力。

（三）县域智慧城市是提升治理效能的重要抓手

县域治理效能提升,是治理体系和治理能力现代化的重要体现。现阶段我国实行五级管理体制,县域是国家治理的基本单元,处于统筹工农关系、城乡关系的关键环节,结合乡村振兴战略的具体要求和我国地方发展实际,县域成为全面推进乡村振兴的重要切入点和着力点。数智化技术正在逐步改变县域治理的结构、过程和结果,将县域治理转向数字化、精细化和智能化,促进各领域高效运转。

（四）县域智慧城市是并轨全国统一大市场的有效途径

相对于自然资源、地理区位等传统要素,数据要素更易跨时空流通,在全国统一大市场建设背景下,县域获取和利用数据要素的渠道、方式更加便利,有利于县域更加充分发挥数据和信息等生产要素在县域产业体系中的作用。

三、县域智慧城市主要建设内容和技术框架

在 2023 年国务院印发的《数字中国建设整体布局规划》"2522"大框架指导下,县域智慧城市建设涵盖数字技术与"经济、政治、文化、社会、生态文明""五位一体"深度融合的众多范畴。我们可以结合县域基本情况和政府职能定位重新做一次梳理。

（一）县域智慧城市主要特点

县域智慧城市相较早期以大都市为代表的智慧城市建设与发展存在以下特点：

1. 共性需求

基础设施的集约化和数据资源的综合利用是政府主导型智慧城市建设和发展的基本特点。随着智慧城市发展的深化,数据将成为城市全域数字化转型的主角,在"人工智能＋"的加持下,其在社会经济发展中的要素地位将展示出更加强势的新质生产力。

2. 差异化特点

县域智慧城市由于定位的特殊性,差异化特点也非常明显。

1）建设层级

县域智慧城市不是一个孤立的主体,往往是在"数字中国"大框架下,省市多级应用在县域的承接载体,其自主建设内容需要聚焦于县域功能补充和本地特色拓展,而且在架构上要充分考虑与市级平台的互联互通、数据共享和协同机制。

2）应用场景

智慧城市建设和发展的本质是破解城市面临的瓶颈问题,从而适应新时代社会经济发展的需求,具有较强的价值导向性。县城面临的问题,也有别于大都市,需要针对各地发展阶段、资源禀赋和特色特点,谋划具有适用性的对口应用。

3）数字素养

数字化转型在县域的应用和影响是一个逐渐渗透和传播的过程,相较大都市对于该领域的接受程度和群众基础要薄弱很多。所以在设计系统时,需要充分考虑操作便捷度和用户体验,发挥"物联网＋人工智能"的组合优势,减少人工数据录入、分析、处理等复杂环节,让使用者"会用、爱用、好用"。

（二）领域内容框架

县域智慧城市建设是一项复杂的系统工程,具有自上向下、跨部门、跨行业、跨平台、跨层级等特点。参与主体具有多元化特征,通常包括政府、企事业单位和广大社会公众等。我们可以先从业务视角梳理领域框架(图10)。

诺贝尔经济学奖获得者保罗·萨缪尔森(Paul A.Samuelson)曾提出城市政府最重要的职能是为民众提供足量的、优质的"公共品",从而提高城市的经济效益和人居环境。他还指出,存在三种市场机制失效的领域:第一是"不完全的竞争(也称之为自然垄断)";第二是"外部性"(尤其如污染等负外部性),例如各种各样的污染以及其他破坏性行为,即负外部性;第三是"公共设施",现代城市本身需要大量的公共品,这部分事关社会公平的基础设施属于"私人企业提供不

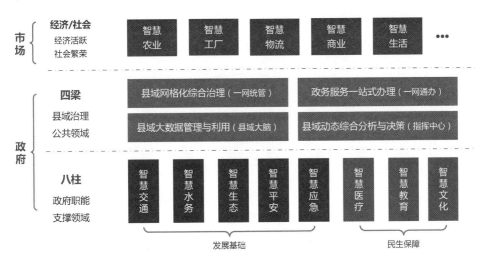

图10　县域智慧城市内容框架与政府视角"四梁八柱"

了,不符合经济效益"的城市必需公共品。所以,政府在智慧城市建设中,应重在提供数智化的"公共品"。

　　如图10所示,从业务主体的维度可以将县域智慧城市分为政府端和市场端两大类。市场端可以充分发挥各类市场主体拥抱数字经济的灵敏嗅觉和自身动力,企业为投资主体和投资决策方,政府更多以氛围引导、产业导入和政策支持为主。建设侧政府应聚焦职能定位,面向为社会经济服务的"公共品",搭建县域智慧城市"四梁八柱"。

　　从城市政府视角来看,智慧城市的四大核心公共品,即"四梁",包括:① 县域网格化综合治理(一网统管);② 政务服务一站式办理(一网通办);③ 县域大数据管理与利用(县域大脑);④ 县域动态综合分析与决策(指挥中心)。"八柱"则指搭建县域社会经济发展基础和民生保障的智慧交通、智慧水务、智慧生态、智慧平安、智慧应急、智慧教育、智慧医疗、智慧文化等主要公共品,由此形成了智慧城市的"四梁八柱"。

　　(三)建设技术框架

　　1.逻辑架构

　　利用云计算、大数据、物联网及人工智能等新一代信息技术与城市发展深度融合,重点打造和沉淀县域智慧城市的数字技术底座,涵盖设备中台、数据中台、技术中台和业务中台等范畴,此外基础设施层面建设和补充感知设备为数字平台层提供关键数据,智慧应用层面建设支撑各委办局应用以及城市运行指挥中心综合分析与决策(图11)。

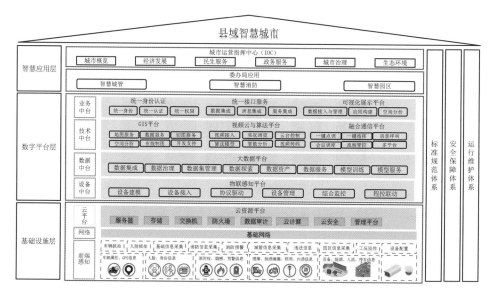

图 11　县域智慧城市逻辑架构

2. 数据架构(图 12)

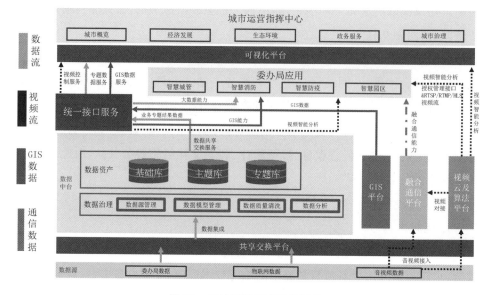

图 12　县域智慧城市数据架构

县域智慧城市总体数据架构由数据源层、共享交换平台层、能力支撑层、统一接口服务层、业务应用层组成。

1）数据源

由以下几个方面组成：物联网平台接入的数据、委办局上传的各类数据以及音视频设备上传的数据等。

2）能力支撑层

包括数据中台、可视化平台、GIS平台、融合通信平台、视频云及算法平台。

3）业务应用层

包括两部分：一个是委办局的应用，包含各政府职能智慧类业务应用；另一个是城市运营指挥中心，运营中心作为智慧城市的大脑枢纽，借助数据能力支撑，纵览全局，将城市概览、经济发展、生态环境、政府服务、城市治理等方面进行统一运营指挥。

3. 技术架构（图13）

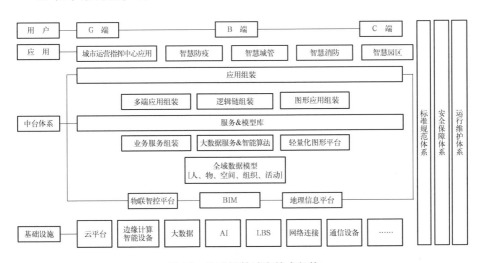

图13 县域智慧城市技术架构

县域智慧城市技术架构从城市信息化整体建设考虑，以ICT技术为视角，包含云平台、大数据、物联智控、图形数据转换、全域数据模型、业务服务组装、大数据服务&智能算法、模型轻量化引擎、图形平台、微服务及模型仓库、逻辑链组装、业务应用组装、图形类应用组装等模块，各模块间相互协作，共同支持各类复杂应用的装配式生产，将各类领域数据、空间数据、IoT数据进行融合，并通过积木化的微服务及应用组装模式，快速构建各类业务应用及图形应用，满足各类数字化、智慧化应用场景诉求。

（四）特色应用适配

我国县城数量大、类型多，发展路径各不相同。在探索县域智慧城市发展道路过程中，需要尊重县城发展规律，顺应县城人口流动变化趋势，立足资源环境承载能力、区位条件、产业基础、功能定位，综合考虑产业、生活、生态、安全等需要，合理确定不同类型县城的发展路径。县域智慧城市建设在"四梁八柱"基础上，可以根据不同县城的特点，考虑对应的特色应用适配。

1. 大城市周边县

位于城市群和都市圈范围内的县城容易接受大城市辐射带动，人口集聚能力强，是承接大城市产业转移和功能疏解的重要空间，具有较大发展潜力。可以发挥数智化在快速便捷交通连接、异地同城服务、宜居宜业环境提升等方面优势，促进与大城市配套的卫星县城建设。

2. 专业功能县

该类县城具有较好资源禀赋、产业基础、交通条件，能够依托自身优势发展特色支柱产业。可以根据县域区位和产业经济特点，通过数智化赋能先进制造、商贸流通、文化旅游等领域，强化专业功能县优势定位。

3. 农产品主产区县

结合"一县一品"等地方特色，发挥数字化在生产、加工、流通、溯源、品牌等领域的创新优势，推动这类县城农村二、三产业集聚发展，延长农业产业链条，做优做强农产品加工业和农业生产性服务业，为有效服务"三农"、保障粮食安全提供支撑。

4. 重点生态功能区县

以生态功能为中心，发挥数智化在环境监测、污染源管控、生物多样性、流域治理、防火防灾等领域的作用，为保护修复生态环境、筑牢生态安全屏障提供支撑。并以生态环境为发展底色，结合清洁能源、生态旅游等领域数字化能力，增强生态功能区县产业经济发展。

四、中控信息在县域智慧城市的案例分享

浙江中控信息产业股份有限公司（简称：中控信息）始创于1999年，是国内最早一批参与智慧城市建设的行业企业，核心业务聚焦城市基础设施的自动化、信息化、数智化建设和服务。建设项目遍及中国33个省份区域及海外，服务客

户逾 3 300 家,助力智慧城市从概念走向现实。

中控信息作为行业领军企业,一直紧密关注和深度参与县域智慧城市行业市场,将沿海地区发达城市智慧城市建设的成功经验进行深度剖析,萃取出适合县城发展特点的关键技术与应用场景,结合不同县城的特点和实际,形成"千城千面"的因地制宜特色方案,助力解决县域发展瓶颈问题,打造了众多数字县域建设标杆案例。如河北新乐(综合治理型)、云南隆阳(民族边疆型)、浙江嵊州(TOD[1] 新城型)、浙江景宁(农水文旅联动型)等。

下面以河北新乐项目为例,展开相关实例介绍与分析。

(一)项目背景

新乐作为河北一座迅速发展的县级城市,地理位置优越,是京津冀协同发展主体框架三轴之一——京保石产业发展带和城镇聚集轴的重要节点。下辖 8 镇 3 乡 1 个街道,160 个行政村、18 个社区,总面积 525 平方公里,城市建成区面积 23.48 平方公里,常住人口 51.7 万人。2023 年,地区生产总值达 182.66 亿元。

新乐政府 2022 年启动智慧城市建设规划工作,希望通过智慧城市建设,统筹高质量发展和高水平安全,增进民生福祉,保持社会稳定,谱写中国式现代化经济强县、美丽新乐新篇章。

(二)重点需求

经过多轮调研走访,发现新乐对于智慧城市建设的期待除了传统常规委办局需求之外,特别强调智慧化建设支撑"高质量发展"和"高水平安全"两大县域发展目标的关联程度。希望政府投资真正服务于县域产业与经济发展,从而带动产城融合高质量发展。经过梳理抽象,可以总体归纳为以下几点:

1. 抓治理、优环境,增强高质量发展软实力

良好的发展环境是吸引力、生产力、竞争力。希望通过智慧城市建设,规范市容秩序、提升文明形象、消除安全隐患,推进城市精细化管理,形成共治共享的现代化县域治理体系和治理能力,营造"有序、高效、安全"的产业发展和人居环境。

2. 抓招商、盯项目,培育高质量发展新动能

发展是第一要务,项目是第一抓手。希望通过数字平台建设,构建数字招商

---

1 TOD: transit-oriented development 的缩写,是一种以公共交通为枢纽的综合发展模式,该案例是以高铁站为中心,建设一个新的城市中心,该中心具有办公、商业、文化、教育、居住等多种功能。

功能,聚焦"客商哪里来、土地哪里出、手续怎么办、进度怎么抓"等关键环节,辅助开展新时代招商工作。充分发挥新乐在装备制造、绿色食品、现代医药、商贸物流产业上的人才、技术等比较优势,打造现代商贸物流、高端装备制造、公共卫生应急产业 3 个百亿产业集群。

3. 抓园区、提能级,打造高质量发展示范区

把园区作为高质量发展的主战场,以经济开发区高端制造孵化中心为试点,利用数字技术提升园区管理和服务能力,提升线上线下相结合的资源共享水平,引导各类要素加快向园区集聚,构建创新协同、错位互补、供需联动的县域产业发展生态。

（三）建设内容

建设内容包含基础设施、县域大脑数字化底座和智慧应用三大部分。

1. 基础设施

以统建统筹的模式集约化打造新乐市智慧城市的基础设施,包含前端感知、网络和数据中心云平台等内容。为上层数字平台和智慧应用提供广泛数据采集、计算、存储节点和良好的数据传输通道,搭建城市的感知神经、传输网络和计算中枢。

（1）感知与终端。以视频监控、环境监测、积水监测、火灾监测等物联网设备作为基础,构建新乐智慧城市的精准感知体系,为上层应用提供实时、有效的数据支撑。并建设照明、消防、信息发布等多元智慧终端。

（2）通信网络。明确政务网、视频专网、其他业务专网情况,确保新乐智慧城市相关政务数据、产业数据的安全可靠传输;同时明确开展互联网的情况,确保高速、高效的社会传输网络,服务于民生与社会发展。

（3）数据中心与云平台。智慧城市大数据中心和云资源平台包含数据中心机房环境建设和 IT 设备建设,为新乐智慧城市应用系统的运行和服务提供硬件支撑环境和设备。

2. 县域大脑数字底座

以集约化思想打造共建共享的县域大脑数字底座。建立了数据采集、交换共享、开发利用相关标准体系,为各类信息系统提供安全、高效的物理环境,构建人口、法人、宏观经济等基础数据库,形成全市政务大数据资源体系,推动新乐大数据创新应用,包含大数据平台、数字孪生平台、视频云及算法平台、物联感知平台、融合通信平台等组件。

3. 智慧应用

全面整合城市各类感知数据、政务数据以及社会数据,充分挖掘与发挥数据的应用价值,构建城市概览、经济发展、民生服务、政务服务、城市治理、生态环境等功能为一体的运行管理、综合分析和决策指挥中心。

1) 县域体征监测与分析

对新乐市整体发展情况与城市运行体征进行监测与分析。通过对经济、民生、政务、生态等四大方面城市体征数据进行汇总统计和大数据分析,以及将公共安全和城市治理事件协同能力在城市数字孪生图上管理,实现对城市风险点、危险点等的一体化监测和管理,支撑城市跨部门协同治理,实现城市治理现代化、扁平化、智能化。

2) 县域经济发展管理

经济发展专题通过宏观经济、产业经济、创新经济三个方面进行产业经济监测与分析。宏观经济从政府工作报告中的重点指标出发,结合经济运行数据统计分析和综合展现能力,对新乐市经济进行整体概括。

3) 民生服务管理

主要包括教育资源、医疗资源、养老资源、文化娱乐、社会保障等方面的服务功能,可以分析展示全市民生服务资源情况,预测未来需求趋势,并实时反馈优化方案。

4) 政务服务管理

从办件数据分析、办件效能分析、办事大厅三个方面管理政务服务。办件数据分析主要是将政务服务的宏观维度的数据进行分析,从全局视角对政务服务办件情况进行整体呈现,实现对政府事项类业务和事件类业务的办理进行监督监测。

5) 县域综合治理

城市治理主要从城市网格化管理、城市综合执法、城市部件管理三个方面支撑城市治理。城市网格化管理通过宏观检测与网格化检测,实现对全市范围内城市管理问题的集中监管、受理、指挥、协调、考核评价等。

6) 生态环境管理

生态环境包括空气环境监测、噪声监测、秸秆焚烧监测、固体废物监测、水资源监测,全面接入检测点实时数据,实现对各项环境指标的实时监测与分析。

7) 智慧消防

通过物联网接入城区 NB 烟感 1 500 个,智慧用电主机 1 000 个,消防栓传感器 1 200 个，中心可调阅视频信号近 5 000 路、拥有智能化火警甄别及态势感知能力，可为多种场景应用提供辅助决策分析依据。

8）数字招商

以企业大数据、产业数据为基础，帮助招商人员从园区产业定位、园区选址、企业筛选、招商流程管理到最后产业入驻的企业服务，提供多维度信息和工具，从而提高招商效率。进一步摸清县域产业家底，找准比较优势，匹配目标企业，为政府开展产业链招商、精准招商奠定坚实基础。

9）智慧园区

打造园区规划、企业服务等模块，推进产业数字化转型升级，加快产业园区数字化建设，改善企业服务环境、减轻企业负担，增强政府解决问题能力，打造良好商业氛围。

（四）成果亮点

新乐智慧城市建设围绕"石家庄市域次中心"县域发展定位，充分发挥新乐区位、生态、资源、文化、产业优势，以城管、消防、园区等紧迫业务板块先行，提升全面感知、决策分析、调度指挥、联动处置能力。不仅为县域高质量发展营造了优良环境，还为具体工作创造了新抓手和新动力。

1. 数字共融，智慧牵引

该项目目前已实现新乐 30 余家单位、200 余项资源目录以及 100 余项信息指标的数据共享，推动"部门业务数据"向"政府数据资产"转变，初步打破数据壁垒，真正把智慧的理念贯穿于全领域、全行业，有力促进政府职能转变。

2. 多元场景，协同整合

在推进多场景融合和重点场景引领的过程中，强调智慧城市建设的开放性和整合性。以智慧城市运行管理中心为物理载体，通过数字孪生实现了主城区 24 平方公里范围内三维城市建模，为全县各部门提供标准统一的 2D、3D、影像地图等 GIS 服务，实现政府管理一张图，将各委办局公共管理数据和物联网数据实时对接，支撑跨部门协同与联动，快速分析突发事件影响范围，辅助指挥科学精准决策。

3. 立足本地，产业赋能

面向县域高质量发展的需求，捋清智慧城市在优化产业发展环境、深挖招商动能、提升园区配套、消除安全隐患等关键环节的作用和发力点。针对新乐县域特点和需求，结合产业结构、社会发展和人口规模等因素，打造特色场景，实现智慧城市建设与城市实际需求的无缝对接,更好地引导各场景的建设,为市民创造更加智慧、便捷、安全、宜居的城市环境。

五、县域智慧城市发展思考与展望

相对新建城区、城市群和大型城市而言,县域智慧城市具有更强的定制性和灵活性,因此不应盲目套用大中型城市的标准化模板,要因地制宜走差异化道路。

（一）面向高质量发展,找准重点与方向

县域智慧城市建设与发展要结合当地资源禀赋优势,找准县级城市在省市及国家层面的定位,深度对接省市智慧城市总体布局,面向制约县域社会经济高质量发展的痛点、难点、瓶颈问题,杜绝"大而全"的建设模式,在"小而精"上下功夫,打造特色标杆。

（二）正视短板弱项,积极寻求破局

县域智慧城市建设普遍存在财政实力不强、新基建基础薄弱、本地数据沉淀少、人才及能力缺失、业务压力大等问题,因此应正视短板,寻求破局。加快统筹建设模式落地,组建本地运营公司,通过智慧城市建设运营培养相关能力。加快梳理本地业务流程、组织机制保障,以智能化场景满足本地需求,以急用先行原则进行分阶段建设。

（三）遵循县域发展客观规律,多元主体共同参与

县域智慧城市是一项系统工程,必须遵循系统发展理论与县域发展客观规律,遵循以人为本,以智能协同为手段,通过人工智能为核心的新技术,构建新质生产力;通过数据融合和流程再造,构建协同化新生产关系。进而实现政府引导、市场主导、社会共同参与的城市数字化转型。

县域高质量发展不可能一蹴而就,必须在坚持中巩固、在巩固中发展,在量变的积累中实现质变。县域智慧城市也是在不断自生长、持续自演化中才能长足发展。要避免对近期的发展估计过高,而对长远的发展估计不足的问题。只有"循序渐进、久久为功、方法科学、持续发展、讲求效益、普惠大众",才是县域智慧城市的可持续发展之道。

数智融合与城市
高效能治理

数字技术赋能智慧社区治理：
表征样态与推进策略

——以成都市为例

姜　敏[*]

一、问题的提出

数字时代呼唤与之相适应的城市治理新形态。党的二十大报告提出"加快转变超大特大城市发展方式，打造宜居、韧性、智慧城市""完善网格化管理、精细化服务、信息化支撑的基层治理平台"[1]。随着信息化技术的飞速发展和城市化进程的深入推进，以大数据、云计算、人工智能、区块链等为代表的新一代数字技术持续为城市治理赋能，成为推进城市治理体系和治理能力现代化的重要科技支撑。作为观察和透射数字技术赋能城市治理成果的微观单元，智慧社区是数字化、信息化浪潮席卷下传统社区转型升级的产物，也是助力智慧城市建设的基本单元。2022年，民政部等九部门联合印发《关于深入推进智慧社区建设的意见》，提出"到2025年，基本构建起网格化管理、精细化服务、信息化支撑、开放共享的智慧社区服务平台"。从国家治理的高位视角可以看到，当前政策已释放出鲜明的社区治理导向，智慧社区建设正步入"快车道"。

然而，囿于制度、技术和组织建设等诸多因素的掣肘，在具体的实践过程中，数字技术赋能智慧社区治理面临着"数据共享壁垒""数字悬浮""数字形式主义"等诸多现实挑战，变相阻碍数据价值的发挥，抑制基层治理效能。数字"赋"能何

　＊ 作者姜敏系中共成都市龙泉驿区委党校，助理讲师。本文系2024年四川省委党校（行政学院）系统调研课题"敏捷治理驱动下超大城市基层治理数字化转型的成都实践研究"（项目编号：DY2024018）、2024年成都市委党校（行政院校）重点调研课题"敏捷治理视域下超大城市基层治理数字化转型的成都实践研究"（项目编号：CDDX Z2024002）的阶段性研究成果。
　1 习近平.高举中国特色社会主义伟大旗帜　为全面建设社会主义现代化国家而团结奋斗：在中国共产党第二十次全国代表大会上的报告[M].北京：人民出版社，2022.

以变数字"负"能？国家政策的大力倡导与现实治理困境的矛盾值得重点关注。在万物互联、万物皆数、万物皆智的数字时代，如何以智慧社区建设为抓手，整合数字技术与治理方式，进而推动构建更有效、更协同、更精细的智慧城市体系成为现阶段亟须回应的重要命题。因此，基于问题导向，本文将通过数字技术赋能的研究视角，选取成都市智慧社区建设的实践样态作为典型案例，剖析智慧社区治理中可能存在的"智慧失灵"问题，进而提出推进智慧社区治理的优化策略。

二、理论基础与逻辑廓清

（一）理论基础：数字治理理论

数字治理理论是信息技术蓬勃发展的时代背景下将数字技术与治理理论进行整合发展的新公共管理理论新范式。作为一种治理工具，以大数据、区块链、云计算、人工智能等新兴信息通信技术为代表的数字技术呈现出交互性、全景性、可扩展性、智能性的特征[1]，能够精准高效地传递、整合和分析治理过程中的海量信息，推动实现治理流程优化、治理效率提升和治理价值重塑。经过发展，当前学界关于数字治理理论的基本主张可以概括为以下三个方面：一是主张多元主体统筹联动。在数字治理的治理语境中，政府、社会、市场等多元主体可以通过数字技术打破彼此藩篱隔阂，强化协作参与和资源共享。数字治理下的政府需由原有资源与权力的主导者转变为多元主体利益的协调者，而社会公众原来的碎片化、零散式参与也正转变成一种整体性治理[2]。二是主张推进管理体制改革。数字治理通过搭建和完善各类数字化信息服务平台，再造组织业务流程，打破数据孤岛，重塑组织架构，优化公共部门管理体制机制。各级政府组织和部门在数字化改革与运作中亦推动着国家治理的现代化进程[3]。三是主张以人民需求为价值导向。数字治理强调治理的价值目标以人民需求为基准，运用数字化手段回应人民关切，提高服务水平，在还权于民、还权于社会的数字化治理实践中，不断唤醒公共意识、创造公共价值、实现社会"智治"。

（二）逻辑廓清：数字技术赋能智慧社区治理的三重逻辑

在应用数字治理理论的基础上，本文将"数字技术赋能"定义为通过运用以

1　金筱霖，王晨曦，张璐，等.数字赋能与韧性治理双视角下中国智慧社区治理研究[J].科学管理研究，2023,41(1)：90－99.

2　王晨.基于公共价值的城市数字治理：理论阐释与实践路径[J].理论学刊，2022(4)：161－169.

3　张建锋.数字治理：数字时代的治理现代化[M].北京：电子工业出版社，2021.

大数据、区块链、云计算、人工智能等为代表的新兴信息通信技术,创新技术扩散、场景改造和数字平台打造等方式,赋予行动主体能力,创新实现既定行动目标的手段、方法和路径。数字技术赋能社会治理是技术与治理实践在社会系统情境中不断交织进行、迭代升级的过程[1]。从数字技术赋能与智慧社区治理的关联来看,数字技术既能直接作用于社区治理的场景,促进治理方式变革,又能通过增强治理主体能力提升社区治理绩效[2]。具体而言,数字技术赋能智慧社区治理的运作逻辑主要体现在技术、制度和价值三个方面。

1. 数字技术赋能智慧社区治理的技术逻辑

数字技术赋能智慧社区合作治理的实践是通过架构起以数据为基础、以互联网技术为工具、以算法为支撑的赋能体系来实现的[3]。换言之,数字技术赋能智慧社区治理的技术逻辑主要表现为消除被赋能者所面临的数据壁垒和行动障碍,促进被赋能者之间治理资源整合、治理流程优化,从而实现信息共通、资源共享,推动社区治理数字化、智慧化转型。一方面,通过搭建功能集成的社区治理数字平台和信息管理系统,汇聚共建共享的社区治理数据,打破信息壁垒,加快信息互通共享,为社区治理的协同共治筑牢技术基础。另一方面,数字技术为社区多元主体赋权和增能。拥有数字素养及技术思维的多元主体通过主动获取和运用数字工具介入智慧社区治理中,在信息碰撞与交互中实现城市社区的精细化管理。例如,社区居民等权利主体能够通过数字技术信息平台提出自己的合理诉求,直接参与社区的日常治理过程,与社区多元主体达成社区治理共同体的治理目标。

2. 数字技术赋能智慧社区治理的制度逻辑

制度逻辑指特定历史条件下某一领域中稳定存在的制度安排和相应的行动机制,进而诱发和塑造相应的行为方式[4]。数字技术赋能智慧社区治理的制度逻辑表现为治理结构对数字技术这一技术工具的吸纳和认同,是政府、社会、居民、社会组织等多元主体共同促成的制度安排和综合选择。一方面,从社会治理层面来看,社区是国家和社会治理的最后一公里,随着城市化的发展、资源风险

1 郁建兴,樊靓.数字技术赋能社会治理及其限度:以杭州城市大脑为分析对象[J].经济社会体制比较,2022(1):117-126.

2 沈永东,赖艺轩.撬动资源、凝聚共识与形成规范:数字赋能社会组织提升社区治理的机制研究[J].中国行政管理,2023,39(4):22-29.

3 周济南.数字技术赋能城市社区合作治理:逻辑、困境及纾解路径[J].理论月刊,2021(11):50-60.

4 周雪光,艾云.多重逻辑下的制度变迁:一个分析框架[J].中国社会科学,2010(04):132-150.

的集聚和社区异质性的增强,社区治理日渐复杂化。2013年,党的十八届三中全会提出"推进国家治理体系和治理能力现代化"的奋斗目标。2021年,《中共中央、国务院关于加强基层治理体系和治理能力现代化建设的意见》明确提出要"加强基层智慧治理能力建设",提高基层治理数字化智能化水平。此后出台的一系列政策安排皆为数字技术赋能智慧社区治理提供了合法性导向。另一方面,从创新管理体制来看,现代数字技术能倒逼治理体制机制的优化完善,提高管理体制的运作效率。数字技术能够将多元主体、价值和资源汇总至统一平台,最大化发挥整合资源的作用。

3. 数字技术赋能智慧社区治理的价值逻辑

数字技术赋能智慧社区治理以满足人民需求、回应居民关切为基本价值导向,技术赋能过程中的价值逻辑则体现在激活治理主体意识、搭建治理合作网络两个方面。其一,在激活治理主体意识方面,数字技术的引入为治理主体从"一元"转向"多元"提供了契机,技术赋能可以增强公众参与社会治理的可及性和便捷性,减少多元主体间的互动成本,促进社会治理共同体的生成。同时,数字技术作用下的社会治理行为将更加透明化、可视化和标准化,在一定程度上激活居民、公众及社会组织等多元主体参与社区治理的主动性和积极性。其二,在搭建治理合作网络方面,作为多元主体协同治理的工具载体,数字技术可以赋能形成"去中心化"和"去结构化"的信息交流平台,使得民众的利益诉求有可靠稳定的平台基础,居民的社区集体认同感不断增强。

三、实践样态:数字技术赋能智慧社区治理的成都实践

2023年末,成都市常住人口为2 140.3万人。在过去5年的非凡跨越中,成都从特大城市晋升为超大城市,面临的现代化治理难度和挑战几何式倍增。为此,2022年6月,借力新一代信息通信技术,成都市以实施《成都市"十四五"新型智慧城市建设规划》为重点,以"智慧蓉城"为牵引,全力推进智慧城市建设,努力探索超大城市治理新路径。同时,凭借在智慧城市建设中的优秀实践,成都市荣获"2023中国领军智慧城市"大奖。近年来,成都市在智慧社区建设层面的行动举措不断迭代升级,持续回应新时代人民对美好生活的期待。

（一）成都市智慧社区建设的实践做法

成都市坚持以人民为中心的发展思想,以信息化数字平台为治理载体,自上而下推进智慧社区建设,在智慧社区顶层设计、基础设施建设和示范特色场景打

造等多方面不断推陈出新，进行了一系列实践探索。

1. 重视规划引领，持续完善智慧社区顶层设计

智慧社区建设是一项涉及城市治理多个方面的系统工程，需要超前规划理念和科学顶层设计的双重推进。一是持续出台政策规划文件。成都市注重规划先行，先后研究出台了《成都市城乡社区发展治理总体规划（2018—2035年）》《天府智慧小区建设导则1.0版》《成都市社区发展治理促进条例》《成都市"十四五"城乡社区发展治理规划》等规范性指导文件，为全市智慧社区提供了政策指导和建设引导。二是制定完善智慧社区建设指南。2022年，为深入贯彻民政部等九部门联合印发的《关于深入推进智慧社区建设的意见》，成都市衔接智慧蓉城"6＋8＋N"总体部署，编制智慧社区建设规划，制定了智慧社区建设指南。按照国家新型智慧城市建设与评价标准体系，完善智慧社区规范标准、信息安全、建设运营和保障激励等政策制度。三是统筹智慧社区建设总体框架。2022年11月，《成都市智慧社区建设导则》发布，全新构建了智慧社区"1－1－5－N"总体框架，建设1个智慧社区综合应用平台，打造1个社区数据库，围绕社区治理、社区服务、社区安全、社区发展、社区党建5大板块营造建设N个应用场景的"场景超市"生态。总之，成都市通过数字技术赋能智慧社区治理，不断完善组织运行机制，构建了各层级职能部门横向到边、纵向到底的社区服务体系。

2. 借力数字技术，做优智慧社区综合平台

智慧社区综合应用平台是智慧社区运行的基础和关键。2022年11月，在"合理利旧＋积极创新"的治理方针下，成都市集成了千万级用户体量的天府市民云平台市民端和2.5万名社区工作者在用的"社智在线"操作系统正式上线，形成了多端合一的技术架构、系统推进的工作机制和多方参与的良好格局。此外，成都市围绕社区居民关注的民生服务、社会治安、消防安全等痛点堵点问题，打造高效协同的智慧应用场景，实现社区事务的"一站式"处理和突发事件的"紧急吹哨"，让社区服务更加可感及及。成都市每个智慧社区在"社智在线"基础上又拓展延伸打造专属的社区综合应用平台，主要作用于三个层面：一是数据互联互通。对接智慧蓉城"三级平台、五级应用"，响应上级城运中心指挥调度，实现数据上下贯通、事件线上处置。目前，成都市各县（市、区）智慧社区正在逐步对接"智慧蓉城"，实现数据在"市—县（市、区）—街道"层级的互联互通。以成都市武侯区打造的社区综合信息平台"小武生活"小程序为例，其社区主题数据库将作为智慧武侯数据底座移交区城运中心，联动区委政法委、区民政局等建立健

全数据常态更新机制，持续做实技术底座。二是基础设施集成。创新社区层面的各类应用场景，构筑态势全面感知、力量统筹调度、行动人机协同、问题闭环处置的智慧社区一体化数字底座。例如成都市高新区肖家河街道依托"慧勤务"平台，通过对接大联动、微治理、12345、数字城管等将门禁、烟感、高空抛物、智慧安防、智能路灯等设施接入统一管理系统，实现各类硬件设备与"社智在线"平台的联通，整合社区各类资源，提升精细治理水平。三是基层减负增能。社区智慧平台的主题数据库将为社区工作人员提供高效率的智慧工具，汇聚人、地、事、物、情、组织6大类基础数据，实现"一次采集、多方利用"，为一线工作人员减负增能。例如，成都市新都区探索推出"社区简政通"的智慧应用场景，将"基层人工统数据"变为"部门智能提数据"，解决基层反复采集、重复录入等"老大难"问题。据统计，在成都市新都区三河街道五龙社区工作试点中，社区每月线下开具证明数量同比减少90％，平均每月减少社区工作者开具证明时间40个小时。

3. 突出共建共享，拓展智慧社区应用场景

成都市智慧社区建设按照政府主导、社会协同、公众参与和科技支撑的社区共建方式，以数字技术夯实社区治理智慧化的数字底座，在智慧社区建设的每个环节都鼓励和引导居民、企业、社会组织等多元主体共同参与智慧应用场景开发、社区自治活动、社区公共利益维护等智慧社区治理，共建共治共享的社区治理格局逐渐成形成势。一是统筹社会治理，协同开发重点领域智慧场景。成都市按照统一建平台、开放建场景的原则，组织行业部门开发了电梯安全管理、燃气安全监测、社区养老托幼、党员学习教育等智慧化应用场景。例如，成都市龙泉驿区师大社区探索形成了"1＋6＋N"社区治理新路径，依托智慧服务平台，形成智慧治理、智慧服务、智慧党建、智慧安全、码上学、码上办6个应用板块，营造N个对接居民需求的智慧场景。此外，成都市建设智慧社区时同步推动平安城市建设、公共卫生应急、人口管控排查等社会治理重点领域智慧化场景社区呈现。二是突出示范引领，形成示范"场景超市"。成都市鼓励技术创新优、应用效果好、复制推广性强的场景和特色工具入驻全市"场景超市"，形成共建共治共享的"场景超市"生态。截至2023年12月，成都市已建成社区党建、社区微治理、网格化治理、养老一件事等8个示范场景。三是聚焦居民需求，引导多元主体参与特色智慧场景开发。鼓励社会各界围绕社区党建、社区安全、社区治理、社区服务、社区发展5大板块，开放建设各类小微治理场景和特色工具。如成都市成华区致强社区联合四川虹信软件股份有限公司集约打造了"绿漫致强"智慧平台

小程序，根据社区发展定位、居民诉求和周边企业商家需求，整合上线了社区党建、办事大厅、资源联盟、妇女儿童、协商自治、智慧养老、生活服务等 9 大类 40 余项特色智慧治理应用场景，为社区居民提供便捷的智慧化生活场景。智慧治理平台超越了时间和空间的限制，拓宽了多元主体参与社区治理的渠道路径。

（二）成都市智慧社区建设的实践困境

综合来看，虽然成都市在智慧社区建设方面形成了一系列创新做法、取得了一系列有益成效，但当前成都市智慧社区建设仍处于起步和建设阶段，在实践中尚有"短板"需要补齐。

1. 治理数据互联互通不足

当前成都市推进智慧治理的"智慧蓉城"平台还处于建设和调试阶段，数据共享和更新机制尚不完善，数据资源体系赋能基层社区治理的程度还不够。一是基础数据整合共享不足。因缺乏统一的技术标准与规范，成都市现有的"大联动、微治理"平台、"社智在线"平台以及各个智慧社区单独开发的社区综合应用平台等多个应用平台的数据互联共享仍然存在障碍，加上各种条线任务的发布，社区基础信息重复采集等现象较为突出。数据信息流转效率不高和重复采集不仅增加社区工作人员的日常工作负担，也阻碍资源共享、设备设施更新迭代。二是社区数据及时更新不足。数据驱动对数据数量和精度要求较高，一旦数据采集质量不高、数据更新缓慢或数据壁垒产生将直接影响事件信息呈现和决策判断。部分社区建设的可视化数据平台集约了各项智慧社区的数据应用，但是部分社区工作人员在实际工作中仍习惯选择微信、纸质调查表等常规信息收集平台收集信息，并未同步更新到智慧应用平台，这导致数据更新频率较低，智慧平台未能发挥应有作用。三是部门数据联动不足。成都市以"智慧蓉城"为牵引，于 2023 年 4 月基本实现了"市—县（市、区）—街镇"三级智慧应用平台的互联互通，并在社区治理范畴整合上线了"社智在线"智慧社区综合应用平台，一定程度上实现了城市治理的部分业务联动。但落地到社区层面时，由于第三方技术公司的数据接口标准不一，部分社区的各类综合数据难以衔接汇入至上级信息应用平台，辖区内的部门统筹联动存在衔接不畅的问题。

2. 多元主体协同参与不足

拓宽社区多元主体参与社区治理的渠道，进而提升治理效能，是智慧社区建设的主要目标，但在实践中却反向呈现出多元主体缺位的情况。一方面，社区居民参与智慧社区治理不充分。作为社区治理的管理对象和服务对象，居民是否有效参与到社区治理关系到智慧社区是否真正发挥实效。调研发现,大多数居民对"智慧社区"的概念认知模糊,主动通过智慧平台参与社区治理的意识意愿不够。居民线上参与社区治理以小区的业主微信群为主,社区开发的人工智能设备设施参与和使用情况并不理想。例如,成都市某社区人口近7万人,但智慧社区平台注册人数不到1/10,通过平台特色功能参与社区治理、反馈问题、参与服务的居民活跃度较低,公共参与和协同治理的良好局面尚未形成。尤其是社区治理中较为活跃的中老年居民群体,对智慧社区平台的接受程度和应用能力较低。另一方面,政企协同不足,智慧城市建设落地到智慧社区,各类项目大多是以政府为主导的模式,市场主体在规划、实施和评估过程中的参与程度不够,智慧设备与信息共享较少。

3. 配套保障力度不够

当前智慧社区建设虽如火如荼,但整体来看,尚处于起步发展的初级阶段,在人才队伍储备建设和资金保障上相对滞后于智慧社区的发展需求。一方面,智慧社区人才队伍建设薄弱。智慧社区的落地执行、数字平台的维护运营、社区治理的反馈优化等事项都要求社区有一支懂管理、技术和服务的人才队伍。但由于社区层面工作事务烦琐、待遇保障不理想、工作压力较大等,社区对高素质、高技能人才吸引及吸纳能力较弱,社区人员流动大。大部分智慧社区都存在缺乏专人看管、专业技术人才不足和高素质人才缺乏的问题,一定程度上制约智慧社区的推进和可持续发展。另一方面,智慧社区建设的资金保障不可持续。智慧社区建设涉及面广,牵涉主体多,基础设施建设、平台开发建设、日常维护运营等每个环节都需要充沛的资金作为支撑。成都市智慧社区建设多以政府为主导,市场参与机制不完善。由于缺乏社会力量的积极参与,大多数智慧社区在前期政策财政投入落地后,基本都面临后期平台升级、智能设施设备更新和信息系统维护运营的可持续资金注入问题。若政府财政投入有限和社区资金自筹或造血能力不足,智慧社区后期建设往往难以为继,容易陷入"高开低走"的现实困境。

四、推进策略：数字技术赋能智慧社区治理的优化路径

实践中,数字技术赋能智慧社区治理并非技术路径的单向发力,关涉到治理理念、治理制度、治理主体、治理机制等社区治理系统的各个方面。基于当前智慧社区治理建设过程中的治理梗阻,本文主要从制度供给、技术支撑、主体协同、

队伍培育等方面提出切实可行的优化路径。

（一）制度供给：强化政策顶层设计，完善智慧社区建设保障体系

当前全国各个城市以"智慧城市"为牵引，在市级顶层设计和规划引领层面持续发力，促进治理方式和生活方式的创新变革，但县区级层面的统筹规划还不够，需继续完善智慧社区落地的政策配套与支撑体系，以公共管理、公共服务、公共安全托底，使智慧社区建设向上汇入"智慧城市"，向下统筹辖区资源。一是完善智慧社区的政策配套体系。应根据智慧社区实践的最新指向，持续出台完善智慧社区的指导意见、建设指南、监督评价和沟通反馈体系，在市级层面统筹各县（市、区）智慧社区试点建设，保障各县（市、区）智慧社区在政策规划、实施方案和落地执行方面与市级智慧社区建设同频共振。二是完善智慧社区建设运行标准规范体系。坚持标准先行的原则，推动智慧社区在建设内容、数据接口、评价指标、基础社区和公共服务等方面的标准化建设，裁定智慧社区建设运行的标准规范体系，保障在建的交互式信息平台正常运行，推动智慧社区硬软件设备的标准化、规范化。除标准体系的规定动作外，同时也应允许各县（市、区）在达到智慧社区基础功能的条件下探索特色功能和示范场景打造的自选动作。

（二）技术支撑：加强技术革新应用，提升社区服务智慧化水平

伴随技术的迭代升级，智慧社区在基础设施建设、智慧应用系统以及场景打造等方面需持久发力，提升智慧化治理水平。一是完善智慧社区数字基础设施。基础网络、前端智能设备、云基础设施等数字基础设施构建了智慧社区感知体系，是智慧社区建设和运营的技术基础与数字底座。为解决智慧社区运行中数据系统打通难、信息共享难、业务联动协同难的问题，要打通数据信息壁垒，把职能部门掌握、网格员采集、智能化设备监测的数据汇聚形成网络数据库，并实行动态采集更新，推进信息平台集成管理，加快数据信息开放共享。二是拓展智慧应用系统服务功能。智慧社区建设应秉持人本导向，在信息平台系统的整体规划、设计实施和运营的全过程治理中，及时收集、掌握和整理智慧社区的居民诉求，确保智慧应用系统真正对接居民需求和社区治理需求，持续充实和丰富智慧生活、公共服务、智慧安全等智慧应用场景，从技术路径回应民众诉求、提升居民生活品质和社区治理效率。同时，加强对智慧社区监督管理和绩效考评，以居民满意度为重要衡量标准，有效保障智慧社区建设的可持续性。三是加强社区数据的安全管理。智慧社区建立的信息平台和数据系统集成了辖区居民、企业或商户的身份、地理位置、房屋等隐私信息，在数据传输与流转过滤中易被窃取和

攻击,对民众信息安全造成一定挑战,要不断推动信息安全保护技术优化革新,积极应用区块链等先进技术维护数据信息安全,让信息安全为智慧社区发展保驾护航。

（三）多元协同：整合多元主体资源,提升智慧社区共建治理水平

当前智慧社区建设相对缺乏居民、企业、社会组织等多元力量的协同共建,因此需要进一步理顺体制机制,激发多元力量参与的积极性和主动性。一是健全智慧社区领导工作机制。针对智慧城市建设框架下各地区在智慧社区落地层面政策层级衔接不均衡的问题,要积极搭建各县（市、区）沟通联动的平台,破除"信息孤岛",避免重复建设和资源浪费。例如,可分别在市县级层面统筹设立智慧社区建设领导协调小组,由主要负责人牵头,同步对接智慧城市建设,并专人设岗,严格落实主体责任。二是健全市场主体协作共建机制。通过财政补贴、税收优惠、提供场地等方式,引导、鼓励和支持科研机构、企业、社会组织等主体力量参与智慧社区的资金筹措、规划设计、平台打造、智慧管理等环节,最大限度地整合社区的组织、治理与服务资源,推动构建专业完善的智慧社区服务体系,实现智慧社区建设由"政府独挑大梁"向"多主体协作共建"转变。三是强化居民主体力量参与共治机制。针对智慧社区居民参与度不高、参与能力不足的问题,一方面要发挥党建引领居民参与的重要优势,积极发挥社区党员主观能动性,强化党员示范参与作用,以党建力量带动社群力量参与;另一方面要加强智慧社区的宣传推广工作,通过线上线下同步开展智慧社区政策解读、专题讲座、视频培训、知识竞赛等社群活动,帮助社区居民熟悉智慧社区的管理模式、参与渠道和使用方式。尤其需重点关照社区老年群体,组建和发动专门师资队伍和志愿者队伍,开展惠及老年群体的数字素养提能培训,帮助老年群体适应智慧社区生活。

（四）队伍培育：注重人才队伍建设,为智慧社区发展提供人才保障

智慧社区建设是一项系统性的长期工程,建设一支高素质、懂技术、会服务的复合型人才队伍是推进智慧社区建设和可持续发展的关键。一是建立智慧治理专家顾问团队,强化专业技术人才对智慧社区的指导力度。通过采取合作联建、社区实验、资源互换等方式,邀请高等院校、研究机构和高新科技企业在智慧社区领域的专业技术人才到社区指导工作,为智慧社区的规划设计、管理创新、运营监管及技术支撑提供顾问咨询和专业指导。二是完善智慧社区专业人才培养方案。加强智慧社区人才培育顶层设计,科学制定人才培养计划,有计划、有步骤地实施人才培养,打好智慧社区人才选育用留的"组合拳"。一方面,加大社

区治理人才的政策倾斜力度，在薪资待遇、住房保障、晋升通道等方面予以政策支持，吸引高素质社区治理人才充实至社区人才队伍，并建立智慧社区建设人才库，完善人才储备工作机制；另一方面，加大现有社区工作队伍的培训力度，针对社区两委工作人员、网格人员队伍等社区工作队伍，积极开展深化智慧社区理念认知、提升智慧治理能力水平和现代数字素养的多元培训，着力强化智慧社区治理人才队伍建设。三是强化社区志愿者培育工作。社区志愿者是智慧社区建设的重要力量，可从高校、社会组织、群团组织等外生性组织中积极吸纳志愿者参与到智慧社区治理的服务中，同步做好平台搭建、沟通维系和志愿服务转化工作，补齐治理队伍力量不足的短板，强化共建共治的社区治理格局。

数字赋能社区"三驾马车"的
运行机制与发展路径

——基于杭州市 T 社区"小区码"的经验观察

姚　远　程梦莹*

一、问题提出与研究回顾

一直以来,隶属于行政社会系统的居委会、隶属于业主社会系统的业委会和隶属于市场经济社会系统的物业公司,既是基层社区生活管理的"三驾马车"[1],又是城市社区服务的主要供给者。然而,从当前实际情况来看,居委会、业委会、物业公司三者之间的非理性博弈[2]、定位模糊、职责交叠、信息不对称等问题导致我国社区在日常管理过程中频频出现职能缺位、错位等"社区失灵"情况,突出表现为部分物业服务意识淡薄[3]、部分业委会自身定位错误、居委会工作负担重[4]且缺乏专业知识等。总体而言,大家对社区或小区问题"归谁管、怎么管"各执一词,居委会担心职责"越位",物业公司囿于成本问题、业委会局限于难履职、履职难问题,三者常常因缺乏统筹协调和监督管理机制而难以达成共识,是社区治理中社会矛盾的基层折射,这些矛盾一经累积,居民对社区满意度便大打折扣。针对这些问题,北京、上海、广州、成都等地也纷纷开展数字技术驱动"三驾马车"协同处理社区事务的举措,并取得了不错的建设成效。这说明在数字赋能

---

　　* 作者姚远系杭州国际城市学研究中心研究人员,工程师,研究方向:城市规划;程梦莹,上海财经大学公共经济与管理学院博士研究生,研究方向:城市治理。

　　1 李友梅.基层社区组织的实际生活方式——对上海康健社区实地调查的初步认识[J].社会学研究,2002(04):15-23.

　　2 史云贵.当前我国城市社区治理的现状、问题与若干思考[J].上海行政学院学报,2013,14(02):88-97.

　　3 严梅.社区管理与物业管理的融合创新模式[J].企业经济,2013,32(08):165-168.

　　4 张桂兴.关于居委会的地位作用和存在问题[J].城市问题,1992(04):62-65.

驱动之下,通过技术手段划清居委会、业委会、物业公司三者之间的职责范围和解决各主体间信息不对称等问题是至关重要的。

在中国住房改革中,一些新的机构,如居民委员会、业委会和物业管理公司的出现,逐渐取代提供邻里服务的工作单位系统[1]。城市社区居委会既是国家权力的代理人,又是居民利益的代言人,既要代表国家行使好权力,又要代表居民维护好权利[2]。业委会作为新型社区自治组织,是代表一定居住区域内的全体业主对物业实施自治管理的组织[3]。在社区转型过程中,国家行政力量逐步消退,市场力量和社会力量日益增强,物业公司作为一个营利性的市场机构,受业主或业委会的委托,按照物业管理服务合同进行专业管理服务和提供公共用品,由此也出现了居委会和业委会之间的利益博弈、物业公司与业委会之间的利益博弈以及物业公司和居委会之间的利益博弈现象[4-6]。为此,既要从法律法规、规范体系、功能定位、权责体系等方面理顺城市社区多元主体关系[7],也可以从基层党组织出发,深化居民利益表达、纠纷调解渠道,弥补物业管理缺位的短板[8]。厘清居委会、业委会和物业公司之间的错杂关系有利于摸清城市社区治理主体间的社会矛盾,这也是实现城市基层社区自治的关键所在。作为国家、社会和市场的投射,居委会、业委会和物业公司理应通过独立自治的主体身份,承担各自范围内的公共事务[9]。在数字技术赋能作用下,城市基层数字治理兼具塑造功能、促进功能、形成功能以及融合功能[10],具体而

1 Bray D. Building "Community": New Strategies of Governance in Urban China[J]. Economy and Society,2006(04):530-549.

2 王谢平,郝宇青.双重角色的社区居委会何以调处多元主体参与社区治理——政治技术视角的分析[J].社会科学,2021(08):56-67.

3 李友梅.基层社区组织的实际生活方式——对上海康健社区实地调查的初步认识[J].社会学研究,2002(04):15-23.

4 Liu D.,Li Z. G. and Guo Y. The impacts of neighbourhood governance on residents' sense of community:a case study of Wuhan,China[J]. Urban Research and Practice,2022(5):732-750.

5 张磊,刘丽敏.物业运作:从国家中分离出来的新公共空间 国家权力过度化与社会权利不足之间的张力[J].社会,2005(01):144-163.

6 王梅.利益博弈视角下当代中国城市社区政治与国家政治的互动[J].北京行政学院学报,2014(04):47-52.

7 李小博.城市社区多元主体关系困境及其破解的法治路径[J].领导科学,2020(18):24-27.

8 吴晓林.党如何链接社会:城市社区党建的主体补位与社会建构[J].学术月刊,2020(05):72-86.

9 李利文.城市社区治理效能与影响:浙省个案[J].重庆社会科学,2016(12):47-55.

10 邓念国.城市基层数字治理的创新动因及运行机制——以H市三个街道实践为例[J].天津行政学院学报,2022(03):24-33.

言,这种技术与治理的结合实现了人与组织的融洽、政社关系的互动以及治理要素的重构[1],数字技术作为现代社会必不可少的生产要素,为多元主体的利益诉求提供了充分表达的数字化平台。为此,区别于传统的线下协商议事平台,数字平台的搭建更能精准识别居民矛盾、快速处理居民问题、准确反馈居民诉求。

综上所述,现有关于居委会、业委会以及物业公司的利益协调研究主要聚焦主体间利益矛盾的调解,然而在数字技术高速发展的时代背景下,技术的嵌入使得城市社区治理格局由原先的"行政主导"不断向"社区自治"转化,多主体协商议事已然成为城市社区治理的新常态。鉴于此,本研究以杭州市 T 社区"小区码"为例,结合当前居委会、业委会、物业公司三者间的利益矛盾,重点探讨"小区码"作为"三驾马车"启动器的运行机制及其在基层治理现代化中的重要作用,提出"小区码"进一步赋能城市社区治理现代化的现实路径。

二、理论分析框架

赋能(Empowerment)是个人或组织在学习、参与以及合作过程中,获得掌握相关事务的能力。数字赋能(Digital Empowerment)是赋能理论(Empowerment Theory)在信息时代的延伸和发展,是在大数据、云计算、人工智能等技术的应用和支持下,从心理学、行为学视角给被赋能者以动力支持和鼓励,即在新兴数字技术的基础上,依托平台、技术、场景等载体,激发和强化行为主体自身的能力,解决主体行为过去所不能解决的问题[2]。将数字技术运用到社区治理过程中,可从权力和资源两个维度进一步阐述数字技术何以赋能社区"三驾马车",从而在提高社区治理效能的同时,促进社会资源的优化配置。

赋能主要包括两个方面,一方面是赋予权力,另一方面则是赋予资源。在权力方面,突出表现在基础性权力的维系与支持。权力从产生、分配、运作到反馈都依赖于特定的场所或某个特定互动情境。正如私权的核心是"自由",社会权力的核心是"自治",国家权力的核心是"强制力",基层群众自治权在本质上属于一种社会公权力,源于成员让渡,经国家承认而获得合法性[3-4]。对权力的赋予

1　胡卫卫,张迪.城市社区智慧治理共同体的建构逻辑及运行机制研究——基于成都市成华区"智慧·家空间"的实证考察[J].电子政务,2022(09):15-26.

2　李燕凌,陈梦雅.数字赋能如何促进乡村自主治理?——基于"映山红"计划的案例分析[J].南京农业大学学报(社会科学版),2022,22(03):65-74.

3　江平.社会权力与和谐社会[J].中国社会科学院研究生院学报,2005,(04):29-36+141.

4　王振标.论作为社会公权力的基层自治权之本源[J].北方法学,2018,12(06):24-34.

也即权力的转移,表现为从强制性权力向基础性权力的转变,更加赋予了基层治理的自主性与灵活性,而在权力转移过程中,弹性化制度的保障与落实赋予基层多元主体参与治理的自主性,与传统稳定性的科层制形成了鲜明对比,而基层社区作为科层制结构末梢的延伸,享有相当程度的自主性。

在资源方面,表现为配置性资源的赋予,涉及人、财、物等相关性资源。基层负担是指基层人员因缺乏必要的资源(包括权力、时间、技术和能力等)而无法顺利完成其角色任务时所体验到的一种压力[1]。基层负担过重主要源于其资源的匮乏。因此,为缓解基层负担过重的问题,可以通过向基层赋予一定的资源加以支撑,如向基层增派人手、提供必要的资金支持以及加强基层相关基础设施建设等,通过资源倾斜以缓解基层过载化、一般化等社会问题。

居委会、业委会、物业公司三方主体之间的利益博弈是影响社区治理稳定性与持续性的重要因素。当涉及社区公共利益时,多元社区治理主体基于自身利益,不仅难以达成利益共识[2],还会导致社区治理失灵、公共资源弥散、集体行动困境、群体利益损失等困境[3]。在数字赋能之下,如何通过集成创新协调好社区治理主体间的利益、推进城市社区的协同发展是化解城市社区突出问题的关键所在。本研究则采取单案例研究方法,选取 T 社区"小区码"为研究对象,主要选取原因在于 T 社区深入贯彻落实中央、省、市、区关于推进基层治理体系和治理能力现代化、浙江省数字化改革等相关要求的过程中,针对长期以来居委会、业委会、物业公司之间定位模糊、职责交叠等难点、痛点问题,该社区通过创建"小区码"三方协同治理平台的方式,以破解小区治理中边界不清、沟通不畅、运作不力等问题为重点,充分发挥社区党建统领的突出作用,激发"三驾马车"的内生动力,形成一体化的数字运作机制以及联动共治的工作格局,并取得了不错的治理成效。

三、运行机制:作为"三驾马车"启动器的"小区码"

T 社区是杭州市 J 街道第一个城市型社区,也是杭州火车东站边的门户社

---

1 颜昌武,杨郑媛.加压式减负:基层减负难的一个解释性框架[J].理论与改革,2022,(01):76-86.

2 周敏晖,郝宇青.实现美好生活必须构建城市社区共同体——学习习近平关于社区治理的重要论述[J].党政研究,2022(06):81-89+127.

3 张艳国,李非."党建+":化解城市社区治理多元主体间矛盾的新路径[J].江西师范大学学报(哲学社会科学版),2022(05):11-18.

区,下辖 HJ 公寓、HJ 天城两个小区,总建筑面积 34 万平方米,其中 HJ 公寓住宅建筑面积 26 万余平方米,共有 18 幢高层居民住宅大楼,可入住 1 899 户居民家庭,目前入住率约 95％,常住人口 8 000 余人。但是从 2010 年开始,部分楼幢内公共区域的墙面砖开始剥落,并发生了瓷砖脱落伤人事件,在这期间,HJ 公寓经历了维修资金"蒸发"、开发商"跑路"、业委会"真空"、舆论压力过大以及协调困难等各种状况,历任三届业委会都没能真正推进。

为进一步处理好各方之间的权责分配、归属问题,自 2021 年 3 月以来,T 社区试点建设实施"小区码"一屏式四方协同服务治理平台,通过监督与协调、整合与反馈以及支持与服务等手段协同多方利益,聚焦治理服务新需求,有效提升社区自我管理、自我服务、自我监督的精细化、精准化以及数字化水平。自上线以来,"小区码"的相关做法和成效陆续得到人民日报客户端、《浙江日报》《杭州日报》等在内的众多主流媒体的积极报道。其中,《一码当先》微视频在上城区"新起点 新动力"暨纪念建党 101 周年党员教育电视片观摩交流活动中荣获一等奖。该数据平台的做法还被评为 2022 年度第一届数据安全"十佳优秀案例"之一。

（一）监督与协调机制:打造三方协同的功能单元

党组织是凝聚思想共识、实施社会行动的战略主体。在街道党工委、办事处的指导下,"小区码"从设想提出、方案谋划、场景构建到运行实施,先后邀请市房保局、区数据局以及社区治理联盟等单位,通过调研会、专家研讨会、专题座谈会等方式,不断推动"小区码"场景的落地运行和调整完善。在场景运行上,由社区党组织主导实施,通过社区、物业、业委会三方协同,让"小区码"更为民、更惠民、更便民。为进一步方便老人、行动不便人士使用此功能,"小区码"平台又新增了多媒体信息终端,既可以发语音,又可以拍照、拍视频沟通。在功能设置上,将"社区党建"作为场景建设的核心板块,牢牢把握场景的组织引领作用,延伸了党在基层的工作触角。

随着城市化进程的进一步加快,社区治理难题不断涌现,社区居委会、业委会和物业公司"三驾马车"功能作用的发挥直接关系到居民群众的切身利益。T社区作为 J 街道第一个城市型社区,靠近高铁枢纽,出租房安全、流动人口管理、周边噪声扰民等社区外部问题较为突出。除此之外,社区内部的民生矛盾同样也较为复杂,如果仅靠社区居委会、业委会或物业公司其中一方的单打独斗远远不行。"我为什么会把这三者的职责能够再给他强调明确,因为在我们社区实际工作开展中,很多老百姓搞不清社区到底是干什么的、物业到底是干什么的"(T社区工作人员,访谈资料)。针对这些问题,"小区码"的出台旨在协调好社区、物业、业委会三者间的社会关系,居民随手用微信一扫,分类清晰的社区服务项目便出现在手机上。有什么事情需要处理,只需要一次提交,便能自动进入三方协同后台,启动办事流程,处理进度随时可在手机上查看。

(二)整合与反馈机制:打造三治融合的治理单元

政府要实现有效的社会整合,必须控制充足的经济和社会资源,通过资源分配将社会吸附在政府组织体系内[1]。首先,信息对称、公开、及时反馈和沟通是社区协商议事和事务决策处置的重要基础,自"小区码"正式上线以来,T社区又多了一条协商议事渠道。目前来看,"小区码"的操作步骤仅需四步:一是微信识别二维码,进入公众号;二是点击菜单"小区码"进入小程序;三是点击"小区码"任意功能填写基础信息;四是提交认证审核通过后,即可开启"小区码"使用权限。通过"小区码"平台注册认证,构建小区住房、商铺、小区基础设施等"三实"动态基础数据库,居民通过提交姓名、身份证号、手机号及房号四项基础信息实名注册"小区码",与居民门禁卡绑定,最大程度实现居住人口底数的精准化,而对"一老一小"等无智能手机的居民来说,则采取后台录入的方式完成信息登记,为小区日常治理服务提供精准数据支撑。

随着T社区"小区码"的进一步推广与升级,更多带来便利的服务功能被居民所熟知。一是即查即看。在"小区码"公告上,即可随时查看整齐分类的社区资讯、业委会公示文件、物业工作总结以及附近的银行、药店、超市的地址路线等,实现数据信息"一键直达"。二是细化服务。针对特殊服务群体,打造无障碍社区。T社区依托"小区码"已组建8名独居空巢老人、11名残疾人、1户计生特殊家庭、25名退役军人等特殊群体终端服务库,根据不同人群特点细化个性化服务。如针对独居老人,通过门禁卡、水电气等使用记录情况,定向提示网格社工走访上门,确定人员安全。目前,T社区45名特殊人员的数据信息全部纳入终端服务库。另外"小区码"还有联系物业、投诉建议功能,其功能背后是社区、物业、业委会三方的共同协力,为社区居民及时分类解决生活服务相关问题。三是传递要闻。点击"小区码"小程序,首页显示小区要闻,可第一时间接收社区、

---

1 徐勇.论城市社区建设中的社区居民自治[J].华中师范大学学报(人文社会科学版),2001(03):5-13.

物业、业委会发送的重要通知,告别传统楼道纸质通知信息传递不及时或没看到的困扰。四是一键开门。业主绑定信息后,可使用"小区码"一键开门。通过点击小程序的开门按钮,或是扫一扫小区大门及单元门口的"开门码"就可以实现开门动作,减少反复接触,同时也在避免业主因需要录入人脸信息有所顾虑的同时,为小区安全管理增添助力。

（三）支持与服务机制：打造三方流转的场景单元

美国芝加哥大学特里·N.克拉克教授提出场景理论。其认为,城市发展到一定阶段（特指后工业时期）后,原有以土地、租金以及围绕此展开的其他收益所构成的城市增长动力日趋衰弱,然而由城市舒适物设施、多样人群及活动所构成的组合式场景为市民的文化艺术参与提供了诸多可能[1]。在"小区码"场景建设过程中,通过邀请小区物业、业委会参与跟进,听取相关工作意见和建议,细化并明确物业、业委会在场景运行中所承担的工作职责。目前,"小区码"特别设置了"三方流转"专板,全流程展示了社区、物业、业委会三方工作函件、三方协同信息,如在小区墙面瓷砖的修复工作中,"小区码"全程展示了从方案选定、工程采购、施工进度等流程,居民可以实现一屏监管全程。基于居民的问题反馈,通过"线上＋线下"的受理模式,采取处置反馈闭环,倒逼社区、物业、业委会服务治理能力的提升。

"社区文化包含物质生活条件、精神风貌、生活规范和社区团体、组织等四项基本内容,其中社区文化的物质生活条件指的是经过社区人改造的自然环境和创造出的一切物质财富。"[2]将社区文化与"小区码"相结合,打造具有 T 社区鲜明特色的文化品牌,活化社区生活新业态,如开展一系列文化活动、定期举办文化交流活动等,经由"小区码"统一报名,及时送达信息,自动调整人员配比。与此同时,社区居民还可以根据自己的兴趣爱好和服务需求在"小区码"上提意见,促进社区多元文化活动的顺利落地与及时宣传。目前,通过 T 社区"小区码"报名并发起文化活动已 10 余场,参与人次多达 191 余人。从活动的召集、报名、问卷调查以及小区投票让居民在小区的文化生活和协商议事中更有社会参与感,拉近社区邻里之间的物理空间距离,重构"熟人社会"。总的来说,作为"三驾马车"启动器的"小区码"在 T 社区已初步形成齐头并进、同频共振、同向发力的局面,是不断推动中国式社区治理迈上新台阶的成功案例。

---

1 陈波.基于场景理论的城市街区公共文化空间维度分析[J].江汉论坛,2019(12)：128－134.

2 刘庆龙,冯杰.论社区文化及其在社区建设中的作用[J].清华大学学报（哲学社会科学版）,2002(05)：19－24.

四、发展路径:"小区码"赋能社区治理的提升之路

为深入探索构建数字化背景下的城市居民社区治理共同体以及建设集约、开放、融合、共治、数字、人文的"六型"服务家园,"小区码"在社区治理中发挥统筹协调、监督管理的重要作用,以破解社区、物业、业委会三方协同困境,试图从党建统领、权责明晰、数字赋能以及功能复合四方面构建最小现代化治理单元体系,提升城市社区治理数字化水平。

(一)党建统领是"小区码"驱动"三驾马车"的价值导向

2023年,《党和国家机构改革方案》中指出将由中央社会工作部统筹推进党建引领基层治理和基层政权建设。党建作为成就"中国之治"的助推器,以强化基层党组织"龙头"牵引作用为关键核心,不断完善社区自治共治架构,调节居委会、业委会、物业公司"三驾马车"在社区治理中的功能作用。鉴于此,一是完善党建统领机制。社区居委会作为社区治理的"平衡器",联合物业、业委会共同"搭台唱戏"。因此,通过提高业委会成员中党员比例、积极推动物业行业党建等方式,提升社区、物业、业委会的工作效率和综合管理服务水平,有利于破解当前社区"三方协同"的治理难题。街道层面理应积极鼓励党员骨干和居委会成员通过法定程序"加盟"业委会,加大各方交叉任职力度,健全业委会相关组织,提升党建统领下的居民自治能力。

二是继续探索"小区码"社区党建模块。基于社区党建特性,做好党员学习、群团活动预告以及活动回顾等基础,在"小区码"场景中进一步增加楼栋党员风采、群团组织、社区党建咨询、社区申请入党等特色内容。除了居委会、业委会以及物业公司以外,中国基层治理还活跃着大量社会组织,可以使社区党员力量以最小治理单元凝聚起来,将党建统领作为一根红线贯穿于城市社区治理的始终,使之成为党员了解掌握政策新动向、领导新指示、工作新动态、实践新成果的主窗口,助推物业服务质量的稳步提升,形成组织共建、资源共享、实事共做的党建共建格局,推动党建统领下"三驾马车"的有效运转。

三是基于"小区码"党建平台与相关企事业单位联合开展党建共建活动。随着基层政权建设的不断强化和工作重心的进一步下沉,要积极搭建行之有效的交互协商平台,以完善城市社区治理体系,优化现有社区治理方式。具体而言,针对老旧小区电梯加装、居民矛盾调解等民生问题,依托"小区码"党建交流平台定期召开党建联合会、党建交流会以及联席会议,促进居民群众与物业、业委会

间的沟通、交流、协商。鉴于此,通过完善党建信息化平台提高社区组织力与领导力,以红色物业和红色业委会为有效抓手,深化物业党建联建"一盘棋",采取党群结对帮扶、线上事项办理等方式积极回应居民多样化诉求。

（二）权责明晰是"小区码"驱动"三驾马车"的目标策略

"明确职责体系,是数字政府建设和数字治理的先导条件。"[1]权责明晰有利于明确居委会、业委会以及物业公司在社区治理中的权力和职责归属,避免相关主体、部门"推诿扯皮",致使治理与服务"悬空"。"小区码"的设立旨在划分居委会、业委会以及物业公司的职责,畅通政府与居民的沟通渠道,引导辖区群众自我管理、自我服务、自我教育和自我监督。一方面,要规范居委会、业委会以及物业公司的权责。明晰居委会、业委会以及物业公司在"小区码"平台上的职责归属和三者的工作内容,明确社区各主体的工作任务和事项,将业委会办公区域视为社区物业管理的"桥头堡",积极搭建业主协商议事的数字基地。与此同时,还可通过引进第三方专业机构在"小区码"平台上对居委会、业委会以及物业公司的治理与服务水平进行综合打分评价,规范三者间的工作标准。除了第三方专业机构的评价,还要吸纳社区居民的意见反馈,要以过程性评价考核为主,切实避免操作形式化。

另一方面,加强对物业公司的绩效考核。通过公开绩效考核标准,对物业服务质量达标进行量化考核,加大评估考核力度,如开展现场检查和满意度调查,细化考核内容,从而提高社区物业的服务水平和社区运营的可持续性。此外,还可以依据物业管理规定以及物业服务规范等政策法规及规范性文件,对社区物业服务的几个部分进行满意度调查,依托"小区码"平台发放并收集问卷,由调查人员以第三方身份通过平台对物业服务检查内容征询业主意见,采集客观数据,及时反馈业主评价,进而将综合评分作为物业达标奖励的重要依据,提升社区物业的总体服务水平。

（三）数字赋能是"小区码"驱动"三驾马车"的技术支撑

作为新的理论命题,"数字技术赋能是以互联网、大数据、人工智能为代表的数字技术通过对社会治理的传统要素变革和重组的过程,并萌发孕育新要素,数据生产、处理、存储、传输和交换等不断拓展了人类经济社会和治理的过程,并彰显出巨大的能动力、替代能力,进而通过这种能力产生所谓的赋能效应。"[2]2022

1 吴晓林.数字治理应以明确职责体系为先导[N].光明日报,2023-03-28(2).
2 周济南.数字技术赋能城市社区合作治理:逻辑、困境及纾解路径[J].理论月刊,2021(11):50-60.

年,国家网信办发布的《数字中国发展报告(2021年)》显示,浙江数字化综合发展水平居全国第一[1]。在此背景下,一是要继续依托浙江省数字化改革的发展契机。通过专项资金投入,大力开发"小区码"平台的多项功能、场景,打造一批多部门多场景的综合应用,推动智治体系的整体性优化和系统性重塑。其次,政府部门可以通过税收、政策性贷款等经济手段激励企业对"小区码"等相关社区服务设施的投入,同时还可以鼓励物业服务企业承担更多的企业社会责任,在物业管理费中捐出部分资金投入到社区建设中,并给予税务方面抵扣[2]。

二是依托区域数字化能力加强与电子业主卡合作,促进"小区码"数据资源的整合。由党组织领导,民政、住建、教育、卫健等部门共同推进"小区码"数字平台建设,通过与住房信息合作对接,打通住建、消防、房管、卫健等部门的数据信息,继续完善小区住房、商铺、硬件基础设施等"三实"数据,提高社区区域性数据应用水平。基于大数据算法模型和分类系统,从门禁卡数据、一键开门活跃数据、租户租期管理等功能维护数据更新以及数据系统化和精细化处理,加强与数字服务平台等相关部门的合作,从登记房产所有人信息方面进行技术对接,提高数字化应用水平。

三是加强"小区码"数字平台的数据安全防范,规范数字平台的使用权限。数字安全一直是数字时代十分重要的研究话题。根据CNNIC发布第47次《中国互联网络发展状况统计报告》显示,截至2020年12月,我国网民规模为9.89亿,互联网普及率达70.4%[3]。数字政府、电子政务服务建设已基本覆盖基层社会服务整个过程中,针对"小区码"平台上的居民个人信息安全,需要加强数字安全监管,通过引进第三方机构建立安全监督机制,强调政府在数据平台、数字系统的主导性地位,确保公共数据的可靠性,以保障居民个人隐私安全,增强居民对"小区码"数字平台的信任度与接纳度。

(四)功能复合是"小区码"驱动"三驾马车"的必要条件

当数字技术作为新生产要素嵌入到城市社区多元主体协同治理中,会不断催生新的社区治理理念、重塑新的社区治理模式、构建新的社区治理机制。2022

---

1 浙江新闻客户端.数字中国发展报告发布 浙江数字化综合发展水平居全国第一[EB/OL].[2022-08-18] https://www.zj.gov.cn/art/2022/8/18/art_1229514439_59819741.html.

2 卫志民.中国城市社区协同治理模式的构建与创新——以北京市东城区交道口街道社区为例[J].中国行政管理,2014(03):58-61.

3 中国网信网.CNNIC发布第47次《中国互联网络发展状况统计报告》[EB/OL].[2021-02-03] http://www.cac.gov.cn/2021-02/03/c_1613923422728645.htm.

年，《浙江省城乡现代社区服务体系建设"十四五"规划》中指出以数字技术为支撑，持续推进民政大脑建设，开发社区议事协商、政务服务办理、社区养老、社区医疗等网上社区服务项目应用。在数字平台的支撑下，继续开发"小区码"新场景，丰富并完善现有物质环境，给社区居民带来数字化的便捷生活体验。

一是优化社区公共服务。结合当前现代社区或无障碍社区的打造契机，优化提升社区无障碍设施的相关功能配套，保障残疾人、外籍人士等相关特殊群体的生活品质和服务需求。比如，T社区作为杭州市国际化社区试点之一，可以尝试开发"小区码"英文版本，在现有功能配套的基础上加强对外籍人士等特殊群体的照顾，如增加旅游景点英文介绍、增加外籍人士线上办事等公共服务，落实"最多跑一次"政策，以适应"小区码"国际化、现代化、数字化转型，提高社区现代化建设水平。

二是加强重点人员管控。依托"小区码"平台继续加大对精神障碍、信访维稳等重点人员的动态管控，通过比对其门禁卡等使用记录，及时做好相关人员的联系核查工作，最大程度保障人员在管在控，助力基层治理能力提升，为小区安全"加码"。除此之外，还可以基于现有城市社区微网格建设，通过最小单元划分，在保持"社区-网格-微网格"架构不变和"小区码"数字平台正常运行的基础上，在社区微网格内进一步细分包干区域，定人定量定区域，通过感知、传递、协助等方式，发挥及时掌握微网格内人员变化、及时将感知到的各类信息传递给所属网格、配合网格力量维护好本微网格的平安稳定等作用。

三是创新社区服务功能。目前，社区党建涵盖组织架构、党员风采、楼栋党员亮相、群团组织、党群服务中心活动、居民入党申请等功能；管理板块包含平台数据概览、房屋管理、住户管理、权限管理等功能；日常板块包含居民常用的联系社区、联系物业、联系业委会、通讯录、信息通知、邻里论坛等。结合人工智能、5G等新兴技术不断推进"小区码"功能板块的迭代升级，综合提升城市社区的数字化服务水平及治理效能，充分发挥"小区码"在社区治理现代化中的突出作用，赋能城市社区治理的高效化、智慧化与现代化。

五、总结

自2021年3月以来，杭州市T社区围绕探索构建数字化改革背景下的城市居民社区治理共同体，破解社区、物业、业委会三方协同困境，试点建设实施"小区码"一屏式四方协同服务治理平台，通过整合多方协同力量，聚焦治理服务新需求,有效提升社区自我管理、自我服务、自我监督的精细化、精准化和数字化水平。从当前"小区码"的运行实践来看,其在社会治理现代化中的运用极大地创新了社区治理新模式、优化了社区服务新路径以及打造了社区生活新业态,进一步赋能城市社区多元主体的协同参与。然而数字技术的运用在提高基层治理效能的同时,也面临着诸多问题与挑战,将数字技术的主动权转移到技术垄断者手上,很有可能导致技术资本的出现与固化;其次,当数字技术将资源禀赋转移到技术主导者,有可能会导致基层负担越减越重,反作用于社区"三驾马车"。为此,需要进一步发挥"小区码"在社区数字平台的积极作用,强化社区居委会、业委会、物业三方协同合作能力,破解小区治理碎片化、一般化等相关问题,积极回应居民生活诉求。

本研究在结合个案分析的基础上,试图从权力和资源两个方面深入探讨数字技术何以进一步赋能社区"三驾马车"协同参与。本研究的创新之处在于结合了个案研究的特殊性,与赋能理论对话,丰富并拓展了该理论的研究范围与实际内涵。然而还存在一定不足之处,如本研究仅对个案进行分析,忽视了案例研究的复杂性,在今后研究中可以结合多案例分析;此外,本研究仅从定性视角进行分析,缺乏量化数据的客观评价,具有一定的研究局限性。

数据驱动的县域社会治理现代化研究

凌从礼 黄 炎 斯浙柯[*]

一、研究背景

（一）社会治理现代化概念的提出与发展

1. 社会治理现代化的国家布局

"社会治理"的概念在党的十八届三中全会通过的《中共中央关于全面深化改革若干重大问题的决定》中首次提出，作为国家治理的重要组成部分，标志着我国社会发展模式实现了从"社会管控"到"社会管理"再到"社会治理"的历史性跨越[1]。按照全球治理委员会的定义，"治理是或公或私的个人和机构经营管理相同事务的诸多方式的总和[2]。"社会发展模式从管理跃升为治理，是党和国家科学应对新时代社会发展变化作出的伟大战略选择。

党的十九届四中全会通过的《中共中央关于坚持和完善中国特色社会主义制度、推进国家治理体系和治理能力现代化若干重大问题的决定》，从社会治理制度建设出发，明确完善党委领导、政府负责、民主协商、社会协同、公众参与、法治保障、科技支撑的社会治理体系，建设人人有责、人人尽责、人人享有的社会治理共同体，进而建设确保人民安居乐业、社会安定有序的更高水平的平安中国，并从人民内部矛盾有效处理机制、社会治安防控体系、公共安全体制机制、基层社会治理新格局、国家安全体系等方面作出详细部署。

---

* 作者凌从礼系杭州城市大脑有限公司智慧城市研究院院长；黄炎系杭州城市大脑有限公司智慧城市研究院数字化研究员；斯浙柯系杭州城市大脑有限公司产品经理。

1 王雪珍.增强社会治理多元主体合力的路径选择[J].天津行政学院学报，2017，19(2)：5.DOI：10.16326/j.cnki.1008-7168.2017.02.010.

2 The Commission on Global Governance. Our Global Neighborhood[M].1 st. Oxford：Oxford University Press，1995.

党的二十大报告进一步从社会基层坚持和发展新时代"枫桥经验"、推进市域社会治理现代化、强化社会治安整体防控、发展壮大群防群治力量等方面,对我国社会治理体系进行了有机更新完善,并着重要求"完善网格化管理、精细化服务、信息化支撑的基层治理平台,健全城乡社区治理体系,及时把矛盾纠纷化解在基层、化解在萌芽状态"。

国家《"十四五"规划和 2035 年远景目标纲要》在"全面提升城市品质"章,明确以"坚持党建引领、重心下移、科技赋能"为导向,按照"不断提升城市治理科学化精细化智能化水平"的路径,推进市域社会治理现代化。在"增进民生福祉提升共建共治共享水平"篇,将普惠性、基础性、兜底性民生建设,缩小地区、城乡和收入差距,促进共同富裕等作为完善共建共治共享的社会治理制度的出发点和落脚点。同时,在"构建基层社会治理新格局",对健全党组织领导的自治、法治、德治相结合的城乡基层社会治理体系作出具体擘画。

不难看出,经过十余年的理论完善和实践丰富,党和国家的社会治理现代化顶层布局架构愈发健全,社会治理现代化的制度体系愈发完善。

2. 社会治理现代化的学术研究

社会治理现代化包含治理体系和治理能力两方面,两者构成一个有机整体。[1] 推进社会治理现代化就是要使治理体系和治理能力适应现代社会发展的要求。[2] 当前,关于社会治理现代化的学术研究,大体围绕"市域社会治理""县域社会治理""基层社会治理"等主题,从政治、经济、技术等专业维度展开。

徐汉明[3]认为推进市域社会治理现代化,着眼点是以人的现代化为核心,关键点是以社会治理机制创新为动力。胡宁生[4]认为由政府、市场和社会三者的协同和互动构成的中层子系统在其中起着关键作用,围绕重塑城市与政府、社会、市场之间的关系,提出政府、市场和社会新型协同互动。刘贤军[5]认为县域社会治理,基本前提是发展经济,核心引领是加强党建,坚实基础是群众工作,内

---

1 俞可平.推进国家治理体系和治理能力现代化[J].前线,2014.

2 李景鹏.关于推进国家治理体系和治理能力现代化——"四个现代化"之后的第五个"现代化"[J].天津社会科学,2014(02):57-62.DOI:10.3969/j.issn.1002-3976.2014.02.008.

3 徐汉明.市域社会治理现代化:内在逻辑与推进路径[J].中国社会科学文摘,2020(6):2.

4 胡宁生.国家治理现代化:政府、市场和社会新型协同互动[J].南京社会科学,2014(01):80-86.DOI:10.3969/j.issn.1001-8263.2014.01.011.

5 刘贤军.县域社会治理的关键点[J].中国党政干部论坛,2016(3):1.

在要求是良性互动。魏来[1]等人总结基层治理面临着治理转型滞后、治理主体虚化和治理能力弱化等发展困境，提出以治理转型、主体再造和能力提升等作为化解之策，逐步实现基层社会的善治。樊红敏[2]等人从治理过程、治理效果两个维度设计政府治理、社会自发治理、村（居）民自我治理、居民生活质量、社会发展质量五个三级指标，为推进社会治理的科学化和精细化提供依据。何雪松[3]等人提出县域社会治理的现代化需要坚持"以人民为中心"的价值观，强调因县施策与分类治理、统筹城乡与经济社会发展、提升社会治理能力，着力建构社会治理共同体。李韬[4]提出数字化时代社会治理创新的路径，包括提高领导和驾驭互联网的能力，引导多元主体规范有序参与社会治理，以技术赋能社会治理。张新生[5]提出基于大数据应用的公共服务供给侧改革思路，将数据全面介入公共服务的需求表达、信息挖掘、协同治理、评价反馈等全流程，在每个环节充分嵌入大数据治理理念、资源与手段，形成基于大数据应用的闭环体系。张海波[6]提出通过大数据驱动的整体性治理、精准化治理和参与式治理可以成为中国社会治理系统升级的努力方向，大数据可以通过信息共享、数据挖掘和在线互动来促进整体性治理、精准化治理和参与式治理。王磊[7]等人认为数据是人工智能时代的一种治理要素，数据价值转变影响了政府决策过程和评估其政治行为结果的方式，促使甚至迫使政府改变他们的决策和治理模式。

　　总体而言，社会治理现代化是一个宏大的长期命题，国家关于社会治理现代化作出的战略布局以及不断涌现的社会治理现代化学术研究，共同为数据驱动的县域社会治理现代化研究提供了行动方向和理论参考。但是，在运用数据推进县域治理现代化过程中，仍存在理论失焦、实践盲目等现象，亟须新的破解之

　　1 魏来,胡莉.基层社会治理：实践特征、发展困境与化解之策——首届县域治理高层论坛综述[J].社会主义研究,2016(1)：5.DOI：CNKI：SUN：SHZY.0.2016-01-024.

　　2 樊红敏,张玉娇.县域社会治理评价体系：建构理路与评估框架[J].河南师范大学学报：哲学社会科学版,2017,44(1)：6.DOI：10.16366/j.cnki.1000-2359.2017.01.004.

　　3 何雪松,覃可可.城乡社会学视野下的县域社会治理现代化[J].社会科学辑刊,2021(4)：7.

　　4 李韬.推动数字化时代的社会治理创新[J].社会治理,2019(11)：4.

　　5 张新生.创新社会治理：大数据应用与公共服务供给侧改革[J].南京社会科学,2018(12)：7.DOI：CNKI：SUN：NJSH.0.2018-12-010.

　　6 张海波.大数据驱动社会治理[J].经济社会体制比较,2017(3)：10.DOI：CNKI：SUN：JJSH.0.2017-03-007.

　　7 王磊,陈林林.人工智能驱动下智能化社会治理：技术逻辑与机制创新[J].大连干部学刊,2019,35(2)：7.DOI：CNKI：SUN：DLGB.0.2019-02-012.

道,从而加速发挥数据要素的创新驱动应用,为提高社会治理水平,构建和谐、有序、高效的现代社会提供有力支撑。

(二)数据在县域社会治理现代化中的作用

1. 优化县域社会治理资源,打破县域治理资源瓶颈

社会治理资源是社会治理有效开展的前提基础,包括法治资源、行政资源、人力资源、资金资源、物质资源、信息资源、技术资源等,其增量投入总体上面临约束条件多、效益要求高、可持续性挑战大等压力,这种压力对于资源约束更为严重的广大县域主体而言尤其明显。比较而言,数据作为新型生产要素,具有可再生性、零边际成本低等特征,通过多源数据采集、打破系统孤岛、实现数据流通,能够汇聚形成支撑县域社会治理的数据资源池。数据资源的溢出应用,反过来将优化其他社会治理资源的配置。

2. 创新县域社会治理模式,弥合县域治理能力缺口

低效率、高成本的人工经验型治理手段普遍存在于县域治理实践之中,但明显难以适应社会治理日益增长的复杂性和时效性需求,运用大数据及其关联技术创新社会管理手段、管理模式、管理理念已成为提升县域社会治理能力的必由之路。数据驱动的县域社会治理方式,通过创新应用数据资源重构社会治理结构和方式,打造直达基层治理的丰富应用场景,促进形成数据赋能、智能运行的县域社会治理新模式。

3. 重塑县域社会治理格局,破解县域治理效能困境

部门协调和条块分割的难题导致县域治理陷入困境,而"县乡一体、条抓块统"的体制改革与"横向到边、纵向到底"的体系重构正在成为新的县域社会治理变革方向,沿着这个新方向,构建一体化支撑县域社会治理的数据底座,推动系统互通、数据互通,实现跨部门、跨层级、跨区域、跨领域的数据协同、业务协同和政企协同,将推动社会治理格局结构性优化,形成多跨、联动、闭环、整体的社会治理新格局。

二、数据驱动县域社会治理现代化的理论框架

围绕县域社会治理理念现代化、县域社会治理工作布局现代化、县域社会治理体制现代化、县域社会治理方式现代化、社会治理能力现代化等县域社会治理现代化的构成方面,专家学者从政治、法治、德治、自治、智治等维度开展过相关学术研究,自然不乏关于"数据驱动"等技术赋能型的成果。然而,就县域社会治

理现代化而言,更多的技术赋能型研究是从工程建设层面出发,很少有针对性、系统化的专题研究。理论是实践的指导,能够使实践具有方向性和目的性,从工程建设层面实现数据驱动县域社会治理现代化,离不开数据驱动县域社会治理现代化的理论建构。

（一）数据驱动县域社会治理现代化的核心内涵

数据驱动县域社会治理现代化,从宏观维度看是国家治理体系和治理能力现代化的子集,严格遵循国家治理现代化的指导原则与法治规定;从中观维度看是县域治理体系和治理能力现代化的重要组成,充分服从县域治理现代化的整体部署和统一规划;从微观维度看是在县域社会治理的各领域各环节,全面有效运用大数据资源与技术,创新县域社会治理理念、手段、模式,进而提升县域社会治理能力,完善县域社会治理体系,化解县域社会风险,优化县域社会生态的一系列有机活动过程。数据驱动县域治理现代化的内涵是与时俱进、动态演进的,在当前阶段还呈现出用数据科学制定治理战略、精准监测治理状态、精细分析治理成效、智能生成治理决策、直达赋能基层治理等价值特征。

用数据科学制定治理战略。调查显示,县城公共卫生、人居环境、公共服务、市政设施等方面存在不少短板弱项,综合承载能力和治理能力较弱,这意味着县域社会治理存在诸多挑战,县域社会治理现代化是一项长期复杂的系统工程,需要在多个约束条件下实现全局最优。如此,科学制定全面、合理、动态的县域社会治理战略十分关键。运用县域发展沉淀的历史数据,叠加先进数据工具,能够推动县域治理战略从定性转向定量、从局部转向整体、从短期转向中长期。

用数据精准监测治理状态。县域社会治理的出发点和落脚点是增进人民福祉,人民群众的感受经历与县域社会治理现代化的推进过程息息相关,县域治理的优劣直接关乎人民群众的获得感、幸福感、安全感。在社会治理为人民群众服务的语境下,任何治理行为的缺失、迟滞、变形都会影响一部分群体,造成社会治理的瑕疵。以数据驱动县域治理现代化,正是要透过数据清晰全面精准地感知观察县域社会治理的状态,及时对异常社会治理行为进行预测预警,为第一时间进行治理干预提供相应输入信息。

用数据精细分析治理成效。古德哈特定律所揭示,一项社会指标或经济指标,一旦成为一个用以指引宏观政策制定的既定目标,那么该指标就会丧失其原来具有的信息价值,这是因为政策制定者会牺牲其他方面来强化这个指标,从而使这个指标不再具有指示整体情况的作用。类似地,县域社会治理现代化的推进过程,也存在指标性目标失衡的可能性,运用数据综合全面地对治理成效进行关联性、精细化分析,评估治理成效的达成度及其成本合理度,能够为发现顾此失彼式的畸形治理行为选择提供有效依据。

用数据辅助生成治理决策。随着县域智慧城市与数字乡村建设的推进,越来越多的社会治理行为与成效在数字空间得以孪生映射,基于数字空间的决策成为社会治理决策的先导力量。按照 DIKW 理论,运用数据智能驱动的负责任决策算法与模型,挖掘社会治理数据之中存在的治理信息,构建即时全面反映县域治理的洞察知识,增强高质量开展县域治理的决策智慧,实现对县域社会与经济发展过程中的复杂问题的趋势研判和对策生成,将切实增强社会治理决策的科学性、系统性和有效性。

用数据赋能基层治理。重点面向乡镇(街道)、村(社区)的基层治理是党联系服务群众的"最后一公里",也是人民群众感知公共服务效能和温度的"神经末梢",也因此构成县域社会治理的主战场,以及数据驱动县域社会治理现代化的关键"用武之地"。数据驱动县域社会治理现代化的题中应有之义包含通过多跨数据直达基层治理,反哺推进基层数据资源建设,推动村(社区)数据综合采集与交叉碰撞验证,实现一次采集、上下共享、多方利用,着力破解基层治理中存在的难点痛点堵点问题,及时呼应人民群众多层次、差异化、个性化的新需求、新期待。

(二)数据驱动县域社会治理现代化的目标构成

目标是行动的牵引和指挥棒。显而易见,数据驱动县域社会治理现代化以数据驱动为总路径,以县域社会治理现代化为总目标。落到具体业务实践当中,需在数据驱动的路径前提下,将县域社会治理现代化的总目标细化分解成若干可衡量、有导向性、容易把握的具体目标项。基于现有政策表述、学术研究和经验总结,本文提出数据驱动县域社会治理现代化在社会治安整治、社会服务优化、社会矛盾调解、公共安全保障、共同富裕促进五大跑道领域的目标项,这些目标项具有多元性、阶段性、演进性等特征。同时,沿着数据共享、数据协同、数据智治三个从低到高的数据驱动状态,进一步将目标项划分Ⅰ级、Ⅱ级和Ⅲ级三个能级维度,总体上可以形成数据驱动县域社会治理现代化的细化目标矩阵(表1)。

表1　数据驱动县域社会治理现代化的目标矩阵

	Ⅰ 级	Ⅱ 级	Ⅲ 级
社会治安整治	以数据共享,满足立体化社会治安防控工作的实际业务需求	以数据协同,赋能形成立体化智能化的社会治安防控体系	以数据智治,实现全面预测风险、主动管控和有效打击的模式
社会服务优化	以数据共享,实现城乡基本公共服务均衡化、标准化	以数据协同,赋能形成高质量高标准的城乡社会服务新体系	以数据智治,实现城乡社会服务精准高效供给和个性化定制
社会矛盾调解	以数据共享,有效提升基层群众矛盾纠纷调解的效率	以数据协同,赋能形成社会矛盾一体化、智能化的调处体系	以数据智治,实现防范在先、发现在早、处置在小的矛盾化解模式
公共安全保障	以数据共享,及时、有效地发现县域各类公共安全事件	以数据协同,赋能形成安全态势智能预测预警和闭环管控的体系	以数据智治,实现事前防范转型的公共安全治理模式
共同富裕促进	以数据共享,减少资讯传播、机会发现、资源服务等方面的鸿沟	以数据协同,赋能形成城乡一体、智能调控的共富保障体系	以数据智治,实现信息公开、机会公平、司法公正的共富形态

（三）数据驱动县域社会治理现代化的价值模型

数据驱动县域社会治理需要通过一套基本的过程方法产生社会治安整治、社会服务优化、社会矛盾调解、公共安全保障、共同富裕促进等多元化治理价值,这套基本的过程方法以数据驱动县域社会治理的系列价值活动为核心。前文给出的制定治理战略、监测治理状态、分析治理成效、生成治理决策、赋能基层治理,构成数据驱动县域社会治理新的五大价值活动。同时,与之结合的还有以数据资源、数据应用、数据服务、数据安全为代表的技术承载型,以及以数据驱动县域社会治理的技术与行政管理为代表的组织管理型等支持性活动(图1)。

在数据驱动县域社会治理现代化的价值实现过程中,每一个价值活动的作用都能够对县域社会治理产生增益价值,如通过数据科学化制定县域社会治理战略,能够给予各级治理主体明确清晰的治理目标,减少盲目治理行为;再如通过分析治理成效,能够给予各级治理主体精细专业的治理反馈,持续优化治理过程。技术承载型支持性活动通过对数据的系列专业化治理、加工和输出,为数据驱动县域社会治理的价值实现提供硬服务。组织管理型支持性活动通过开展适

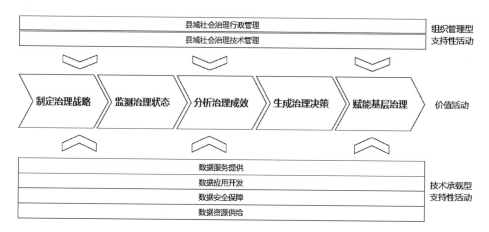

图1　数据驱动县域社会治理价值模型

配的投资、建设、应用、运营和维护等技术和行政管理，为数据驱动县域社会治理的价值实现提供软服务。多个价值活动之间的有机组合及其输出价值的有序传递，以及技术承载型支持活动与组织管理型支持活动的有效辅助，构成每个具体的数据驱动县域社会治理场景的系统性价值实现方法。

（四）数据驱动县域社会治理现代化的推进机制

本研究认为，建设、运营和固化是数据驱动县域社会治理现代化的逻辑架构在实践中的落地转化应用的三大阶段，数据驱动县域社会治理现代化通过系列建设动作构建县域社会数字治理体系，通过系列运营动作释放数字治理体系应用效能，通过系列固化动作推动应用效能转化为治理成效。

在数据驱动县域社会治理现代化建设阶段，以联系的观点和系统论的方法，围绕社会治安整治、社会服务优化、社会矛盾调解、公共安全保障、共同富裕促进等跑道，设计制定县域社会治理数据资源及应用场景"一本账"机制，明确应用场景的基本架构、目标体系、工作体系、政策体系、评价体系、业务协同模型和数据协同模型，以体系化规范化方式开展系列应用场景建设。

在数据驱动县域社会治理现代化运营阶段，以实战实效为导向，建立县域社会治理数据资源及应用场景的成效评价机制，构建乡镇（街道）、村（社区）贯通率、注册人数、日活率、使用率、满意率等核心指标体系，通过实时监测、比对分析，全方位准确评价治理场景运行与应用质量，推动场景应用的建设成果转化为县域社会治理的成效。

在数据驱动县域社会治理现代化固化阶段，以制度理性为导向，推动业务与技术等方面的指南向地方标准、国家标准上升，推动建设、管理与运营等方面的规范规定向地方条例、部门规章甚至国家法律上升，推动相关理论与经验做法成果写入相关发展规划、行动计划和专题方案等。

值得注意的是，由于数据驱动县域社会治理现代化存在诸多数据资源和应用场景的并行或梯次推进，建设、运营和固化三大阶段整体之间并没有明显界限，甚至是交叉融合进行。

三、数据驱动县域社会治理现代化的实现路径

数据驱动县域社会治理现代化的理论框架蕴含体系化治理势能，更为重要的是如何将这些体系化治理势能高效转化为持续化的治理动能。为此，本研究提出以"数据即治理 DaaG"为核心的数据驱动县域社会治理现代化的实现路径。"数据即治理 DaaG"，即以治理的数据资源为输入，以面向治理的数据应用为输出形态，实现数据为县域社会治理多层次普惠化赋能。

（一）面向"数据即治理 DaaG"的系统构成设计

随着县域智慧城市建设与数字化改革的发展，传统意义上因行政管理和地理分布而呈现离散松连接状态的县域治理，正在变得连续且紧密联动，为"数据即治理 DaaG"的系统设计指明了方向。面向未来，"数据即治理 DaaG"的系统从技术视角，以大数据推动县域社会治理现代化，最为关键的是构建具有支撑和统摄作用的系统架构。

基于前文的研究分析，本研究参考数字化改革的理论体系，构建数据驱动县域社会治理现代化的四层系统架构图，自上而下分别是目标层、实现层、服务层、资源层，并由政策制度体系、标准规范体系、组织保障体系、安全防御体系构成配套的架构运行保障机制（图 2）。

目标层是系统架构运行的方向主线，通过实战化场景编排实现层的治理价值链，实现社会治安整治、社会服务优化、社会矛盾调解、公共安全保障、共同富裕促进等领域的多能级社会治理目标。实现层是系统架构运行的治理中枢，通过制定治理战略、监测治理状态、分析治理成效、生产治理决策、赋能基层治理等环节的应用组件开发及其系统性集成，实现数据驱动社会治理价值链。服务层通过数据共享、数据协同、数据智应等方式调用公共数据资源和公共能力资源，面向县域社会治理的需求，生成可供直接调用、集成或使用的县域社会治理数据集、数据包、数据产品和数字服务。资源层是系统架构运行的数字基础，以县级

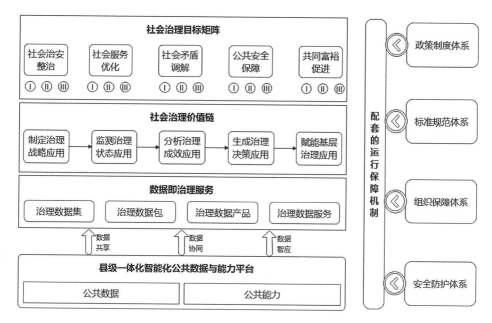

图 2 "数据即治理 DaaG"的参考实现系统架构

一体化智能化公共数据与能力平台为承载,集成县域治理公共数据和公共能力,作为数据驱动县域社会治理现代化的资源投入。

数据驱动县域社会治理现代化通过四个层级的功能相互作用而实现,在实践中,不同层级间的有机连接和整体组合,进一步通过面向数据资源与数据应用的科学设计、长效建设、持久运营、实战应用、演进迭代、有序退出等环节配套构建相应的政策制度、标准规范、组织保障、安全防护等体系。

(二)面向"数据即治理 DaaG"的服务模式设计

数据驱动县域社会治理现代化实现路径的构成重点是围绕县域公共数据进行面向社会治理的用数赋能服务模式设计,以高效供应社会治理数据集、数据模型、数据产品和数据服务等数据能力,从而响应多样化的县域社会治理数据需求。

以业务化的社会治理数据集作为服务。在县级公共数据平台底座之上,面向县域社会治理的真实情景空间,运用业务数据编织技术,分类集中沉淀社会治理过程中产生的具有丰富治理业务属性的鲜活数据、抽取公共数据平台归集的历史数据,形成以社会治安整治、社会服务优化、社会矛盾调解、公共安全保障、共同富裕促进为主题的社会治理数据集,并通过集中统一的数据视图,以使各类县域社会治理模块、组件和应用场景能够快速定位、连接、应用和管理相应的专题数据。

以结构化的社会治理数据包作为服务。以社会治理数据集为输入源，建设数据结构化深加工组装与供应站，面向制定治理战略、监测治理状态、分析治理成效、生产治理决策、赋能基层治理等环节应用组件功能作用运行产生的结构化数据需求，对社会治理数据集中的数据进行结构化分解、重构和集成，形成可机器读取、易可视化配置、支持按需自动匹配的数据包，以减少县域治理主体丰富的数据需求与匮乏的数据开发能力之间的差距，提升社会治理数据的应用周转率。

以智能化的社会治理数据产品作为服务。针对县域社会治理分析决策的用户习惯和场景特征，以增强分析为范式，融合零低代码、数据挖掘、机器学习、OLAP、驾驶舱等技术，构建治理智能 GI 应用，赋能低技术能力治理主体用数据实现增值治理。围绕全面、立体表征县域社会治理情况的要求，构建县域社会治理指标集，为各类社会治理应用场景的评估评价提供参数。基于成熟的开源大模型，构建运用本地社会治理数据训练的县域社会治理大模型，用于社会治理事件的分析、问答与智能化处理，以及县域各级治理主体基于社会治理事件开展的治理能力训练。

以轻量化的社会治理数据服务作为服务。面向县域社会治理普遍需要的自然资源、空间地理、人口、法人、宏观经济、公共服务、工商信用、司法治安、物业管理等领域需与上级或社会平台交换共享的数据，基于县级公共数据平台统一自建或集成外部数据接口，并以简单、灵活、即时、安全的方式向县级部门、乡镇（街道）、村（社区）等需求方交付，轻量化满足不同层级不同领域社会治理应用场景对特定数据的灵活性和定制性需求。

（三）面向"数据即治理 DaaG"的运作体系设计

面向"数据即治理 DaaG"的服务模式要想有效运行，就需要围绕"数据即治理 DaaG"服务模式的建设、管理、应用，设计一套行之有效、保障到位的整体运作体系，实现建设、管理、应用之间的推进机制相互啮合、举措相互协同以及体系效能整体最大化。

打造负责任建设体系。县级主管部门制定自上而下统筹"数据即治理 DaaG"服务模式高质量建设的顶层设计、约束条款、开发者协议等框架性文件。立足县域社会治理既有的公共数据及公共能力，打造自下而上一体化支撑"数据即治理 DaaG"服务模式建设的数据能力底座和技术生态,吸引产学研各界力量集聚开发或定向集成数据存算、治理、资源管理、分析挖掘、质量控制、安全隐私等技术方面的模块、组件及其他应用单元,为各类上层服务建设提供一致的数据能力。

打造全方位管理体系。聚焦分级分类、精准闭环管理数据集、数据包、数据产品、数据服务等数字资源的生态式开发、运营,以及县级部门、乡镇(街道)、村(社区)等需求方的申请、应用和下架等供需环节,开发"数据即治理 DaaG"服务模式建设运行协同管理数字化平台,实现以数据管数据、以应用管应用的适配性管理。编密织牢全方位保障"数据即治理 DaaG"服务模式建设运行的管理政策、组织、规范、安全等体系,形成无规制不管理、有管理必依规的法则。

打造激励式应用体系。"数据即治理 DaaG"服务模式内在效能的外化发挥应该在应用环节最终得以实现,正向循环的应用促进机制能够使得其中的效能持续释放。在现有数字化考核评价体系之外,创新构建各类服务有效应用的积分机制、合规应用的信用机制,同时借助人工智能、区块链等技术,以智能化方式自动赋予县级部门、乡镇(街道)、村(社区)等需求方对各类服务有效、合规应用的激励积分与信用积分,并进行可信存证。其中,激励积分可转化为政治荣誉或物质奖励,信用积分可转化为申请服务、经费等资源时的"同等优先权"。

四、展望

县域社会治理现代化是一项长期的实践,并随着中国式现代化内涵和外延的丰富和完善而不断演进。习近平总书记指出:"县一级承上启下,要素完整,功能齐备,在我们党执政兴国中具有十分重要的作用,在国家治理中居于重要地位。"推进县域社会治理现代化的重要性毋庸置疑,然而运用数据驱动县域社会治理现代化还处于百花齐放、莫衷一是的阶段。本文研究提出的数据驱动县域社会治理现代化的理论框架和实现路径,是在杭州城市大脑有限公司的长期智慧城市顶层设计、项目建设、数据治理、场景运营等经验基础上,并结合安吉等县域社会治理的具体实践,经过理论化表达和模式化加工转化而来。尽管每个县级城市面临的治情都不相同,然而国家治理顶层设计与数据赋能治理技术特征是普遍一致的,因此我们认为本文从共性需求出发形成的研究成果能够为所有的县域社会治理提供视其情况而定的不同程度借鉴和参考。

由于县域社会治理作为非线性巨系统具有的复杂性,以及大数据作为新技术、新资源和新模式本身的变化性，导致当前研究赖以为基的政策条件、社会环境、技术成熟度、数据价值表达等容易发生改变，为包括本文在内的任何一种数据驱动视角的县域社会治理现代化研究带来诸多挑战。为应对这些挑战，未来我们将在现有的数据驱动县域社会治理现代化理论框架下，对其核心内涵、目标构成、价值模型和推进机制进行丰富完善，以及时表征县域社会治理现代化的状态跃迁。同时，我们会根据社会治理需求和技术供给的变化，对数据驱动县域社会治理现代化的实现路径进行修正和迭代，以有效融合县域社会治理现代化的先进手段。

最后，希望本文的研究成果不仅能够赋能中国广大县市的社会治理，而且能够引起业界对数据驱动县域社会治理现代化这一命题的共同关注、持续研究与合作创新。

韧性城市视角下社区公共服务
智慧化模式构建研究

徐　嵩　李海燕　蒋薇薇*

社区是城市的基本空间单元,智慧社区建设是新时代城市治理现代化的必然要求,而社区公共服务的供给能力在维护居民健康与社会稳定方面发挥着基础性作用。2022年,习近平总书记在党的二十大报告中指出:"加强城市基础设施建设,打造宜居、韧性、智慧城市。"然而近年来的社区规划多注重硬件投入,忽略社区的精细化管理和公共服务的精准化供给,当突发自然灾害(洪水、地震、海啸)或公共卫生事件等公共安全事件时,社区公共服务在公共安全风险防控中的短板暴露无遗。

社区智慧化程度也体现了一个城市的智慧化水平。伴随着第四次工业革命的驱动,现阶段正处于一个互联网与信息技术蓬勃发展的时代,智慧化的社区公共服务体系建设已成为社区治理的重点,融合大数据与数字技术的社区智慧化建设呈现出巨大潜力。从理论研究来看,部分学者通过信息化技术重构社区公共服务模式,提升智慧社区公共服务供给能力与社区治理能力[1-2];还有学者基于互联网平台技术与数据信息对社区公共服务的精准化供给做了相关研究[3-4],但是从韧

　＊ 作者徐嵩系天津城建大学建筑学院讲师,博士,硕士生导师;李海燕系浙江省新型重点专业智库杭州国际城市学研究中心浙江省城市治理研究中心、杭州城市学研究会研究人员;蒋薇薇系天津城建大学建筑学院硕士研究生。本文系基金项目:天津市艺术科学规划项目(B22039)的研究成果。

　1　蒋俊杰.从传统到智慧:我国城市社区公共服务模式的困境与重构[J].浙江学刊,2014,(04):117-123.DOI:10.16235/j.cnki.33-1005/c.2014.04.016.

　2　张鹏.智慧社区公共服务治理模式、发展阻碍及整体性治理策略[J].江淮论坛,2017,(04):70-76.DOI:10.16064/j.cnki.cn34-1003/g0.2017.04.013.

　3　何继新,李原乐."互联网＋"背景下城市社区公共服务精准化供给探析[J].广州大学学报(社会科学版),2016,15(08):64-68.

　4　王凯,岳国喆.智慧社区公共服务精准响应平台的理论逻辑、构建思路和运作机制[J].电子政务,2019(06):91-99.DOI:10.16582/j.cnki.dzzw.2019.06.010.

性城市视角探讨社区公共服务智慧化模式的研究较为缺乏。从实践成效来看，以暴雨洪涝灾害为例，社区居民在洪涝期间对公共服务如医疗、健康、教育、养老等方面的精准化、人性化、高效化和差异化需求与日俱增，社区公共服务的韧性应对措施不足，因此，亟待引入智慧化理念来突破城市社区公共服务供给的瓶颈。

一、传统社区公共服务在韧性城市建设中的困境

（一）社区公共服务供需失衡

"社区"是一个社会学中的概念，20世纪80年代后，"社区建设"的理念才引入我国，而直至21世纪初才出现完整意义上的社区发展规划[1]。由于社区规划脱胎于居住区规划，带有深刻的计划经济烙印，因此其组织形式、物质环境、公共服务等多数采用"自上而下"的方式。社区传统的各项公共服务主要由政府主导，公共资源配置、公共服务的供给模式以及公共问题的处理等缺少对居民需求能力这一数据的掌握，且当前城市社区居民的需求处于快速增长且在不断变化的阶段中，加剧了社区公共服务供需与资源配置的失衡，在公共安全风险防控中社区传统公共服务往往顾此失彼。

（二）社区规划与建设缺乏韧性

富有韧性的社区规划与公共服务供给有利于缓解社区层面应对公共安全风险的压力[2]。现阶段社区服务资源的共享程度较低，社区规划与建设应对公共安全风险的韧性不足。在诸如社区公共卫生体系、综合防灾专项规划、应急响应能力、社区治理等方面不够完善，在面临风险尤其是突发公共安全事件时，社区居民的健康和生活将受到极大影响。社区规划与公共服务供给的相对僵化暴露出社区空间和设施配置等多方面的短板，亟须创新社区规划理念，采用智慧化、韧性化的公共服务供给模式，从而实现社区公共服务从常态配置到应急保障的弹性供给。

（三）社区治理机制存在"信息孤岛"

从近年社区建设来看，公共服务发展的瓶颈之一是"信息孤岛"问题。信息孤岛涉及社区的物质环境、设施配置、信息整合、服务反馈、平台建设以及居民认知等要素，可导致社区服务的自我封闭，难以实现公共安全风险数据的共享和应急管理的协同，智慧化程度极其有限，其根本原因在于社区治理机制中的障碍。

1　赵蔚,赵民.从居住区规划到社区规划[J].城市规划汇刊,2002,(06)：68－71＋80.

2　李帅杰,栗玉鸿,羊娅萍,等.突发公共卫生危机下的韧性社区规划思考——以镇江市为例[J].建设科技,2020(14)：47-50.DOI：10.16116/j.cnki.jskj.2020.14.010.

只有从更高层级推动体制机制创新,才能打通社区层面不同系统间的信息孤岛,实现公共安全风险防控与应急保障数据的互联互通,同时协调从政府到基层各个层面以及各部门间的利益关系,避免社区公共服务供给的碎片化。

(四)社区居民参与度较低

居民是社区治理的主体和公共服务的需求方,也是公共安全风险防控的主要行动者与推动者。随着城市化进程的加快,"熟人社会"逐渐转变为"半熟人社会",居民参与到社区建设的积极性和主动性普遍不高,在社区的前期规划以及后期维护阶段,缺少"自下而上"的信息反馈,如健康状况、风险等级、急需物品种类等涉及民生的公共服务数据。在应对风险蔓延与风险防控的角力中,信息流的闭塞加之信息收集传导的滞后无疑不利于动态决策,同时充分暴露了传统社区公共服务系统与社区治理应急能力的"软肋"。

二、韧性城市背景下社区公共服务智慧化模式构建的必要性

(一)社区公共服务智慧化是国家治理能力现代化的基础

2018 年,习近平总书记在视察上海某社区时指出,"城市治理的'最后一公里'就在社区。"对于上海、北京、天津等特大城市来说,运用"互联网+"等信息化技术,不断提高城市管理水平是提升城市核心竞争力的关键。其中,智慧城市建设为优质的公共服务和城市管理的创新提供了保障。当前我国城市处于转型的历史阶段,面临更多的挑战与机遇,一方面快速的城镇化导致社会矛盾持续累积,面临资源环境的压力以及城市更新问题,公共安全风险增大;另一方面,城市受到信息技术革命的冲击,以大数据、云计算、物联网、人工智能等为代表的新一代信息技术日新月异,人们的需求也在转型升级,这些在客观上推动了社区治理与智慧社区的发展。

(二)社区应担负起城市公共安全风险防控基层单元的职责

社区是健康、防灾、防疫和应急管理的首条防线,由于居民防灾防疫意识的淡薄,在突发公共安全卫生事件时往往易于扩大损失。据《中国公众防灾意识与减灾知识基础调研报告》显示,只有不到 4% 的城市居民在日常生活中有基本的防灾准备,因此针对公共安全风险防范的社区共建共治共享工作仍需要完善[1]。

---

1 程楠.灾害面前,你是不是心中有数的 4%——《中国公众防灾意识与减灾知识基础调查报告》发布[J].中国社会组织,2015(11):34.

通过将社区纳入城市公共安全系统，形成集社会治安管理、安全防范、突发公共安全事件于一体的智慧化公共安全管理平台，能够降低社区在公共安全风险中的脆弱性和连锁性。

（三）公共服务的智慧化建设是未来社区功能演变的方向

在城市转型期，社区面临诸如老龄化、高流动性等人口结构的变迁[1]，这些变化导致社区居民对公共服务的需求也趋向个性化，而社区传统公共服务的供给无法满足居民更具个性化和特色化的生活体验。而在智慧化模式下的社区公共服务，能够缓和需求与供给之间的矛盾，居民可全面融入社区的发展，满足复杂社会结构和城市运行所需的不同场景，同时在发生公共安全风险时，智慧化的公共服务系统能够快速响应，采取分阶段、多场景的应对措施，以确保社区的安全与稳定。

三、基于韧性理念的社区公共服务智慧化模式构建

数字技术的飞速发展冲击了各行业的运行规则，面对传统社会的供需矛盾以及风险社会的外部冲击，构建更加智慧化、精细化的社区治理路径是当今社区的迫切诉求。韧性理念的核心在于使社区公共服务体系具备足够的灵活性和可变性，以应对不断变化的社区需求和环境条件[2]。社区公共服务的智慧化模式不仅要求技术层面的创新，更需要从制度、文化和社会参与等多个层面进行综合考虑。简而言之，就是依托智能手段提供精准化决策和行动依据，并统筹社会多元力量快速响应。韧性理念下的社区公共服务智慧化模式研究，本质在于面对潜在或已发危机，社区通过调动公共服务承受突发事件冲击的压力，减轻灾害损失，并合理地调配资源以快速适应、应对和恢复，保持社区的可持续发展。

韧性理念下的社区公共服务智慧化模式倡导将社区视为一个有机整体，各个服务部门和居民之间形成紧密的互动关系。一方面，通过物联网、5G、AI等新一代技术的应用实现基础设施智能化以及风险防范智能化，提供应对挑战和变化的策略和方法，以精准高效应对突发事件，从而提高服务效率和应急响应效能。另一方面，在智慧化服务供给过程中，面对社区个性化需求，基于公共服务

1 吴秋晴，赵宝静.系统治理与精准更新视角下的社区规划探索——以周家桥街道美好生活圈行动规划为例[J].上海城市规划，2022(02)：16－23.

2 陶希东.中国韧性城市建设：内涵特征、短板问题与规划策略[J].城市规划，2022，46(12)：28－34＋66.

效能提升与社区高效治理平台建设打造资源共享、服务互助的文化教育健康共享平台,促进应急资源高效配置,实现闭环化的社区治理及精细化的社区服务(图3)。

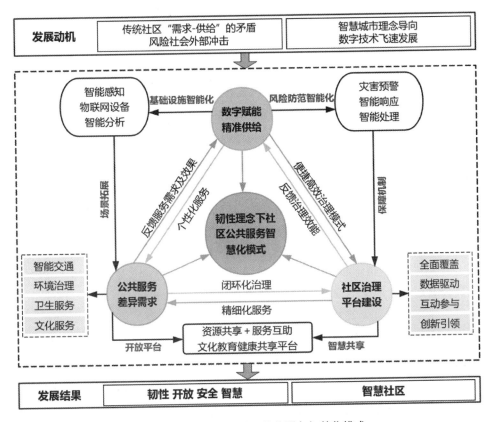

图3　韧性理念下的社区公共服务智慧化模式

（一）数字技术赋能社区公共服务精准供给

作为城市治理的"最后一公里",社区具有复杂的社会构成、多样的居民需求、有限的服务资源以及多元的供给主体,这决定了社区服务供给需要具备精准性。随着信息技术的不断发展,智能感知、物联网、大数据分析平台等前沿科技已深度融入社区公共服务的各个环节,为推进智慧化社区公共服务提供了坚实的物质技术基础。这些技术有助于打破社区公共管理的"信息孤岛",完善社区治理平台,促进社区基础设施智能化和风险防控智能化水平提升,成为引领社区公共服务现代化的重要引擎。推动社区公共服务精准化需借助现代科技手段链接供给端与需求端,精准提供科学决策,同时智能分析监测风险隐患,精准高效供给,增强社区公共服务韧性。

1. 数字创新赋能基础设施,提供科学决策

数字网络作为智慧社区的连接中枢,从整体上架构社区内的各构成要素(交通、能源、环保等)并对其进行精确感知与风险评估,实现信息的顺畅互通和资源的优化配置,为决策者精细化、科学化治理提供信息依据。物联网设备作为智慧社区的重要基础设施,通过整合互通各种智能设备(智能家居、智能停车系统等)实现对社区内部资源的管理和控制,在提高公共服务效率与质量的同时,创造便捷舒适的人居环境。大数据分析平台通过宽泛感知迅速读取社区状态,运用数据云平台对获取到的信息进行处理整合,深度挖掘数据规律和价值为社区精准高效治理提供强有力的数据支持,使决策者基于海量数据做出科学合理的决策,实现精准高效的社区治理范式。

智慧社区的建设具有长期性和复杂性,借助数字网络、物联网设备以及大数据分析平台等现代化科学技术,建立集政府、社会资本、社区居民为主体的多方协同参与机制,能够为社区公共服务基础设施智慧化转型提供全方位的保障,打造一个集智能化、精细化、人性化于一体的社区管理体系,用科技赋能基础设施,提高公共服务的效率与质量,为科学决策提供强大支持。

2. 智能分析监测风险隐患,精准高效供给

社区基础设施的智能化融入社区韧性治理场景,通过智慧社区平台建设升级社区风险预警、响应及资源调度能力,使社区面对自然灾害等公共安全事件时迅速恢复。智能感知技术实时监测社区的安全状况,及时发现和处理安全隐患,针对突发的应急需求,能够高效地执行购买、租赁以及接收来自社会的物资、捐赠等活动,并进行全程跟踪与对接,精准匹配供给端和需求端,以便于对接储备物资的分配与管理,从机制层面保障了监测预警系统与应急响应措施,确保在紧急情况下能够及时、有效地响应并满足各项需求。

建立智慧应急平台,通过一体化的"智能感知-分析-处理"机制,实时收集海量信息并整合处理,同时持续优化应急资源数据库,为公共服务主体提供精确、高效的行动依据,提高了应对危机的效率和效果及社区公共服务的质量水平。具体来说,该平台依托智能感知技术,充分运用大数据分析等前沿技术全面采集海量信息;运用智能分析技术深度挖掘并分析多源数据,为风险监测和评估提供坚实的科技保障;运用智能处理技术高效运送应急物资并精准调配各类资源,涵盖了管理、协调、追踪、反馈的全流程。借助智慧应急平台的智能一体化系统,探

索社区管理和公共服务的最佳决策,更有效地预防和应对各种突发情况,提升社区韧性。

（二）基于差异化需求提升智慧公共服务效能

数字城市的迅猛发展使公众对于社区智慧化公共服务的需求呈现出多元化特征,反映出公众对高品质生活的追求,智慧城市的出现使得原本独立的各个领域开始相互融合,形成高效的社区公共服务网络。共同构建韧性社区,具体体现在智能交通管理、环境保护与治理、医疗卫生服务智能化以及教育文化服务智能化等多个领域,分别从治理、环境、设施、主体等层面提升社区公共服务效能。

1. 智能交通优化,提升社区治理韧性

智能交通治理是社区公共服务智慧化的重要组成部分,智慧化交通能优化社区内交通流动、减少拥堵同时提高道路安全,为居民提供便捷高效的出行体验。智慧交通系统依托数字技术并利用传感器、摄像头等设备实时监测车辆行驶状态与交通状况,并通过大数据分析智能调控交通流动,在减少交通拥堵的同时提高道路通行效率。智慧交通能通过分析交通数据预测潜在的安全隐患,并及时向相关部门和驾驶员发送危险预警信息,极大程度上防范社区内事故发生以保障道路安全。采用智能交通信号控制系统,通过实时交通情况调整信号灯时长以提高道路通行效率。同时,智能停车系统可为私家车司机提供社区内实时停车位信息和导航服务,使停车更高效便捷。此外,智能交通优化在面向残障人群与老年人的社区无障碍设计方面也体现优势,建立社区公共环境无障碍设计智慧化系统,如在安全型交通保障空间与设施中引入导引手环、语言转换器、智能轮椅等[1]。

2. 建立社区环境监测系统,提升空间环境效能

环境保护与治理是社区公共服务智慧化的重要内容。环境问题引发居民对社区环境改善的关注。结合物联网技术建立社区智慧环境监测系统,实时监测空气质量、水质、噪声污染等环境指标,通过高度自动化的设备和传感器实现对环境数据的实时采集和传输,包括烟雾及粉尘浓度、紫外线强度及空气温湿度等,监测到超标污染时迅速发出预警,使居民能够及时采取防范措施以应对环境问题。此外,智慧环保系统还能为政府提供决策支持,通过对环境数据的长期积

---

1 戴康,陈鼎祥.数字技术赋能城市社会安全治理的过程与机制分析——以上海市智慧社区为例[J].湖北社会科学,2024,(01):76-84.

累和深入分析，了解环境问题的变化趋势和潜在风险，推动环境治理工作的科学化、精细化，提高环境治理的整体效率和协同性。

3.居家医养结合，提升社区设施韧性

医疗卫生服务是社区公共服务智慧化的核心要点。根据《上海市智慧社区建设指南（试行）》要求，在智慧社区运作中，远程医疗、电子健康档案是推进医疗卫生服务的中心[1]。"互联网＋医养"平台整合嵌入兼顾社区居家养老服务和社区基层医疗服务，利用大数据、5G等数字技术搭建智慧医疗平台使患者与医生打破空间障碍实现远程会诊服务，相比传统社区医疗模式，社区智慧医疗服务在缓解医疗资源紧张的同时，使居民能够居家享受高质量的医疗服务，在线获取精准诊断和治疗建议。此外，利用健康检测设备智能检测心率、血压、血糖等多项指标并实时上传云端，通过大数据分析技术及时发现潜在健康问题，为居民提供针对性的健康管理方案。社区医院引用智能医疗器械（智能诊断仪器、远程监护设备等），精准提高医疗诊断和治疗效率。

4.重构教育新形态，提升社区主体韧性

教育文化服务也是社区公共服务智慧化的重要环节，可为学习者提供更加个性化、碎片化、差异化的教育服务。信息技术的普及使人们对教育的需求日益多样化，在发生突发事件时，线上教育为知识持续获取提供支撑保障。建立社区智慧教育平台不仅能够应对各类突发事件带来的挑战，更能够满足居民日益多样化的教育需求，注重多方面自我提升，在一定程度上增强居民应灾能力。通过整合多平台优质资源并借助大数据、人工智能等先进技术绘制学习偏好，为居民提供个性化的教育服务。同时，智慧化转型为社区文化活动提供平台支持，智能化管理平台通过在线报名、场地预约、人员分配等方面全方位统筹规划，提升了社区文化活动效率和质量，促进社区文化交流需求，同时提升居民凝聚力和社区归属感。

厘清韧性视角下的社区公共服务差异化需求，运用智能化手段提升其服务质量、效率和用户满意度，是当前社区可持续发展的重要任务。在应用场景的不断拓展和技术的不断创新下构建更具韧性和可持续的社区发展模式，深入分析居民差异化需求以提升智慧社区公共服务效能，进而推动城市韧性健康发展。

---

1 李嘉唯.智慧社区应急治理：特征分析与路径探索[J].网络安全技术与应用，2024，(02)：111－114.

（三）创新基层社区治理的公共服务平台建设

数字技术和城市化进程的飞速发展亦为社区治理带来前所未有的机遇与挑战。在此背景下,推动韧性视角下的公共服务智慧化发展尤为关键。构建全面覆盖、数据驱动、互动参与、创新引领的基层社区治理平台能有效提升社区治理效能,达到日常状态保持持续稳定、便捷高效,面对突发危机时迅速响应、及时恢复、互助共享,从而增强社区治理的整体韧性和可持续性。

1. 促进社区治理平台全面覆盖

对社区内人力、物力、财力等各类资源进行整合,并依托数字化手段建立统一的社区资源管理系统,从而对社区资源进行实时监控和调度,根据社区实际需求保障资源合理分配和高效利用。智能集约的社区治理平台全面覆盖,可提升社区治理效能和质量并对各类事物做出快速响应和处理,当突发事件来临时迅速调动相关资源、组织救援力量以确保及时处理事件。此外,建立开放共享的社区治理平台,可促进社区居民、政府部门和社会组织等主体的高效沟通和资源共享,构建良好的社区应急治理生态圈,从而增强社区韧性。

2. 完善智慧社区数据信息平台建设

建立社区数据资源平台,提升基层社区应急资源配置效率[1]。统筹整合社区各类数据库,对社区内各类数据进行收集、分析和挖掘,进而梳理出治理问题和短板,精准制定出科学高效的治理策略,提升社区治理效能。具体来说,数据收集是社区精准治理的首要任务,系统全面地收集社区内的人口、环境、经济、文化等多方面的传统统计数据(人口数量、年龄结构、职业分布)和实时数据(社区活动参与度、环境质量监测数据、居民满意度调查),整合数据形成全面、细致的社区画像;数据分析是社区精准治理的核心环节,运用前沿的数据分析技术对数据进行深度挖掘和关联分析,精准识别社区治理中存在的问题和短板,并预测未来发展趋势和潜在风险;治理策略是数据分析的结果,针对当前问题短板和长远发展,精准优化公共服务设施配置,并制定出可持续的措施。

3. 推动社区多元主体智慧协同

数字技术的引入能显著提升多元主体参与社区治理积极性,其中公众参与作为社区公共服务的重要环节,亦是推动社区持续发展的强大支撑,激发居民积极投入社区活动并主动参与到社区治理过程中,有助于增强居民对社区的归属

---

1 李嘉唯.智慧社区应急治理:特征分析与路径探索[J].网络安全技术与应用,2024,(02):111-114.

感和认同感,强化社区内聚力和紧密度。多元主体积极融入共享协作网络,通过建立服务互助平台,为社区提供多样化服务,如志愿者服务、邻里互助、紧急救助等,从而增强社区凝聚力和紧密度;此外,推动社区共建共治共享理念,有利于激发居民自组织热情,结合自身实际感受对社区提出建设性治理意见,进而优化社区治理体系,提高治理效能。

综上所述,借助物联网、大数据、人工智能等前沿技术打造智慧化的社区公共服务模式,使得社区治理更趋高效化、便捷化、精准化,满足居民多样化需求,提升社区整体竞争力,并为社区可持续发展注入新的动力。构建一个全面覆盖、数据驱动、互动参与、创新引领的基层社区治理平台是显著增强社区治理韧性和可持续性的重要途径,充分借助数字技术推动公共服务智慧化发展,为居民提供更为便捷、高效和优质的公共服务。同时不断创新和完善社区治理架构,以适应持续变化的社会环境和居民需求,构建更加优质和谐的社区人居环境。

四、结语

社区智能化的理论研究与实践探索,与当前数字化、智能化快速发展的时代背景紧密相连,响应了社会对数字技术赋能基层社区精细化治理的迫切需求[1]。在智慧治理的众多领域中,应急治理作为其重要组成部分体现出智慧治理的创新方向,并呈现出优势特征与功能价值。韧性视角下的智慧社区作为我国智慧治理体系的核心环节,依赖信息技术的蓬勃发展并广泛应用,展现出治理手段、主体及结构的智慧化跃升。厘清传统社区公共服务在韧性城市建设中的困境,包括社区公共服务供需失衡、社区规划与建设缺乏韧性、治理机制存在"信息孤岛"以及社区居民参与度较低等问题,因此,韧性城市背景下的社区公共服务智慧化不仅是国家治理能力现代化的基础,还担负着城市公共安全风险防控基层单元的职责。基于此,我们应从数字技术赋能社区公共服务的精准供给、基于差异化需求提升智慧公共服务效能、创新基层社区治理的公共服务平台建设三方面出发,全面提升韧性理念下的智慧化社区公共服务效能,打造出韧性开放安全智慧的新智慧社区。

随着我国城市化进程的不断推进,社区作为城市治理的"最后一公里",在公共服务和公共安全风险防控等方面的作用日益凸显,面对复杂多变的社区需求,

---

1 李嘉唯.智慧社区应急治理:特征分析与路径探索[J].网络安全技术与应用,2024,(02):111-114.

整合优化治理资源、识别协调治理要素、推动社区公共服务智慧化创新、保障基层社会的稳定有序,一直是备受关注且亟待深入研究的重大课题。综上所述,城市和社区治理的根本要义是韧性,而智慧则是实现城市和社区韧性的基础,韧性视角下的社区公共服务智慧化模式研究是提升城市和社区韧性的重要途径,也是未来社区发展的趋势与研究方向。我们要整合多方资源和力量,以科技为驱动、社区为主体、安全为基础,持续推动社区治理的现代化和智能化水平,构建更加宜居、韧性的智慧城市。

数智城建与城市高品质生活

国土空间治理数字化的探索与实践

——以杭州为例

李晓澜　刘　宇　许新宇　朱　敬　薛凯竞*

当前,国土空间治理数字化已成为国家治理体系和治理能力现代化的重要组成内容,依托数字技术推进国土空间治理数字化转型,成为新形势下国土空间精细化治理的必然选择。文章梳理了我国国土空间治理数字化建设相关政策背景,分析了国土空间治理数字化的建设需求,提出了"搭建底层基础架构＋打造应用场景"的国土空间治理数字化建设思路,并以杭州市"空间智治"数字化平台为例,从建设基础、总体设计、建设内容、主要成效和创新点五个方面概述了杭州市国土空间治理数字化的探索实践。

一、国土空间治理数字化背景

(一)数字中国战略带来的技术革新

数字中国建设是数字时代推进中国式现代化的重要引擎,是构筑国家竞争新优势的有力支撑。党的十八大以来,数字政府作为数字中国的重要组成部分,已经成为国家治理体系和治理能力现代化的重要抓手。2023年,中共中央、国务院印发了《数字中国建设整体布局规划》,明确提出以数字化驱动生产生活和治理方式变革。自然资源信息化建设是国家信息化战略的重要组成部分,也是数字中国建设的基础支撑。《自然资源部信息化建设总体方案》明确了国土空间基础信息平台作为支撑中枢和能力引擎,应全面推动新一代信息技术与自然资源管理的深度融合,实现自然资源管理的数字化、网络化和智能化,全面提升国

---

* 作者李晓澜系中国电建集团华东勘测设计研究院有限公司助理工程师;刘宇、许新宇、朱敬系中国电建集团华东勘测设计研究院有限公司高级工程师;薛凯竞系中国电建集团华东勘测设计研究院有限公司博士。

土空间治理能力与自然资源社会化服务水平[1]。

（二）国家治理体系与治理能力现代化

推进国家治理体系和治理能力现代化是新时代谋划全面深化改革的主要目标之一。国土空间治理体系是我国国家治理体系的组成部分，而国土空间治理体系与治理能力现代化是国家治理体系与治理能力现代化的重要内容。《中华人民共和国国民经济和社会发展第十三个五年规划纲要（2016—2020年）》首次在国家层面提出空间治理体系的要求：以市县级行政区为单元，建立由空间规划、用途管制、差异化绩效考核等构成的空间治理体系。《中华人民共和国国民经济和社会发展第十四个五年规划和2035年远景目标纲要》提出依托信息化推进治理体系的数字化转型，实现国土空间治理全过程数字化、网络化、智能化，是提升国土空间治理体系与治理能力现代化水平的重要途径和必然趋势。

（三）国空体系改革倒逼空间治理能力提升

国土空间数字化治理是国家治理体系和治理能力现代化的重要组成内容。2019年5月，《中共中央、国务院关于建立国土空间规划体系并监督实施的若干意见》印发，国家开展国土空间规划体系改革，对国家治理体系和治理能力现代化提出新的要求，国土空间治理进入新的发展阶段。《中共中央关于制定国民经济和社会发展第十四个五年规划和二〇三五年远景目标的建议》提出要实现国土空间治理全过程数字化、网络化、智能化，构建国土空间开发保护新格局。

（四）浙江数改全面推动空间治理数字化

浙江省始终走在数字化改革的前列。2021年2月18日，浙江省委召开全省数字化改革大会，聚焦党政机关、数字政府、数字经济、数字社会、数字法治的改革重点，从整体上推动省域经济社会发展和治理能力的质量变革、效率变革、动力变革。《浙江省数字化改革总体方案》提出运用数字化技术、数字化思维、数字化认知对省域治理的体制机制、组织架构、方式流程和手段工具进行全方位系统性重塑，推动各地、各部门流程再造、数字赋能、高效协同、整体智治。2021年5月中旬，浙江省自然资源厅印发实施《浙江省"数字国土空间"建设方案》，提出将创新应用"空间码"、强化数据共享利用、建设一批规范化综合应用场景、推进体制机制重塑。"数字国土空间"是全省数字化改革的重要支撑，是省域空间现

1　吴洪涛.自然资源信息化总体架构下的智慧国土空间规划[J].城乡规划.2019,(06)：6-10.

代化治理的核心抓手。2021年3月31日,杭州召开全市数字化改革暨"数智杭州"建设攻坚年推进大会,提出按照省委"数字赋能、整体智治、高效协同"的要求,坚定不移推进数字化改革,全面落实"152"工作体系,奋力打造"数智杭州",在全省数字化改革中更好发挥头雁作用,成为全球数字变革策源地。

二、国土空间治理数字化需求

（一）统筹多元数据治理需求

国土空间治理数字化的主要对象是山、水、林、田、湖、草、沙等自然资源,将各类空间要素纳入治理体系[1],建立准确、清晰、可感知的全域要素"一张底图",是统筹推进空间治理的基础工作。国土空间数字化治理需要统筹国土空间治理要素,实现治理对象的数字化,以海量数据资产为基础,利用 GIS、CIM、云计算等信息化手段,为规划编制审批、城市空间布局、资源优化配置等业务提供快捷、精准的决策支持[2]。

（二）促进规划业务协同需求

对标新型政府建设,采用信息化手段,优化业务流程与协同机制,搭建空间治理平台,能够有效支撑全域国土空间治理工作,助力规划体系从"多规合一"到国土空间规划转变,加速国土空间规划体系建立,提高规划编制、审批和实施评估工作的科学性、合理性[3]。在自然资源统一管理的基础上,形成全域全类型空间管制措施,有利于改变资源保护与利用矛盾突出的问题,加强各类空间资源的有序管控,推进国土空间高质量发展,实现空间规划管理的提质增效。

（三）提升空间治理能力需求

利用新一代信息技术助力政府科学决策,加强自然资源要素保障,推动国土空间多要素协同开发,提升国土空间开发和利用效率;数字化手段有利于打破部门之间信息壁垒,实现数据的共享和交换,促进部门间的协同工作,提高空间决策与治理效率;统筹高质量发展的多元空间需求,强化对国土空间规划的全生命周期管理,提升国土空间治理体系和治理能力现代化水平。

---

1 罗亚,宋亚男,余铁桥.数字化转型下的国土空间数字化治理逻辑研究[J].规划师,2022,38(08):111-114+120.

2 甄峰,张姗琪,秦萧,等.从信息化赋能到综合赋能:智慧国土空间规划思路探索[J].自然资源学报,2019,34(10):2060-2072.

3 席广亮,甄峰,罗亚,等.智慧城市支撑下的"多规合一"技术框架与实现途径探讨[J].科技导报,2018,36(18):63-70.

（四）顺应数字政府改革需求

新一代信息技术是支撑新一轮科技革命和产业革命的关键力量，正在引领多领域交叉学科的创新与融合应用，驱动产业组织逻辑和体系深刻变革。信息技术革命推动下的国土空间治理数字化改革，客观上要求将国土空间治理体系和治理能力现代化建设置于数字化浪潮的大背景下。这使得国土空间治理领域的数字化变革不仅体现为借助信息技术提升国家治理体系和治理能力现代化水平，还体现为国家治理体系和治理能力以自身的变革来适应乃至促进整个社会的数字化转型。

三、国土空间治理数字化建设思路

国土空间治理是一个复杂、动态、综合的过程，涉及大量的数据交换、部门协同与业务贯通。因此，国土空间治理数字化需要的不仅仅是一个个独立系统与平台，还要对跨部门、跨层级、跨区域的业务场景进行设计、集成与呈现。结合数字化改革及国空体系改革，提出国土空间治理数字化建设的建设思路。

（一）搭建响应国土空间治理业务逻辑的基础架构

形成"底图-应用"的国土空间治理数字化基础框架。从自然资源部门"两统一"职责清单出发，将市级自然资源部门的空间治理权力清单划分为自然资源调查监测评价、建立空间规划体系并监督实施等共计13类治理事权。结合不同治理事权的数据需求和数据产出两端，形成了基于事权分层分类的数据体系，将传统的空间规划"一张底图"从时间特性、多源特性、融合特性三个维度拓展至空间治理"时空底图"，提出"底图-应用"动态、双向、闭环的国土空间治理数字应用建设路径。响应国土空间规划的业务逻辑，以业务流程逻辑为基础构建了涵盖规划编制、审批、实施、监督等业务环节功能模型匹配体系，并基于省、市、县三级国土空间的实际需求对功能模型体系进行优化。

（二）打造国土空间治理功能体系

基于国土空间规划体系，构建国土空间治理功能体系。在规划编制阶段，建设开发强度、现状容积率、适宜性评价、底线管控、交通网络等二维分析应用，以及三维场景模拟、限高分析、地形分析和构建、景观视域分析等三维分析应用，辅助国土空间规划编制；在规划实施阶段，将业务细化为"批、供、用、补、登"等环节，形成地块成熟度评价、开发时序分析、低效用地评价、建筑退线分析、占耕图斑提取、三维地籍查询等功能应用，赋能土地全生命周期链式治理；在规划监督阶段,重点构建了用于规划实施效果评价及优化的功能体系,如商圈引力范围分析、功能组团分析、通勤效率分析、城市等时圈分析、公服配置及优化等功能应用。基于不同业务条线及特定场景任务,形成国土空间治理应用场景体系,以政府为主导、以需求为导向、以场景为核心,实现政府、企业、社会等多元主体协同共治的空间治理体系。

(三)开发国土空间治理应用场景

基于"一块地"重塑"调、规、批、供、用、登、督"的国土空间全生命周期业务流程,打造数字孪生国土空间底座,整合全域实景三维、自然资源调查监测、基础地质、地籍等数据,为国土空间规划编制和实施提供统一的基础数据底板。打造多规合一场景,在"一张底图"上开展规划项目申报、立项、批准、编制、审查、入库工作;打造一码用地场景,打通各行政层级相关系统,一码汇聚一块地全过程数据,提高审批效率、做地项目到期预警、低效用地监测预警处置消化全闭环线上管理等;打造城市体检场景,采用无人机技术突破城市级、片区级模型数据一体化构建,迭代传统城市体检、更新烦琐人工成本,形成全生命周期的城市体检、更新一体化支持系统。同时,围绕城市生命体系统的生态、安全等问题,通过遥感影像提取违占耕地图斑,提高耕地违法查处效率;通过无人机影像采集、实时图传和深度学习运算,助力生态公园建设优化提质;通过关联雨量水位监测、地质灾害监测、无人机巡检等物联感知数据,打造地质灾害动态管理体系,致力于打造无人化、智能化巡检模式。

四、国土空间治理数字化杭州实践

(一)数字化建设基础

2018年起,杭州市以自然资源主管部门为主导,开展规划和自然资源领域数字化建设工作,实现了一批建设成果。2018年11月,市"多规合一"业务协同平台上线运行,统一了空间基准、数据标准和数据库,精简了建设项目策划环节,贯穿规划、审批、监督全周期流程,标志着杭州深化工程建设项目审批改革、推动"多规合一"进入新的阶段。2019年,开展市级国土空间基础信息平台建设,围绕国土空间规划和"多库合一"要求,梳理整合国土资源及城乡规划核心数据库,形成包括规划、土地、人文、经济等2600多个图层,基本形成杭州规划和自然资源"一张图"核心库框架。2020年初,启动市级国土空间规划"一张图"实施监督信息系统建设,支撑国土空间规划编制、审批、实施和监测评估预警全过程,为建立健全国土空间规划动态监测评估预警和实施监管机制提供信息化支撑。

以上信息化平台的建设初步形成了全市自然资源空间数据基底,在规划编制、土地码审批、不动产登记等部分领域实现了一定程度上的数字化管理,但仍存在以下问题:一是全域全要素空间统筹不足,当前各类空间规划存在内容交叉冲突、规划空间重叠、与具体管制要求互相脱节等问题,底数不清、不全,缺乏全方位立体感知能力和系统科学的数据认知,全市空间治理数据库仍未成形,数据的动态更新与共享机制尚未建立;二是现有数据资源应用和挖掘不足,暂未实现规划和土地全生命周期的分析应用,大量数据仅实现了空间落图和基本的信息查询,没有进一步为空间规划、空间分析、空间布局等业务提供决策支持;三是部门间业务及数据协同机制未建立,各部门的业务需求不同,标准规范不统一,平台系统建设的协议、框架、接口规范方面存在差异,要素分类、编码符号、制图规范等方面也存在差异,导致部门间数据难以互通、业务难以协同。

（二）总体设计

按照省、市数字化改革总体部署要求,杭州市形成"空间智治"数字化平台"1＋1＋1＋X"架构体系:一是全市统一的实景三维数据库,整合全市各类地理空间及社会经济数据,打造权威、通用、二三维一体化的市级空间数据底座;二是空间智治"一张图",汇聚自然空间、人造空间、未来空间三大空间信息,建设基础现状、城市总规、多规合一和资源保护等专题工作底图,形成全域全要素、动态更新、权威统一的"一张图";三是空间智治工具箱,集成了一批空间谋划、审查审批、公众服务和决策分析类智能化工具组件,辅助规划决策;四是空间治理特色应用场景,涵盖规划和自然资源各业务条线,如规划统筹协同、工业空间利用、耕地智保、土地码协同审批、地质安全风险防控和不动产智办等。

平台建设遵循全省政务信息化项目总体框架体系,搭建"四横四纵"的技术架构（图1）。

"四横"包括:① 基础设施层,即政务云、基础网络和物理感知等 3 个层面,平台部署在浙江省政务云,通过电子政务外网为党政领导、职能部门提供服务,通过互联网为社会公众、企业提供服务,通过物联网、视频监控、监测设备等物理感知设备,动态采集国土空间及地下空间相关数据。② 数据资源层,运用新一代三维地理信息、大数据和 BIM 技术,以三维数字空间为基底,推进基础地理、国土调查、空间规划等各类空间数据资源的整合与共享,加快社会经济数据的归集,下沉收集平台业务数据和场景应用数据,建设集成统一的空间治理数据库,

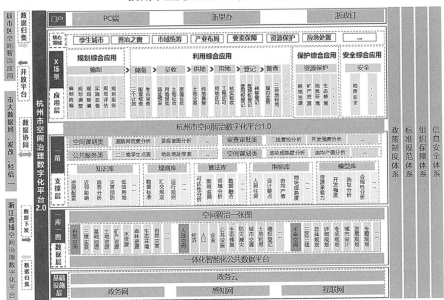

图1 杭州市"空间智治"数字化平台总体架构

夯实杭州市空间治理的数据支撑。③ 应用支撑层,即平台建设所必需的各类模型组件,地理空间组件主要包括地理信息基础服务、三维数据服务、定位测量、空间分析、标绘收藏、图层管理等;业务协同组件主要包括用户管理、统计分析展示、空间数据管理、业务数据管理、业务流程管理、监控告警等;数据集成组件主要包括数据存储、数据过滤、数据编辑、数据整合、数据共享、数据分析等。④ 业务应用层,即面向用户的应用场景,如规划统筹协同、云读地、土地码协同、地质安全防控、耕地智保、规划一点通等,突出全市域、全流程、多业务协同应用,推动全市市域空间整体智治、高效协同。

"四纵"包括:① 政策制度体系,梳理空间治理涉及的现行法律法规和部门规章,明确空间数据相关的法律法规所规定的内容条款,保障平台建设依法依规;建立政策保障机制,有计划地引导部门、企业积极参与数据归集和平台建设工作。② 标准规范体系,数据汇交、数据治理、平台开发、接口集成等工作均需要统一的标准规范来约束。③ 组织保障体系,成立由政府、企业、专家等构成的平台建设专班,保障平台建设;建立例会制度,"一事一议"保障工作环节顺畅、事事有落实、提高工作效率;加强执行与监管,落实检查督查制度。④ 信息安全体

171

系,严格遵循国家有关法律法规及相关要求,建设安全管理中心,部署通信网络防护、区域边界防护、计算环境防护三重安全防线,按照网络安全等级三级保护要求进行防护,并开展平台建设运维全生命周期安全建设工作,维护系统敏感信息安全。

（三）建设内容

杭州市空间治理数字化建设以"数字孪生、空间管家"为目标,以"一库、一图、一箱"为核心,打通"规划编制、耕地保护、土地利用、地灾防治和不动产登记"五大通道,构建十余个应用场景,建成杭州市"空间智治"数字化平台,服务规划资源及其他市级各业务领域,推动数据的横向联通、纵向贯通。

1. 从二维到三维,打造一体协同的空间数字底座

平台围绕自然空间、人造空间和未来空间三大空间,汇聚全市 2210 平方公里实景三维数据,融合全市"山水林田湖草"和"产城人景文"等数据,构建二三维一体的空间数字底座。在此基础上,构建以国土空间总体规划为基础,产业、生态环境、城乡建设、交通、水利等 8 个重点关联的专项规划为支撑的"1+8+X"的规划体系,并聚焦空间保护及管控目标,梳理整合全市 8 大类 29 条重要的空间安全管控底线,实现在统一的"底图、底数、底线"上开展规划编制审批及其他自然资源业务。

2. 从定性到定量,形成精准分析的智能工具组件

利用空间治理数据资源,以规划决策分析为重点,建立完善算法库、规则库和模型库,着力塑造空间感知学习、监测判断、分析评价和预测预警等能力,提升国土空间规划全过程的量化分析辅助能力。底线管控方面,开发"一张底图"符合性审查等规划编制实用性工具,支撑规划设计底图化刚性约束、审查智能化精准穿透,为大走廊范围内 17 个单元详细规划编制,为"十四五"期间要实施的省级以上 624 个重点项目落地提供支撑,助力规划编制技术创新;详细规划编制方面,综合省市相关技术规范,构建公服配套设施评价模型、路网密度评价模型、绿地布局分析模型以及开发容量分析模型等,为规划编制、审查等提供精细化支撑;景观规划编制方面,利用大尺度的三维一张图,谋划城市和片区级的景观规划初步方案,合理确定景观控制的范围、视点、通廊,落实具体的高度管控要求,支撑了西湖、西溪、良渚、运河、钱塘江等重点区域景观控制及机场净空建筑高度控制;重点风貌管控方面,落实重点地区遗产保护和专项规划管控要求,通过规划审查工具对相关区域规划编制成果进行三维辅助审查,确保规划要点正确传

导;建设方案审查方面,三维化模拟重点管控区域建筑方案,并从指标、体量、形态、色彩等多个方面对方案与周边融合度进行审查,辅助规划建筑方案优化。

3. 从单向到多跨,探索多规合一的空间治理方案

坚持问题导向,聚焦国家关注的重点、规划工作的堵点以及群众关切的热点,从"治理端、服务端"双向发力,覆盖国土空间规划全生命周期。聚焦各级各类规划编制缺统筹的问题,建设规划编制统筹应用,通过规划编前管理、在编管理、成果管理流程进行重塑,实现一个平台全盘统筹管理,做到在编状态一屏可见,规划方案一键可审、规划成果一图可查。聚焦规划实施监督不及时的问题,建设规划实施监督应用,充分利用遥感影像、视频探头等技术,重点监测规划实施过程中重要的管控底线、约束指标、体检评估指标以及用地结构等要素变化情况,实现规划一张网监督。聚焦规划显示度不足的问题,建设规划一点通应用,通过详规一张图、社区生活圈、阳光规划、规划早知道等 4 个模块,让广大市民群众点点手机就能沉浸式了解规划、参与规划,实现规划与群众"零距离"。

在探索空间规划统筹管理的基础上,同步强化空间资源保护与利用,驱动耕地保护"天巡地查"、地质灾害"隐患点＋风险区"双控模式等一批改革创新举措,加快推动传统自然资源管理向多目标统筹平衡的国土空间治理跨越转变。针对监管不及时、缺手段等问题,打造耕地保护"天巡地查"场景,整合多部门数据,构建"监管发现-智能识别-现场核实-结果反馈"闭环式管理,强化耕地保护、高标农管理、土地督察、土地执法能力。聚焦高效治理,为解决城市地下隐患问题,建设地下风险防控应用场景,服务于城市规划和管理需求,推动资源和空间的高效利用。建设地下空间三维模型,在规划审批涉及地下空间时,及时比对地下空间的安全距离,防止地下设施被破坏,减少无序建设对城市带来的危害,为规划部门提供地质空间透明模型,为地铁线网规划设计、合理规划地下空间提供地质依据。

此外,平台还建设了不动产智登应用、服务土地盘活利用的工业空间监管应用、服务审批提效的一码协同审批应用、服务土地收储供应的数智优储场景等多个空间治理特色场景,并形成了《杭州市空间智治数字化平台"一张底图"编规划规程(试行)》《关于落实最严格的耕地保护制度全面推行田长制的实施意见》等22 个制度政策、工作机制及标准规范。

(四)运行成效

平台自建成以来,"一张底图"为市政法委、市发改委等 65 个部门提供在线

服务,有效支撑统一地址库、疫情防控、亚运在线等 106 个应用,累计为全市提供数据服务 5.8 亿余次。应用场景在实际业务开展中起到了明显的支撑作用。

1."多规合一"强统筹

一是"一张底图"编规划,平台将全市各类规划落实到一张底图上编制,将规划突破底线、原有计划与实际情况相矛盾等以前难以解决的问题消弭在编制过程中。如在未来科技城文化中心城市设计过程中,经平台三维比对发现在建筑高度和天际轮廓线上与《西溪湿地周边地区景观控制规划》要求存在冲突,后经优化调整,最终实现详细规划层面的多规合一。二是"一张底图"落项目,平台通过位置智判、数据智读,实现避让底线、优化"三线",为项目落地提供有效赋能。如"十四五"期间 624 个省级以上重点项目在平台中进行三区三线叠加分析,共有 37 个项目避开了底线,560 个项目优化了"三线",有力保障了重大项目落地。

2."一码用地"提效能

在全国率先开发土地二维码,一块地唯一的空间识别码贯穿一块地的规划、征收、报批、做地、供地、审批、验收、登记、监管等全生命周期,实现从"做地—批地—管地"的过程闭环。一是"一码"做地促供地。通过土地赋码全过程监管,及时预警超期项目,统筹全市做地主体加快收储进度,将原来近 5 年的做地周期压缩到 3 年以内。二是"一码"批地促投资。通过"土地码"重构业务协同,实现工业项目拿地即领证、拿地即可开工、竣工即可领证,并实现不动产登记零材料、零等候、零跑次"三零发证"。三是"一码"管地促消化。打通发改、建设、经信等多部门数据,在临平区率先实现工业批而未供、供而未用、低效用地"三块地"全部矢量上图,做到存量空间资源实时动态呈现,实现监测预警处置消化全闭环线上管理。截至 6 月底,临平区累计存量三块地盘活 5 234 亩,同比增长 11%。

3."耕地智保"守底线

结合田长制,构建"智查＋人防＋智验"闭环管控机制,实现违法占用耕地"抓早、抓小、抓了"。发现问题靠"智查",共享全市 2 860 个高位探头,实现实时智能预警,2022 年 6 月探头预警发现 255 个疑似问题图斑;解决问题靠"人防",依靠田长对疑似问题图斑进行核实,排除 219 个,认定 36 个,已全部完成整改。销号问题靠"智验",通过高位探头视联判读,对整改问题进行核验销号,完成流程闭环。

（五）主要创新点

1. 新技术赋能政府空间治理

随着数字中国建设的不断深入以及国土空间规划改革的全面推进,浙江省积极响应数字化改革的号召,紧抓浙江数字化改革契机,以空间智治"一张图"关键技术为切入点,先行先试开展国土空间治理数字化探索与实践,建设成果有效提升了市域空间治理的精细化、智能化水平,为全国国土空间治理数字化提供了浙江经验。

2. 新技术重塑国土空间全链业务

通过时空大数据技术,构建了国土空间治理数字化总体框架,建成的杭州市空间智治"一张底图",推进了政府部门之间的数据共享以及政府与社会之间的信息交互。重塑规划全链业务,构建了覆盖规划编制、审批、实施全业务环节的业务流程,实现"一张底图编规划""一张底图落项目""一张底图促消化""一张底图护良田""一张底图保平安",强化底线管控、统筹规划编制、盘活土地资源、推动项目实施、提升治理能力。

3. 新技术支撑重大社会应用

杭州的实践成果并不仅局限于传统的规划和国土领域,同时拓展到疫情防控、亚运保障、不动产登记、地灾防控、耕地保护等数字治理领域,为政府部门、企业和公众提供了可实时监测、可视化的应用场景,在新冠疫情防控、亚运安全保障等重大公共事件中做出突出贡献。今后,研究成果有望在更多领域产生更大的社会效益。

五、结语

在数字中国战略、政府数字化改革、国空体系改革及自然资源数字化改革等重大政策背景下,国土空间治理数字化建设势必成为新形势下国家空间治理体系与治理能力现代化的重要内容。浙江是数字政府建设的先行地,是习近平总书记关于网络强国、数字中国建设重要论述的实践地。近年来,以杭州市为代表的浙江省域国土空间治理数字化建设如火如荼,取得了一定成绩,为全国提供了浙江经验。在技术不断革新的时代,AIGC、数字孪生等新技术将在未来对国土空间治理能力带来怎样的机遇与挑战,有待进一步研究。

打造最优营商环境视角下杭州内河航运体系智慧化发展路径研究

顾政华*

一、引言

2023 年 5 月,杭州市营商环境优化提升"一号改革工程"大会召开。会议指出,要深入学习贯彻习近平总书记关于全面深化改革和构建高水平社会主义市场经济体制的重要论述,认真落实全省营商环境优化提升"一号改革工程"大会精神,全面打造效率最高、服务最优、保障最强、氛围最浓、满意度最好的营商环境最优市。

为贯彻落实省委、市委关于实施营商环境优化提升"一号改革工程"的重大决策部署,全力推进杭州交通改革创新,攻坚克难,打造最优营商环境,根据《中共杭州市委全面深化改革委员会 2023 年工作要点》(市委办发〔2023〕24 号)、《杭州市营商环境优化提升"一号改革工程"实施方案》(市委办发〔2023〕28 号)、《关于印发 2023 年优化营商环境重点任务的通知》(杭营商办〔2023〕11 号)等文件精神,杭州市交通运输局制定了改革攻坚(营商环境)实施方案。方案指出,要牢牢把握推进中国式现代化对交通运输提出的新要求,全面落实中央、省委、市委决策部署,以国家营商环境创新试点为牵引,对标国内国际一流水平,聚焦市场需求,深入实施营商环境优化,提升"一号改革工程",为推进杭州现代综合交通运输体系高质量发展提供改革支撑。

在全面落实营商环境优化提升"一号改革工程"的背景下,按照浙江省交通强省建设领导小组《浙江省建设现代化内河航运体系示范省实施方案》和浙江省

---

* 作者顾政华系杭州市公路与港航管理服务中心行业发展处处长,工学博士;杭州国际城市学研究中心客座研究员。

交通运输厅《关于加快推进现代化内河航运体系示范省创建工作的通知》,数智赋能成为推进现代化内河航运体系建设的新动能,是全省创建现代化内河航运示范省的六条跑道之一。为此,杭州交通制定了全市建设现代化内河航运体系先行发展样板区行动方案[1],提出以数字底座构建智慧港航新系统的发展要求和工作框架,包括智慧港口、智慧航运、智慧联动体系等,同时涵盖智慧监管、智慧治理、智慧服务等相关平台的建设。本文撷英拾萃,重点分析智慧港口(钱塘区下沙作业区)、智慧航运("船佳宝"平台)、智慧联动("港-闸-船"协同体系)、智慧监管(基于截面管理系统、地理信息系统、视频监控系统、移动执法终端监管模式)等发展路径,注重体现交通行业颗粒度,积极为全市打造最优营商环境贡献交通力量。

二、存在问题

（一）数字化服务水平有待提升

现如今,互联网、大数据、电子信息系统、北斗等技术应用,为内河航运服务带来发展空间,但在港口运营、数字航道、船舶航运、水上救援等领域还需全面深入地融合发展。比如,内河航运导航依然在起步阶段。航运出行信息分布散乱,查询难度大。例如从业者想要查询气象预警、水位潮汐、通航信息,分别需要下载多个 App,关注多个公众号,某些信息甚至通过短信订阅的方式才能获取。

（二）共享协调机制有待完善

目前,杭州交通港航部门建立了数据共享和交互机制,系统内跨层级共享协调机制基本建立,但涉及跨区域、跨部门之间的数据联动还没有实现,比如恶劣天气下对气象资料的及时调取、跨地区联合执法对两地信息资源充分共享等。接下来,要进一步推进跨区域、跨部门之间数据互通,全面实现数据的协调共享。

（三）数据质量有待加强

省与地方同步的船舶、船员证书相关数据质量存在问题,导致很多系统为现场管理人员提供了错误的管理决策信息,不仅没做到针对性的检查,反而增加了大量重复性的检查工作。例如,部分 AIS 的九位码缺失、部分 AIS 的九位码与船舶的不对应、一个九位码对应不同的船舶、部分船舶的参考载货量等字段缺

---

1 杭州市交通运输局.杭州建设现代化内河航运体系先行发展样板区行动方案(审议稿)[R].2024 年.

失等。

三、对策建议

（一）智慧港口——以下沙作业区为例

1. 总体目标

下沙作业区规划建设始终致力于打造成"浙江省首个内河数字化港口"，助力杭州实现高水平重塑"全国数字经济第一城"。下沙港融合 5G 专网技术，实践推广"5G＋智慧码头"多场景应用，最终实现港内作业无人化和自动化。

2. 建设规模

下沙综合作业区规划利用岸线约 773 米，1 000 吨级泊位 9 个，设计年吞吐量为 300 万吨（24 万 TEU＋60 万吨件杂货），总占地面积约 370 亩，陆域纵深400 米，规划将该作业区打造成杭州地区最大的综合性作业区之一。

项目位于杭州市钱塘区下沙街道，东至聚首路（规划）、南至金乔街（规划）、西至运河二通道、北至绕城高速，系杭州港区最接近杭州主城区的水上综合作业区。根据《杭州港总体规划》和运河二通道项目三级主干航道的建设规模，项目定位为杭州首个千吨级内河港，经营货种以集装箱为主，配套少量的件杂货。预测至 2035 年，集装箱吞吐量将达到 40 万 TEU。项目一次规划，分两期实施，总投资约 13 亿元。

3. 智慧港口设计规划

下沙作业区智慧港口总体设计为"1＋3＋9"架构。"1"：一个平台，即智慧港口云计算平台；"3"：三大智慧系统，即生产业务管理系统、堆场自动化港机远控系统和智慧数据中心；"9"：九大功能子系统，即来自生产业务管理系统的集装箱码头操作管理系统（CTOS）、集装箱码头生产操作系统（n－TOS）、港口生产业务协同管理系统（CBOS）、智能闸口系统，和来自智慧数据中心的网络设备管理系统、网络安全防护系统、智慧安防系统、物联网设备管理系统及智慧照明系统。

4. 预期成效

总体成效：建成浙江省首个集智慧化、绿色化、专业化于一体的内河港口，突出"智慧化"，力争成为浙江省内河智慧港口样板，助力港口生产、运营等综合效益提升。同时，在港口推广全域范围的电动作业设备，促进港口"又绿又智"。

量化指标：积极响应国家"十四五"规划要求，港口业务智能化总体覆盖率达到 75%。其中,堆场自动化港机远控系统提升内集卡作业效率 15%,提升单人单班次标箱操作量最高四倍;智能闸口车牌识别率高达 99% 以上、箱号识别率达 98% 以上,车辆平均过闸时间由近 3 分钟缩短至不到 30 秒;智慧港口云计算平台依托业界领先的云计算虚拟化平台系统和软件定义网络(SDN)架构,应用部署与网络搭建一键下发完成,避免现场运维耗时耗力。坚持推动绿色港口建设,电动设备覆盖率达到 100%。

（二）智慧航运——以"船佳宝"平台为例

1.总体目标

"船佳宝"内河航运数字化服务平台建设已经列入全省现代化内河体系建设杭州重点实施项目。本着"让航运生活更美好,为船户创造价值"的目标,平台主要面向内河航运用户解决航运信息对称性差、内河水上导航缺失、社会化服务不够便捷等问题,为船户提供水上导航、信用交易和数字化交易等多种服务模式。

2.需求分析

平台锚准内河航运业存在的信息获取难、航行规划难、找船找货难、生活服务难四大难点问题(图 2)。目标用户主要包括船舶船员、货主、港口码头等,详细需求分析如下:

（1）船舶、航运企业需求:查询船舶位置、气象水文信息、航行通(警)告;规划航线路径、上岸生活服务(快递、商超、餐厅等);船舶配件维修、船舶保险服务、水运物流服务等。

（2）港口码头企业需求:跟踪船舶动向、污水上岸、确定船舶报港申报、制订装卸货作业计划。

（3）政府部门(港航+)需求:船舶进出港监管、污水上岸监管、航道养护巡查、船舶营运检验等。

（4）物流公司、货主、货代需求:跟踪船舶动向、水运物流、矿建市场。

（5）其他航运从业人员需求:供水、供电、供油、船舶交易、船员求职招聘。

3.解决方案

基于需求分析,针对内河航运存在问题,"船佳宝"平台提出了"4556"产品框架:四大场景、五类用户、五种产品、六大体系。其中,四大场景包括航运信息、助航服务、水运物流及社会服务。

（1）航运信息。"船佳宝"平台通过数据技术采集内河航运相关静态、动态

图 2　目标用户及需求痛点

信息共计 21 项,并对数据进行融合、分析,为航运关联用户提供一站式服务。解决航运信息不对称,用户获取信息难的问题。每年累计服务 1 095 万人次,推送各类信息 19.2 万条。

(2) 助航服务。面对内河水上无导航的困境,"船佳宝"做了两个尝试:一是利用 AI 大数据分析技术,结合船舶轨迹数据和算法,制作了助航图,船舶可借助助航图在湖面比较宽阔的水域环境下或大风、大雾等恶劣天气情况下安全通行。二是利用北斗定位和物联网技术,实现精准定位。特别在船户对航线不熟悉,河流宽阔但航道狭窄,船舶搁浅风险问题较突出的情况下,通过精确助航服务,有效解决船舶搁浅问题。

2021 年,"船佳宝"导航功能成功上架 App 应用市场,成为全国第一个内河导航 App。目前,航行路径规划已覆盖华东五省一市,解决了内河船户对"航行安全＋智能导航"的需求,结束了内河水运无导航的历史。助航服务每天服务用户 1 300 多次,覆盖华东五省一市 2.5 万公里内河航道。

(3) 水运物流。"船佳宝"通过连接船主、货主、港口码头企业,应用"航运大数据＋AI 智能算法",实现了船货在线交易,船舶和物流信息实时可查,航运全程跟踪,开启了船货智能匹配。

此外,"船佳宝"的目标是打造内河航运业的"货拉拉""滴滴打船",平台形成了竞价、服务、支付、信用和评价五大体系,建立运输全生命周期监管和信任合约机制,重点解决找船找货难的问题,进一步降低空船率,提升内河航运效率和优化转型升级。年发布 5 000＋条货源信息,日成交量在 10 笔以上。

(4) 社会服务。"船佳宝"是一家线上线下服务相融合的互联网平台,水上服务区是"船佳宝"平台的线下服务载体。2017 年至今,"船佳宝"作为一家专业水上服务区运营商,先后在杭州、湖州以及衢州等地水上服务区驻点,努力为内河航运提供数字服务,让船员享受线上线下航运生活。在杭州、嘉兴、湖州三个内河船舶水网区域,"船佳宝"团队线下运营覆盖了 70％的水上服务区,服务了浙江航区 98％以上的船户。

(三) 智慧联动——以"港-闸-船"协同体系为例

1. 概况

近年来,通过省、市交通主管部门联合,深度融合水运交通与大数据服务,在全省打造了"浙闸通"智慧过闸系统,实现全省船闸过闸 App、数据库、过闸调度系统和管理系统"四统一",为船户提供"一键式"过闸服务。同时,全省已建立智慧海事(二期)平台,正在开展港航"一张图"应用平台、内河航运智控平台、智慧航道全省统建平台等数字港航项目的建设。港口、航道、海事、船闸数据已经初步具备了开放、交换、共享的条件[1]。

2. 调度影响

京杭运河二通道于 2023 年 7 月通航,八堡船闸及下沙港已进入运营阶段。由于下沙作业区与八堡船闸距离较近(八堡船闸北闸门与下沙作业区南侧范围的航道直线距离为 2 500 米),同时二通道内锚地的设置仅考虑船闸调度,下沙港与八堡船闸之间缺少缓冲资源。且八堡船闸位于强涌潮河段,船闸运行受钱塘江潮汐影响较大,下沙港作业会受到船闸运行调度的影响。

3. 建议措施

为提升二通道通航秩序和通航环境,发挥各主体的主观能动性,在现有的客观条件下,建立"港-闸-船"协同联动机制,加强信息协同能力、提升航道通航能力与资源管理,增强各管理部门与机构的协调与合作。提出以下三点措施:

1) 加强政策研究,落实资金渠道

加强优化水运物流领域营商环境、支持集装箱码头企业发展等方面的相关政策研究,做好集装箱补助资金政策的落地和实施。为鼓励发展更加环保高效的集装箱运输业务,对经过杭州航区船闸的集装箱船舶开辟绿色通道,做到优先

---

1 杭州市交通投资集团.运河二通道内"港-闸-船"协同体系研究报告[R].2023 年.

过闸,提高港口与船闸的协同关系,促进集装箱业务发展。

2）形成联动机制,完善组织制度

加强港口、船闸和航道主管部门之间的协调与合作,形成良好的联动机制,共同解决问题和推动改革。定期召开港口、船闸和船舶相关方的沟通与协商会议,就工作安排、问题解决等进行交流和协调。同时,结合船舶流量的预测和港口作业实际,完善船舶作业调度制度、健全码头安全生产制度,加强生产队伍建设与内部管理。

3）推进数据共享,提升协同协作

建议通过相关途径,一方面积极向省、市争取港航领域数据开放共享政策,实现杭州市域范围内港口、航道、海事、船闸等各方数据的共享。另一方面,数据相关单位杭州港务集团、船闸管理公司等,在保证数据安全的前提下,积极合作、相互配合,深挖数据价值,实现数据驱动下的生产效率提高和管理水平提升。

（四）智慧监管——以基于截面管理等系统的监管模式为例

1. 总体框架

自 G20 峰会以来,杭州交通港航部门通过信息化建设和数字化改革赋能,搭建以"综合监管平台、业务操作平台和决策支持平台"为基础的统一监管服务系统,依托"地理信息系统、智能视频感知网、AIS（船舶自动识别系统）基站、数据中心"4 个信息化基础,形成集"智能感知、智能监管、智能应急、智能服务、智能决策、智能运维"的 6A 智慧港航体系,创新"基于截面管理系统、基于地理信息系统、基于视频监控系统、基于移动执法终端"的 4 种新监管模式,实现"看得见、查得到、联得上、动得了"的管理目标,完善杭州交通港航的信息化基础和目标,也为今后信息化建设指明了方向。

2. 应用功能

杭州交通港航部门提出的"看得见、查得到、联得上、动得了"管理目标逐步实现,并不断得到完善。

（1）看得见。通过航道视频监控系统的建设,对航区水域及船舶进行实时监控,目前整个航区包括自建监控、其他单位（部门）和海事艇移动监控,总共有 1000 余个监控点位,基本涵盖了全航区重要航段、船舶密集区、主要码头等,做到 24 小时非现场动态监管,管理盲区越来越少。

（2）查得到。通过 AIS 基站、截面管理系统等对船舶识别、感知系统的建设,实时掌握辖区内通航船舶的运行轨迹。依托航区 18 套截面管理系统、26

个 AIS 自建基站基本实现了航区重点水域全覆盖。依靠地理信息系统平台和数据中心的数据库资源,对船舶的定位信息、航行轨迹和历史数据进行实时查询,了解船舶的综合信息,结合视频与截面系统,基本做到监管对象无"漏网之鱼"。

(3)联得上。通过 VHF(甚高频)系统和数字对讲系统的建设,依托对讲系统实现管理人员之间、管理人员与监管对象之间相互呼叫,使全航区的 VHF 系统功能进一步得到提升,真正实现"任意人呼到任意船、任意人呼到任意人",提高联系的速度和质量,为水上应急提供更快捷的保障。

(4)动得了。通过智慧海事平台内数据资源的整合,将接处警系统、站所人船配置力量、应急处置资源库进行整合联动,根据事发点与周边处置力量配置情况分析,按照有效的应急预案,做到迅速出艇、出车、出人,实现水上应急处置和事故处理的快速响应。

3. 监管模式

(1)基于截面管理系统。通过在航区建设 18 套航道智能截面管理系统,依托 AIS/GPS、激光、视频抓拍、RFID 技术的融合,对经过船舶进行综合电子核查和记录,并通过海事数据库资源的比对,精确获取船舶信息。并将经过截面电子核查后的船舶进行"红黄"等标签分类、电子筛查,形成完整的处置、处理、复核监督闭环管理流程,解决实行船舶电子报告以后的动态监管难题。

航道截面管理系统(水上智能卡口)全面应用,特别是针对红、黄船舶的分类优化,逐步建立了一套以"发现问题—处置问题—处理问题—监督复核"为基础的闭环、痕迹管理新模式,切实提升了智慧港航应用的程序化、制度化水平。

(2)基于地理信息系统。通过地理信息系统的建设和完善,完成了对通航船舶、码头、航道要素、航道态势等资源的整合,通过模糊查询直观、实时地了解航区通航相关的动态信息,使监管更加直观、直接。

(3)基于视频监控系统。通过杭州港航统一视频监控平台的建立,依托自建、其他部门接入、海巡艇移动监控等方式,依靠视频监控画面,重点开展船舶违章监管、航道拥堵情况监管、航道电子巡航、水域码头监管,实现 24 小时的航区非现场监管。

(4)基于移动执法终端。现场海事检查人员通过移动执法终端将检查的工作任务一次性完成,简化工作流程、提高检查效能,同时结合对移动执法终端的使用管理规定、现场检查(违章录入)管理等办法,形成一整套流程清晰且明确的现场检查执法体系。

港航信息化的运用与日常监管工作更加紧密结合，管理人员对于信息化监管的使用也越来越熟练，提高了监管效能，提升了管理质量。

4. 数字化场景治理与应用

按照全省创建现代化内河航运示范省数智赋能的要求，杭州交通港航部门结合杭州水上交通治理实际，用数字化认知、思维、技术，实现治理方法、手段、流程、机制等全方位变革。

（1）充分利用现有信息化基础，针对管理难点，大力推进杭州数智交通场景建设。重点推进"水上事故多发点段治理""运河重点古桥数智保护""杭州航区防潮防台防洪自动预警调度""重点航段船舶违章数智治理"4项具体应用场景。其中水上事故多发点段治理，以武林头事故多发点段治理为例以点带面，提升全航区复杂交汇水域管控能力；运河重点古桥数智保护通过船舶高度感知设备、高清视频监视设备、信号灯管控手段应用，提高桥梁保护能力；防潮防台防洪自动预警调度系统利用流速、水位、潮汐、气象等实时监测预警，结合预案参数的自动匹配，实现预案和响应的自动预警及启动；重点航段船舶违章数智治理依靠AI、图像智能识别等技术实现对疑似违法事件实施自动预警、证据采集和推送。创新探索"船员适任"管理新途径。通过移动物联网、人脸识别、人工智能等新技术，创新"船员适任"电子化核查手段，建设"船员适任智能核查系统"，依托"港易通"App，探索将船员被动接受检查转变为船员自主检查、企业主动落实安全主体责任的方式，使"船员适任"的动态管理更加精准和便捷。

（2）围绕营商办事便利度，提升政务服务数字化智能化水平。落实国家营商环境首批创新试点任务，积极推动交通运输企业全生命周期"一件事"数字化改革场景建设，谋划通过对市场监管部门、交通运输部门审批流程改造，真正实现企业跨部门办事"少跑路、减材料、减时限"，数据自动共享、系统自动秒批提升协同审批效率，打造"线上一窗受理，证照一次发放，监管一并实施"的整体智治服务新模式。

（3）围绕综合执法体制改革，聚焦"事中、事后"监管闭环化。全力推动业务条线审管联动建设，依靠机制协调，数据交互和流程互通，解决机构改革后"审批—监管"之间的衔接问题，真正实现业务的闭环管理。积极推动危险品船舶进港报告和作业申报"多单联报"智能审核改造升级，实现智能化的"申报条件限制、申报信息匹配、申报流程自动、申报信息共享"，提供更加精准、科学、公正、高效的服务。

（4）高质量系统推进数字化改革，积极融入"数字跑道"建设。依托杭州智慧港航的迭代升级，优化升级交通港航数据共享平台，建立以业务需求为推动的数据支撑核心底座，结合业务需求，双向联动，打造具有交通港航辨识度的应用场景，推动管理和服务的双提升。横向与城管等部门多跨协同，目前泥浆渣土船舶智控监管已初见成效。

四、总结与思考

在全市深入实施营商环境优化提升"一号改革工程"的背景下，本文提出了智慧化服务内河航运发展、提升营商环境的思路，总结提炼了目前智慧港口（钱塘区下沙作业区）、智慧航运（"船佳宝"内河航运数字化服务平台）、智慧联动（"港-闸-船"协同体系）、智慧监管（基于截面管理系统、地理信息系统、视频监控系统、移动执法终端监管模式）等相关水运智慧化工作实践。

从共性来看，这四个方面均属于内河航运体系智慧化的关键环节，与内河航运整体智慧化水平紧密相关。从个体来看，下沙港智慧港口着眼于新建内河作业区的智慧化提升，将大大提高港口的作业效率，助力提升港口生产、运营等综合效益。下沙港预期将建设成为全省首个集智慧化、绿色化、专业化于一体的内河港口，成为全省内河智慧港口样板。"船佳宝"航运平台创设了航运信息、助航服务、水运物流及社会服务等场景，使原先分布散乱的航运出行信息变成按需定向发送，实现线上精准导航，协同水上服务区等线下服务载体，实现了线上线下服务相融合。"港-闸-船"协同体系融合水运交通与大数据服务，使原先分布于省、市及地方不同地域、系统的数据实现协调联动，打通数据孤岛和破除数据藩篱。加强了港口、船闸和船舶相关方的沟通与协商，积极合作、相互配合，深挖数据价值，实现数据驱动下的生产效率提高和管理水平提升。智慧监管系统围绕杭州数智交通总体目标架构，依托"地理信息系统、智能视频感知网、AIS（船舶自动识别系统）基站、数据中心"基础，将线上监督和线下管理有机融合，重点推进"水上事故多发点段治理"等具体应用场景，提高数字执法和应急救援能力，为打造最优营商环境、推进数字化改革贡献交通港航力量。

本文对杭州目前智慧港口（钱塘区下沙作业区）、智慧航运（"船佳宝"内河航运数字化服务平台）、智慧联动（"港-闸-船"协同体系）、智慧监管（基于截面管理系统、地理信息系统、视频监控系统、移动执法终端监管模式）等相关水运智慧化工作进行总结分析,覆盖了杭州地区港口运输、航道运营、"港-闸-船"协同、智慧化监管等领域。可以预见,对杭州内河航运体系智慧化发展路径进行研究探索,以及后续工作实践的不断完善提升,将有力推动杭州打造现代化内河航运体系先行发展区的智慧样板。

义乌高铁枢纽智慧交通平台
建设与应用研究

高杨斌[*]

一、概述

综合客运枢纽是城市和区域交通的关键节点,承担交通系统转换、旅客联程运输的重任,也是城市对外交往的门户,是展示城市现代化建设成果、彰显城市治理能力和水平的重要窗口,在城市和区域发展格局中具有特殊的地位,对数字化、智能化发展具有很高的要求[1],是智慧城市建设的重要实践场。

（一）枢纽交通特性

综合客运枢纽的交通存在明显特性,它是特殊的点状交通源,也是重要的积聚复合体[2]和交互转换场,交通需求分布和交通供给方式均有别于一般区域。

1. 需求来源的确定性

一般区段的交通需求来源广杂,难以准确测定,但在铁路枢纽,其交通需求主要来源于铁路,铁路预售票系统掌握详尽的客流需求信息,理论上可以准确获取枢纽交通需求,前提是相关数据能够共享流转。当然,对于站城一体开发建设的综合客运枢纽(如杭州西站),会包含一定的城市交通出行需求。

2. 客流集散不均衡性

客流分布方面,存在高峰大客流与平时小客流的不均衡、离站客流与到站客流的不均衡、分时段客流的不均衡等特点,有些枢纽存在短时脉冲性客流。乘客在出行方式选择上也有不均衡性,有些群体偏好网约车或私家车,不同时期、不

* 作者高杨斌系浙江省义乌市交通运输局聘任制公务员、正高级工程师。

1 胡祖翰.综合交通枢纽智慧化需求分析及实施方案[J].中国铁路,2022(04):58-63.
2 马路阳,李晓峰.上海虹桥综合交通枢纽模式研究[J].郑州大学学报(工学版),2009(02):141-144.

同时段,旅客出行方式选择结果也有不同。枢纽交通运输组织管理,需要充分考虑客流不均衡性,采取多套不同的管控和服务预案,实现资源利用、管理效率、服务水平的最优化。

3. 运输组织的系统性

大型交通枢纽往往拥有多种交通方式集散交通,各种方式是一个有机整体,共同服务枢纽交通,但相互之间也有一定的竞争和替代关系。不同交通方式需要不同的运输组织模式,比如出租车接客需要一定的排队蓄车空间,公交车、网约车上客均需要充足的场地空间,私家车接送客的短时停留也需要妥善处理。枢纽范围内有限的空间资源,需要统筹谋划、协调布局,需要坚持系统均衡、整体最优的原则。

4. 服务对象的多样性

大型交通枢纽的服务对象呈现群体多样化特征,尤其是外地人、外国人较多。不同群体的服务需求有所不同,枢纽交通运输组织管理,应努力满足不同群体旅客的出行需要,应树立"底线思维":保障最陌生、最特殊人士的出行需求。

（二）智慧枢纽发展政策

从国家宏观战略到地方发展方略,都对综合交通枢纽智慧化发展提出明确要求。《中华人民共和国国民经济和社会发展第十四个五年规划和 2035 年远景目标纲要》提出:各地区积极构建多层级、一体化综合交通枢纽体系,推进既有客运枢纽一体化智能化升级改造和站城融合。《浙江省数字交通建设方案(2020—2025 年)》对综合交通枢纽发展提出重点任务:推进综合客运枢纽智能化升级,提供综合客运一体衔接的全程电子化服务。

大型综合客运枢纽的交通治理,是一项系统工程,需要从枢纽总体规划布局、交通基础设施建设、交通运输组织管理、行政执法监管、旅客出行服务保障等方面统筹考虑,需要铁路部门与地方政府高效协同,需要规划、建设、交通、公安、行政执法以及枢纽管委会等多个部门密切配合。枢纽交通智慧化发展,是综合客运枢纽交通治理的重要抓手,是提升治理能力、优化交通服务的必由之路。

二、义乌高铁枢纽智慧交通发展现状

（一）发展背景

义乌是世界小商品之都,拥有全球最大的小商品交易市场,商贸业发达,

2023年实现外贸进出口总额5 660亿元。商贸流通催生庞大的客货运输需求,国内外客商往来频繁。2023年,从铁路、民航口岸往来义乌的旅客约2 200万人次,高速公路进出交通总量达5 800万车次,全年完成快递业务量超百亿件,总量居全国第二。

义乌作为全国性综合交通枢纽城市,内外交通四通八达。义乌站是铁路一等大站,汇聚沪昆铁路、杭长高铁、杭温高铁、杭丽高铁、甬金铁路、金义三四线等多条铁路线,设计11台27线规模,规划年到发旅客7 000万人次。义乌站汇聚轨道交通、公交车、出租车、网约车、私家车、长途客运等多种交通方式,是一座现代化综合交通枢纽,转换交通量大,交通运行复杂,交通管理和服务要求高,迫切需要充分运用现代科技,加强交通智能化建设,全面提升枢纽交通综合治理能力和水平。

目前义乌站正在实施改扩建,主体建筑包括高架站房及南、北广场等,其中南广场及南站房交通枢纽大楼已建成投用,高架站房及北广场正在建设。南北广场相对独立,各自配备候车大厅、送站平台以及出站大厅、公交首末站、出租车蓄车场、网约车上客区、社会车停车场等设施。规划中的金义东轻轨站点正在建设,尚未开通。

(二)存在问题

近年来,随着我国高铁的快速发展,一些重要枢纽规模宏大、功能复杂、设施庞杂,对枢纽的客流集散、出行服务、综合管理都提出更高要求[1]。义乌站就是一个典型,当前义乌高铁枢纽在运营管理服务方面存在如下问题:

1. 业务协同不充分

枢纽运营管理涉及铁路部门以及义乌市铁路枢纽指挥部和交通、公安、城管等部门以及交旅集团、恒风集团等国有企业,有些部门各自建设有关信息系统,但整个枢纽管理尚无统一的数字化平台,部门系统之间的互联互通和数据共享尚未实现,存在各自为政、数据孤岛现象。

2. 态势掌握不全面

目前对枢纽客流的掌握主要靠经验、靠现场查看或铁路部门提供的有限信息,缺乏对铁路客流的全面、精准掌握和提前掌握,缺乏对枢纽人流分布、交通流向的科学精准分析和研判,导致管理上被动应对,有效性不足。

---

1 杨甲锋,蒲道北.重庆东站铁路综合交通枢纽智慧化建设研究[J].高速铁路技术,2021(04):1-6.

3.运力调度不智能

目前枢纽缺乏统一的运力调度系统，出租车、网约车、公交车的运力调配基本靠经验或司机自发组织，现实中常常出现闲暇时运力过剩车辆排长队、高峰时运力不足旅客疏散不畅的不利局面。

4.违法打击不精准

枢纽及周边区域仍存在一些"黄牛""黑车"，从事非法营运，实行欺客宰客，严重侵害旅客权益，影响城市形象。执法部门虽然经常打击，但手段有限，难以根治。有些营运车辆存在短途拒载、加价议价等违规行为，或态度不好、服务不佳，乘客体验较差，投诉、舆情较多。

5.旅客服务不贴心

目前旅客获取信息服务主要是依靠各类指示牌和人工问询，缺少先进的信息服务系统。旅客很多是外地人，首次来义乌对枢纽不熟悉，枢纽需要贴心、细致、到位的信息服务，使乘客及时获知最需要的信息，方便快捷地转乘其他交通。

三、义乌高铁枢纽智慧交通平台实施路径

根据国家、省和义乌市对综合交通枢纽发展的总体要求，针对义乌站目前在智能化发展方面存在的问题，未来义乌高铁枢纽的建设和运营，坚持管理和服务并重，以提升大型枢纽综合治理效能为主线，广泛运用云计算、大数据、物联网、移动物联网、人工智能等先进技术，全面推动义乌高铁枢纽智能化升级，构建泛在化、数据化、高效化的智慧管理服务体系，显著提高管理精细化水平，提升枢纽服务品质。

（一）发展目标

1.全息感知、决策提效

通过机器视觉传感器布设，结合智能管控技术，重点加强人流、车流、运力的时空监测，构建枢纽全息感知体系，支撑多方式交通换乘、枢纽运行的综合监测分析应用和科学决策。

2.数据驱动、治理提级

以枢纽数据资源为新要素、新优势，深度挖掘数据资源，以数据驱动业务改革，推动枢纽治理能力提升跃级，打造现代化交通枢纽数字化治理典范。

3. 创新引领、服务提质

深入贯彻落实创新驱动发展战略,围绕枢纽出行服务需求,充分发挥互联网＋交通创新驱动优势,以智慧化手段推动交通枢纽信息服务革新,推进服务提质升级,让枢纽运行更智能、管理服务更精细。

(二)总体架构

为深入推进义乌站智慧交通体系建设,智慧交通平台构建"1+2+5"总体框架,依托一整套数字基础,构建大数据和 AI 两个平台,支撑围绕枢纽态势监测、运力智能调度、交通执法监管、旅客出行服务四大业务,为枢纽精细化、智能化管理服务建立基础性、关键性技术支撑(图3)。

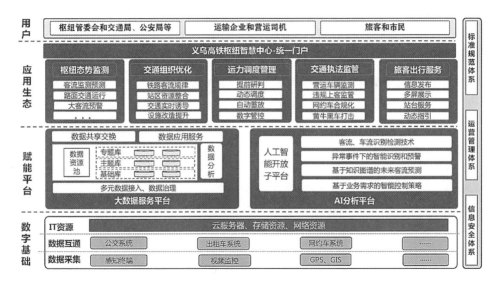

图3　义乌高铁枢纽智慧交通平台总体架构

平台逻辑架构进一步细分为数据采集层、IT 设施层、数据存储层、算法模型层、场景应用层、终端展示层 6 个层次[1]。

1. 数据采集层

针对智慧化综合枢纽服务需求,实现多方式数据采集。自建道路采集设备、视频监控等,对枢纽内外交通信息进行主动采集;通过第三方接入,从市交通局、公安局、枢纽管委会、运输企业等接入相关的行业数据,挖掘现有的数据资源价

---

[1]　刘宏源.城市综合交通枢纽智慧化设计研究——以深圳市西丽综合交通枢纽为例[J].现代城市轨道交通,2024(02)：19-26.

值,丰富数据资源的覆盖面。

2. IT设施层

复用政务云PaaS功能,构建义乌高铁枢纽智慧化基础支撑体系。复用政务云提供的包括资源服务总线、API网关、微服务组件、日志管理组件和容器等工具,作为本项目的技术支撑组件。

3. 数据存储层

构建视频分析平台,汇聚监测分析数据和接入的各行业数据,建设义乌高铁枢纽交通运输一体化数据仓,实现与内外部应用系统数据交互。

4. 算法模型层

主要根据业务应用需求和数据基础条件,研究专用算法模型,为上层业务应用提供运算支撑。包括枢纽客流态势感知模型、短时交通预测模型、排队长度预测模型、运力智能调度模型等。

5. 场景应用层

面向枢纽态势监测、协同调度、出租车/网约车运营组织、出行引导、交通执法等应用场景,构建五大应用平台以及统一门户体系,为义乌高铁枢纽多方用户提供有效技术服务。

6. 终端展示层

以前端显示大屏、后端监控大屏、手机客户端等方式,向各级用户推送展示平台有关信息和资源,直接服务用户。

（三）主要功能

义乌站智慧交通平台围绕枢纽城市发展战略,紧扣枢纽交通业务需求,遵循"泛在感知、精准运算、智能调控、数字执法、实时引导"等智慧化发展原则,建设一系列创新性、实用型业务功能,为枢纽整体智治打下坚实基础。

1. 国铁数据归集

平台成功实现铁路12306预售票数据的自动归集,自动获取义乌站每趟列车的到站时间和发送旅客人数,实现对铁路客流的实时掌握、提前掌握。据此研发铁路客流监测与统计系统,按不同维度展示铁路客流分布规律特征,提前预告未来时段客流(图4)。

2. 客流监测预警

平台以全局视角审视枢纽客流集散,力求对枢纽客流进行全面掌握、精细解构。通过在枢纽所有人流出入口布设高精度客流检测设备,运用AI技术实时监

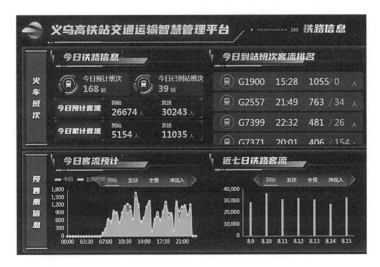

图 4　义乌高铁枢纽获取的铁路预售票数据

测统计枢纽总客流、各交通方式分担客流以及重要场所的排队长度、人流密集度、等候时长等,实现对枢纽客流的全方位监测、全周期统计。建立客流自动核验机制,强化多源数据融合,提升数据准确度和可靠性。

1)铁路出站客流监测

以智能检测设备实时监测铁路出站口、进站口人流量,与铁路预售票系统共享数据进行比对核验,化解高峰期旅客购票"买短乘长"行为导致的客流统计失准问题。

2)分方式客流监测

分别在出租车上客区、网约车上客区、公交乘客等候区、地下车库入口、长途客运入口布设客流检测设备,获取分方式的实时客流数据,掌握枢纽客流疏散的方式结构,用于指导枢纽交通整体规划和组织管理。

3)乘客排队长度监测

在出租车上客区布设客流密度检测设备和计数相机,实时监测旅客排队长度和候车时间。

4)客流密集度监测预警

在出站大厅关键点位布设客流密度检测设备,用于实时监测大客流拥挤度,并实时报警。

3.车辆监控监管

围绕数据驱动交通治理的要求,以运力监控、秩序维护、运行保障为目标,建立枢纽空间车辆流动全过程监测监控体系。

一是建立无盲区监控系统，确保枢纽内外交通空间全面可视化，一屏统览。二是对枢纽交通场所布设车牌识别系统，无遗漏采集车辆号牌等信息，记录车辆在枢纽内部的行为轨迹，包括东西送客平台、出租车蓄车场进出口、网约车上客区进出口、公交车场进出口等。三是向枢纽周边道路延伸覆盖，以区域交通整体管控为导向，加强枢纽内外交通衔接转换和广域监测。四是在枢纽关键部位设置面向行驶车辆驾驶员的人脸识别系统，用于稽查营运司机持证合规性。五是基于枢纽内交通秩序管控需要，在主要路段和重点场所布设违停监测系统，以定点监测、区间测时两种方式，自动判别违停候客车辆，支持执法人员加强管理(图 5)。

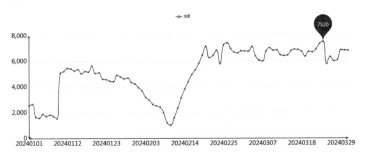

图 5　网约车上客区交通量连续监测

4. 运力调控调配

根据枢纽客流高效集散的总要求，详细解析旅客运输全过程，构建客流与运力双向协同的精准研判、智能决策、高效指挥调度体系，动态调配运力资源，最大程度化解"人多车少"或"人少车多"问题，努力实现旅客、司机双方共赢，共同完成枢纽交通疏散任务。

首先建立到站客流精准预测体系，依托铁路预售票数据和历史客流数据，研发枢纽客流预测模型，开展短时客流预测。第二是建立各方式分担率预测模型，根据历史数据和当前状态，动态预测各方式分担客流量。三是实时获取枢纽内外运力供应情况，掌握场内排队运力、场外等候车辆以及周边 3～5 km 范围内可用运力数量。四是准确预测枢纽出行服务时长和运力消耗速率，再根据客流预测，动态测算运力缺口及储备需求。五是根据运力供需数据，实时呼叫调配空闲运力，畅通信息传递渠道，确保调度指令高效触达。六是建立枢纽内部运力储备和排队上客秩序，自动化管控场内车辆停放、通行，提高枢纽内部周转效率。

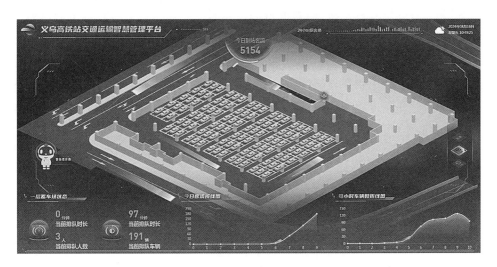

图 6　出租车运力智能调度调控

5. 秩序维护管理

综合客运枢纽存在多种运输经营业态，有限空间内各经营主体都应自觉维护运输市场秩序、遵守交通运输管理规定。但现实中，违法违规现象时常出现，扰乱枢纽正常运行秩序，影响城市形象和旅客出行体验。大型交通枢纽，必须强有力地维护市场经营秩序和交通运行秩序，严格执法监管，为枢纽运转保驾护航。

义乌高铁枢纽智慧交通平台，依托全面细致的车辆监测，建立数字赋能精准执法体系。一是针对出租车短途出行纠纷矛盾，建立短单免排队补偿的"绿通"机制，配备数字化监管系统，全程由系统自动核定车辆短途"绿通"资格、自动放行优先排队，减少人工工作量，杜绝人工操作的廉政风险。二是针对部分出租车在网约车服务区违规上客问题，建立基于海量车牌数据的违规车辆自动提取功能，批量通报所属企业加强管理。三是针对部分车辆长时间占道候客问题，建立关键路段区间测时系统，自动提取超长停车车辆号牌，实施针对性加强管理。四是针对网约车合规化问题，对接省市网约车平台获取合规车辆信息，全面核查枢纽内外往来车辆，排查无证经营车辆。五是根据车辆在枢纽出行轨迹，实施车辆行为画像，重点研判高频活动车辆，追查"黑车"线索，固定证据，支持执法部门打击非法营运行为。

6. 司乘服务引导

牢固树立为旅客服务的理念，从旅客出行需要出发，建立先进的数字化引导系统,为旅客提供耳目一新、周到细致的信息服务。在旅客出站的每个决策点,恰当地设置信息引导,告知乘客最需要的信息;充分设置兼容走错的信息引导;静态标识与动态引导相结合、连续性的信息引导;开发沉浸式站内导航;同屏展示竞争性信息(如出租车与网约车),供旅客决策参考;针对地下车库定位不准问题,全方位强化车库柱网标识,建立数字化的车辆查找、人车互找功能,建立实用型地下空间车辆定位系统,方便旅客查找车辆。

四、义乌高铁枢纽智慧交通平台应用成效

义乌高铁枢纽智慧交通平台已建成投用,为枢纽交通治理开辟了全新的智慧化之路,并经过实践检验,在实战中发挥实效。

（一）加强主动性,加快客流集散

实时接入铁路预售票数据,提前掌握铁路到发客流的总量、分布及时段特征,以预测客流、实时客流作为枢纽交通集疏运的导向和指引依据,建立基于动态客流的枢纽交通主动管控机制,实施主动管理、超前管理,最大限度加快客流集散速度、提升运输服务、保障交通顺畅,有效预防大客流集聚积压。

（二）掌握规律性,优化交通组织

通过新建的客流、车辆实时监测体系,实施数据驱动业务改革,事先定量预测、事中实时监测、事后评估反馈,全面革新枢纽交通治理方式路径。同时不断积累观测数据,加强系统分析和联动分析,研究客流集散规律和各交通方式运行特征,以此指导和优化枢纽交通运输组织方案,尤其是网约车上客区交通改造提升方案、出租车大客流疏散方案、公交专线配备方案、枢纽道路交通管理优化方案等。

（三）突出精准性,合理调度运力

依靠客流监测预测系统、分方式交通分配系统、现场运力监测系统和可调度资源储备系统,研发运力缺口动态计算模型,并建立面向司机的客流信息发布、运力饱和预警机制和运力呼叫机制,以数据为抓手,实现客流需求与车辆运力的精准匹配,实现乘客走得快、司机排队少的双赢目标。

（四）提升合规性,打击违法违规

运用平台新建的车辆监测监控系统,记录车辆轨迹,核查车辆出行频次,联动公安交警部门,绘制车辆行为画像,智能识别疑似非法营运车辆,有针对性地加强执法,打击黑车。建立车辆"黑名单"制,禁止上榜车辆进入出租车、网约车

上客区域,加强靶向打击。建立出租车短途补偿数字化监管系统,化解长时排队与短途营运的矛盾纠纷,提高服务质量,降低旅客投诉率。建立营运车辆服务质量评测体系,对服务差的车辆实施禁入枢纽载客的处置措施,督促司机和企业提升服务,维护城市文明形象。

五、总结与展望

本项目立足于大型枢纽智慧交通发展和义乌站交通治理的现状,紧紧围绕智慧枢纽发展需求,以系统工程、交通工程和人工智能理念思想为指导,以智能感知、数据融合、模型运算为基础,以破解枢纽治理难题、提升枢纽治理能力、提高枢纽服务品质为目标,提出建设集客流监测预测、车辆监控监管、运力调度调控、执法监督管理、出行服务引导为一体的义乌高铁枢纽智慧交通平台,项目建设有助于大型枢纽推进全量数字化监测交通运行、全息智能化管控运输组织、全面精细化加强出行服务,实现枢纽交通治理数字化改革和智慧化升级。

本项目建设与应用的经验总结:一是坚持交通业务需求牵引,缺乏实际业务支撑的智慧化,不是真正的智慧化。二是注重数据驱动、强化数字治理,推进业务数字化、治理智能化,突破传统人工管理、经验管理的困境。三是强化信息共享与部门联动,花大力气归集铁路、交通、公安等部门的数据资源,打破铁路与地方、交通与公安的体制障碍和数据壁垒,打通省、市、县三级数据传递通道。四是力求系统稳定与数据精准,充分考虑设备健康状态和误差存在,设计多重核验机制和双路并联处置,提高平台运行可靠性和实战能力。

义乌高铁枢纽智慧交通平台的建设,是大型枢纽智慧化发展和交通智治的一次探索和实践,在我国大力推进综合交通枢纽建设的背景下[1],该平台的建设与应用具有较强的推广借鉴意义,可为枢纽管理部门、交通运输部门和营运企业提供有力的智能化支持,也可为新建枢纽规划设计提供数据依据和实施指引。未来应继续拓展平台功能,进一步获取铁路实时数据,探索基于智能管控的网约车上客交通组织新模式,研究数据驱动的大客流高效疏散新对策,推出智能化的旅客出行引导新举措,不断深化治理和提升服务,强化面向枢纽整体智慧化发展的顶层设计和一体协同。

---

1 余轶.综合客运枢纽智慧化建设探讨[J].智慧中国,2023(01):88-89.

非遗 AI 传播与城市社区文化
共同体建设的脉缘与承继

郑筱莹*

在人工智能 AI 体系愈来愈全球化和普遍化的时代趋势中,非物质文化遗产（简称非遗）作为人类文化多样性的重要组成部分,承载着丰富而深刻的历史信息和文化价值,是人类生存和生活的经验提炼和结晶。然而,随着时代的变迁和科技的发展,尤其是现代工业技术的发展,非遗资源面临着诸多挑战。在以技术化和标准化为指标体系的价值判断中,传统文化逐渐淡出、传承脉络断层、商业化变异以及年轻一代的感知力和创造力失衡等问题接踵而至,非遗的传承、创造和活化面临着前所未有的挑战。如何在现代化的城市社区中传承和弘扬非遗文化,成为一个亟待解决的问题。在这样的背景下,利用人工智能（AI）技术传播非遗文化与城市社区文化共同体建设相结合,成为一种新的尝试和探索。在此宗旨下,本文将探讨非遗 AI 传播与城市社区文化共同体建设之间的联系,以及如何利用现代科技手段,特别是人工智能（AI）技术,来促进和促生非物质文化遗产的传承、传播和发展。

众所周知,进入现代社会以来,社区作为建设新型城镇化共同发展的基石,已然成为非遗保护和发展的基本阵地和守住文化根脉的关键所在。特别是近年来,人工智能 AI 基础数字化的非遗项目作为传统技艺与智能技术的交融,为保护和传承非物质文化遗产提供了新的途径和机遇。AI 技术通过记录和分析传统艺术、创新和推广非遗项目,为传统技艺注入了新的活力和生命力,尤其对于新型数字化社区文化建设中的共同体构建,将会实现非遗传统形态难以实现的功效和社会传播可能。

---

* 作者郑筱莹系中国美术学院设计艺术学院教师,主要研究领域：平面设计、数字互动设计、非遗传播。本文为杭州市社科联常规性规划课题（课题编号：Z20YD042）阶段性成果。

非物质文化遗产作为人类既往生活的文化表现形式和生存思维,承载着一个地区和民族的历史记忆和文化身份,是人类宝贵的精神财富,作为民族文化的重要组成部分,蕴含丰富的历史信息和独特的生活方式,是连接过去与未来的纽带。

对于非遗的理解和重视,自 2003 年联合国教科文组织第 32 届大会通过《保护非物质文化遗产公约》作为人类历史上非物质文化遗产保护事业的重要里程碑事件算起,近 20 年来,中国非物质文化遗产事业已经取得丰硕的保护成果。尤其在 2021 年中共中央办公厅、国务院办公厅印发的《关于进一步加强非物质文化遗产保护工作的意见》中提出以非物质文化遗产的发展筑牢中华民族共同体意识的观念,对于非遗、城市社区和传统工艺的内在关联,带来了更多角度、维度、路径和方式等方面的思考和探索。这些方针对于非遗如何进入社区文化共同体建设,提出了明确的指导性意见。

非遗走向 AI 传播成为非遗发展的时代特征和命题。AI 技术的发展为利用人工智能技术对非物质文化遗产进行数字化记录、处理和展示形态提供了可能性和可行性。AI 技术可以对非遗项目进行高质量的数字化再现、智能化展示和互动式体验,使得非遗内容能够跨越时间和空间的限制更广泛地传播,我们已经清晰地认识到这种传播方式不仅能够让更多人了解和接触到非遗文化,还能激发社区成员的参与热情,在增强社区凝聚力和文化认同方面展现出独特优势。

对于社区建设而言,最为重要的核心词是"美好生活"。"美好生活"是社区建设的共同目标,"美好生活"更是对"幸福家园"具体目标的现实活化,是实现"人的全面发展"的基本保障和归宿。

"美好生活"的实现,关键在当代日常生活的重构。著名民艺研究学者柳宗悦提出:"美即是生活""为了充实这样的理想,在人们的生活即日常生活中融入美才是至关重要的。"[1]非遗必然成为当代日常"美好生活"构建和实现的具体内容和载体。

一、非遗之美在日常生活中构筑文化认同

今天,我们要阐释和重拾非遗的价值,正是由于非遗是最贴近人类生活的美

---

1 柳宗悦.何谓民艺[M].徐艺乙,译.桂林:广西师范大学出版社,2018:22.

的领域，日常生活之美恰恰是非遗的精髓所在。非遗的重要性是因为"一个民族固有的特性也会在非遗领域内得到最淋漓尽致的体现"。

自古以来，中国人就把美好作为生活的追求和内核准则进行思考。究其实质，"美好生活"是人类生存的自然性和社会性、物质性和精神性、现实性和技术性的统一和高度合一。

今天，我们基于现实条件和技术发展，特别是面对迅猛而至的以数字化为主的人工智能技术，已重新确立了对"美好生活"的追求和向往，表达了人类存在的根本目的性与内在需求性。

因此，理解"美好生活"的全部，需要我们清晰地梳理和判断与"美好生活"相关的民众艺术的物质性、社会性、精神性、文化性、技术性的内涵和指向。其中，物质性是基础，社会性是保障，精神性是目标，艺术性是追求，技术性是条件。

作为技术条件的人工智能 AI 技术的发展为非遗文化的传播提供了新的无限可能。AI 技术的介入，可以通过智能化的方式进行数据分析、模式识别，对非遗文化进行数字化记录、整理、分析和传播；甚至激发新的文化样态生发的可能。这些对于传统生活艺术文化性的追求和理解，在未来社区的构建中，占据了主导性的地位和价值肯定。中共中央、国务院在 2017 年颁布和实施的《关于实施中华优秀传统文化传承发展工程的意见》中提出：文化是民族的血脉，是人民的精神家园。对于文化和社会生活的关系而言，也明确地提出："文化自信是更基本、更深层、更持久的力量。"在这些文化价值和文化内涵指向中，既指向和界定了与文化相关的历史阶段的物质生活、精神生活的基础，也指向了文化以现实的社会实践和日常生活为依托，并明晰了人类文化观的现实丰富性和全面发展的可能性。传统成为文化的源泉和内容以及相应的形式与准则。

AI 技术可以通过图像识别、语音识别和自然语言处理等手段，对非遗项目进行高质量的数字化记录和存档，确保这种传统的价值和力量不会因时间流逝而消失。当下通过图像识别技术捕捉传统舞蹈的动作；利用 3D 扫描技术对传统工艺品进行建模，保存其精确的形状和细节；使用声音识别技术记录民间音乐的旋律；通过自然语言处理技术转录口头传统故事……这些数字化的非遗资料不仅便于保存，还可以通过网络平台广泛传播，吸引更多人的关注。

对于优秀传统文化的核心性质、方向和层次以及境界,AI 技术能够重塑其生命力与延展力。价值传统是文化精神的命脉,是文化品质的保证,是文化秩序的保障,是文化延续的核心。价值体系涵盖和反映了文化的价值规范、价值理念、价值追求、价值理想。这些规范、理念、追求、理想构成了文化的共同体。在近些年非遗推广实践中,比较典型的案例如湘西土家族苗族自治州近几年推出的"让妈妈回家"公益活动——湘西苗绣传统技艺工坊。自 2016 年以来,在"让妈妈回家"公益项目的引领和推动下,湘西州的许多传统技艺以工坊、传习所等形式,吸引了 400 多名"外出妈妈"回乡生活和工作。"让妈妈回家"计划使苗绣、织锦、挑花、凿花等传统技艺热了起来,回家的妈妈们跟孩子们的笑声多了起来。计划实施以来,以传统技艺实现产品的工坊、基地、传习所等近百个。这些机构促使优秀传统技艺文化遗产资源转变为现实致富的优质动力和保障,在技艺和记忆共建的基础上实现了传统文化的鲜活传承,文化生态得以延续,新的非遗传承人群生活"共同体"受惠得以重建。

共同记忆促成了文化认同和文化共同体。文化是产生社区共同体的内在力量,文化认同是社区认同感与归属感的主要来源。文化共同体包含三个要素:共同的文化记忆、共同的文化生活及共同的文化精神。

作为深深植根于人类日常生活经验和民族审美心灵深处的非遗,所具有的悠久历史和厚重传统,是特定群体在特定自然和社会环境中所积淀的生活方式、思维方式、情感特征及艺术价值观念的综合展现,是特定群体和公众在长期生产生活中的集体创造,其中蕴含传统特定文化最深层的本土根源,积淀着深厚的技艺文化传统与历史记忆,寄寓了共同生活在一起的特定的生活情感与艺术理想,成为延续至今的特定民众情感与公共智慧的"技艺之美"结晶。

关注、理解、重视、活化非遗,特别是非遗的数字化,其实质就是在关注、理解、重视、活化一个民族或群体的文化记忆与文化认同的行动与载体。在新的城市生活状态和人工智能时代,非遗与城市社区同构的文化共同体两者的内涵和外延基于社区的美好未来成为"异质共存"与"和而不同"的共生形态,将会出现越来越多的可能性和可行性。在城市社区,通过建立虚拟博物馆,居民通过 VR 头盔或者智能手机应用,足不出户就能参观各种非遗展览,使非遗项目更加生动地呈现在公众面前。这些展览不仅包括了高清的图片和视频,还有详细的解说和互动环节,使得非遗文化的传播更加生动和直观。如通过 VR 头盔观看传统舞蹈表演,或是在 AR 环境中亲自尝试制作传统手工艺品,这些互动体验能够提高公众对非遗的兴趣和参与度。当下正在积极尝试的在社区的非遗文化街区中引入智能导览机器人系统就是典型案例,这些机器人能够识别游客的语言和行为,提供定制化的导览服务。它们不仅能讲解非遗的历史背景,还能演示一些传统技艺,如剪纸、泥塑等,可以极大地提升游客的体验感。

因此,就人们的现实生活而言,无论是从内容、形式、价值以及意义上,AI技术都促生了非遗与未来社区两者之间目标与功能上的一致性。

二、非遗在现实和虚拟现实双维度中促生社区文化全面发展

在新型城镇化建设中,促进未来社区的空间品质和魅力,推动社区绿色发展,塑造社区生态风貌,推广社区与未来建设的经验,打造特色智能和智慧社区,提升社区人文魅力,传承和运用非遗,推动中华优秀传统文化创造性保护、创新性发展,成为未来社区工作的重点。

从前述我们可知,非遗AI传播关注各类非物质文化遗产,强调文化多样性和包容性。城市社区文化共同体建设同样关注社区内各类文化的交流与融合,二者共同推动构建和谐、多元的文化环境。在全球化的背景下,城市社区往往包含多元的文化背景。非遗AI传播可以帮助不同文化背景的人们更好地理解和欣赏其他文化,让不同的文化能够在相互尊重的基础上交流和融合;城市社区文化共同体建设通过培养社区居民的文化素养来提高社区文化品质。非物质文化遗产的保护和传承是实现文化可持续发展的关键,非遗AI传播通过数字化保存和智能化管理,为非遗的保护提供了新的可能性;城市社区文化共同体建设则通过强化社区的文化基础,促进了经济和社会的可持续发展。

在未来社区发展中,文化建设是实现"以人为本"与追求人的自由全面发展的密钥与核心价值。社区作为城市的基本单元,本身就是一种文化的存在。正如现代城市人文主义学者刘易斯·芒福德(Lewis Mumford)所说:"城市是文化的容器。""这个容器所承载的生活比这容器自身更重要。"[1]

但是,对于中国社区的文化内容和性质而言,却有着自身独特的历程和不同点。在中国当下社区文化建设中,最为突出的问题是社区的治理功能与社区人的日常生活文化的割裂,严重远离了中国本土意义和传统价值上的社区目标。这是在未来社区的建设中重视非遗及其当代传播和传承方式的缘由。

---

1 刘易斯·芒福德.城市文化[M].宋俊岭,李翔宁,周鸣浩,译.北京:中国建筑工业出版社,2009:14.

20 世纪以来社会的进化历程表明,城镇化为现代文明进步构建起了坚实的载体。城镇化是人类自身发展的过程和结果,城镇化把人从土地的束缚中解放出来,进入现代文明之后,人的发展已经由传统乡土亲缘拓展到与整个社会城镇共存。

但是,在当下的城市社区建设中,文化本应是社区自然存在,我们却要对文化的价值和地位、功能与作用,进行社区建设意义上的特别话题专题探讨。究其原因,是本应具有文化的社区缺少了文化;社区本应具有的自身文化特质失去了它的独属性和内涵性。为了弥补,我们可以借助 AI 辅助的智能传播平台为非遗传承人提供智能教学软件、互动电子书、专业的培训课程等。通过机器学习算法分析学习者的进步和需求,开发在线教育和传播平台,推荐适度的个性化学习内容。AI 技术可以利用在线工作坊邀请非遗传承人在线教授手工艺技能,分层为社区各年龄段、文化背景的居民爱好者提供非遗文化的课程和互动学习,同时也能够帮助非遗传承人更好地整理和传授自己的技艺,提高非遗教育的质量和效率。在未来都市生活中,通过 AI 技术,平台能够根据使用者的学习进度和反馈,调整传播内容和方式,使学习方式更加个性化和高效化,有助于更广泛地分享相关知识,鼓励社区成员参与到非遗的保护和传播中。城市社区文化共同体建设则通过 AI 技术举办各类文化活动、培训等,将传统文化融入社区居民的日常生活中,普及非遗知识,促进社区文化的活跃度和多样性,助推构建社区文化共同体,增强居民对本土文化的认同感和归属感,这种认同感既是社区和谐与稳定的基石,也是文化多样性得以保护和发展的前提。

因此,社区的共同体构建意识也应运而生。共同体是基于共同目标和自主认同、能够让成员体验到归属感的群体。这种群体是人们在共同生活和共同劳动的过程中自然形成的相对稳定的社会组织形式。植根或遍布社会基层的社群构成了我们要探讨的社区共同体。在社会演进过程中,人类历史上基于农耕文化而形成的由共同生活中某种纽带联结起来的稳定的人群集合体,即我们当代社会的社区共同体,已经从以血缘关系和婚姻关系为纽带形成的族群,转化为以城市生活中人们相互之间因共同的经济生活、居住范围、社会语言、共同历史和文化心理素质为纽带的新型社区邻里关系。

理想社区中个体的组合,应是具有密切生活关联的文化共同体。

理想的社区共同体,应强调和重视文化的理解与功能,这是社区未来发展的必要任务。刘易斯·芒福德在论述城市与文化的关系时说:"最初城市是神灵的家园,最终成为改造人类的场所。"[1]未来的社区应该是社区文化孕育和教育的主要场所。AI技术将会促使人类积极主动去构建和完成这一过程。汤因比(Arnold Joseph Toynbee)就曾把文化的演进过程称为一个社会夺取对环境和物质生活方式统治权的过程。每个群体、每个共同体,包括其中的各行各业,都在创造着新的个性模式,以社区为空间媒介而相互作用着,它们使其中的所有成分都不停转换和组合。AI技术为这些转化和组合提供了统一体,于是社区自身变成了社区文化存在的根基。比如近年来,上海在城市社区建设中,已经积极探索非遗融入社区系列举措和活动。

这些非遗与社区生活的结合和探索成为城市社区活力塑造的有效方式。把地域性的非遗传承通过AI技术手段和公共传播生成良性互动发展生态,充分发挥非遗在加强社区治理、增进社区凝聚力、维系邻里和睦关系方面的重要作用,以社区共同体价值与AI技术传播汇通方式推动传承非遗保护和社区新生活力营造,提高社区居民身份认同感,赓续城市历史文脉,其核心是尊重、保护和支持以人为根本的传统民间技艺传承和体验实践,让非遗传承从乡村走向城市社区,融入社区,回归当地民众生活。

三、重视非遗的数字化与技术化是社区未来建设的新路径

传统作为人们重新思考生存的着眼点,是基于城镇中蕴含人们既往的生活经验和生存技能。从非遗与城市社区建设来说,对于社区空间的传统理解,英国城市学者唐纳德·阿普尔亚德(Donald Appleyard)曾说:"老城市展示了人的尺度、个性化、相互关怀、手工技艺、美轮美奂和多样性这些在机器制造的、现代造型的城市中所匮乏的一切,后者只有单调重复及尺度巨大的特性。"[2]他在怀念人对空间的手工创造、技艺对空间的融入,褒扬那些令人回味的空间遗存和感受。

所以,在经历了城市现代技术的迅猛发展之后,我们意识到大量古文化遗存与技艺不该被废除和忽视,应予复兴,特别是在技术发达的数字化和AI人工智能即将全方位改变我们的都市社区日常生活的时代;反之,社区也应该成为传统文化的储存器和生发器。当前,AI技术在语音识别、图像处理、自然语言处理等

---

1 刘易斯·芒福德.城市发展史[M].倪文彦,译.北京:中国建筑工业出版社,2005:6.

2 史蒂文·蒂耶斯德尔.城市历史街区的复兴[M].张玫英,董卫,译.北京:中国建筑工业出版社,2006:12.

方面取得了显著进展,这些技术的应用为非遗的数字化记录、智能化展示和互动体验提供了技术支持。然而,非遗的多样性和复杂性要求 AI 技术能够更精准地理解和呈现非遗的内涵,这对 AI 的算法和数据处理能力提出了更高的要求。

要实现非遗与 AI 传播在城市社区文化共同体建设的有效结合,笔者建议采取以下几种路径。

1. 非遗资源的 AI 数字化与智能化

非物质文化遗产的主要形态特征是它们的非物质性和难以触摸性。拥有能够解决这些难题的力量正是 AI 技术的优势所在。利用 AI 技术对非遗资源进行数字化采集和整理,建立可供社区居民随时访问和观看、查阅和体验的数字档案库,通过人工智能分析和处理,提供更为丰富和深入的非遗内容。同时,要确保数字化与智能化过程中非遗形态的准确性和真实性,避免失真、误读和误解。

2. AI 技术助推智能化非遗展示与体验

非物质文化遗产的展示和体验,无论是集中式的馆藏、单一的情景、原生地的重现,还是都市化传播,现已成为文旅创意和视觉体验甚至视觉消费时代的必需。开发非遗 VR/AR 体验系统,利用虚拟现实和增强现实技术,在社区中心或公共场所定期举办非遗文化体验活动,让用户在沉浸式环境中体验非遗的魅力。同时,结合 AI 导览和解说,提升非遗体验的互动性和教育、传播效应以及社会构建意义。

3. AI 技术助力社区非遗教育与工作坊以及体验空间建设

中国城镇化的进程已经将非物质文化传播和体验推向了全民社区教育时代。将 AI 技术应用于非遗教育中,开发互动式学习工具和应用,提供个性化学习内容,鼓励社区居民参与非遗的创作和实践。

4. AI 技术促进非遗创意产品的开发和衍生品的创造

创意和创意产品以及相关的经济活动和社会活动,愈来愈鼓励和支持社区内的文创企业和个人结合 AI 设计工具,开发以非遗传统元素为设计灵感的产品,利用智能化技术将非遗元素与现代设计相结合,创造出合乎新型视觉体验和生活方式的艺术作品,实现传统与现代的融合,既保留传统文化精髓,又符合现代审美和市场需求,促进非遗的商业价值和社会价值转化。

5. AI 技术增进和加强社区内外文化交流

社区共同体建设的内核是社区文化的交流与认同。运用 AI 技术对社区非遗活动进行智能化管理,提高活动的组织效率和参与度。通过线上平台和线下活动,促进不同社区之间的文化交流,共同推动非遗文化的传承与发展。同时,数字化资料也便于学者和研究人员进行深入分析,挖掘非遗项目背后的文化价值和社会意义。

因此,在社区共同体的未来文化建设中,应重视并发挥非物质文化遗产在其中的共同价值和功能。非遗 AI 传播与城市社区文化共同体建设之间的脉缘与承继,不仅仅是技术的革新,更是文化传承的一次深刻变革。

通过 AI 技术的应用,提供互动平台和教育工具,鼓励社区成员参与到非遗的保护和传播中,为非遗的传承注入新的活力,同时通过社区文化共同体的建设,增强社区的凝聚力,让非遗文化在现代城市生活中焕发新的活力,也为城市的可持续发展和文化多样性保护提供了支持。

但是我们也必须深刻地意识到,当下中国城市社区建设以及社区文化建设实践中面临的主要问题是原有生活秩序的割裂和传统的断裂。如何修复这种断裂并构筑新的社区生活文化共同体,我们可能应更大、更深、更广程度地借助 AI 技术来保护、传承和多方位重构、激活日常生活的社区重建。以先进的数字化技术进一步探索文化共同体的内涵和功能,应该成为当下社区文化共同体实践中非遗存在的价值和意义。

行业实践
与案例探索

埃因霍温智慧港对科技园区
高质量发展的启示与借鉴

蔡 峻*

科技园区作为现代经济发展的重要组成部分,在推动科技创新和产业发展中扮演着至关重要的角色。通过为初创企业及创新型公司提供良好的孵化环境,包括办公空间、资金支持、技术支持、市场咨询、法律服务等一站式服务,科技园区以创新链、资金链、产业链的融通,以孵化器、加速器等机构为载体,与高校和研究机构的合作促进产学研一体化,形成知识价值创造的集聚效应。园区通常能够吸引大量科研人员、工程师、企业家等高端人才,加快新技术、新产品、新服务的市场化进程,提升科技成果的社会经济效益,由此带动周边地区的经济增长,从而增加就业机会,加强地方经济的整体活力和产业竞争力。传统行业的技术革新和产业升级也会因为科技园区的迅速发展而产生联动效应,由此提高整个区域的创新驱动发展能力,推动经济结构的优化调整,带动城市整体竞争力的提升。经历改革开放四十多年的快速发展,我国的科技园区取得了举世瞩目的成绩,但在创新能力、内生品质、以人为本等高质量发展要素方面仍然存在着提升空间。

荷兰埃因霍温智慧港(Brainport Eindhoven)地区是一个以科技和创新为核心的区域,被公认为荷兰乃至欧洲最重要的技术创新中心之一。该地区因其高度集中的高科技公司、研究机构和高等教育机构而闻名,荷兰皇家飞利浦公司(Philips)、全球半导体设备龙头荷兰阿斯麦公司(ASML)、埃因霍温理工大学(Eindhoven University of Technology)均坐落于此。该地区政府、企业和学术界三螺旋模型紧密合作的成功经验,多年来一直得到其他国家地区的仿效。时至今日,在经济新常态背景之下和发展新质生产力的新要求之下,智慧港仍然是

* 作者蔡峻系杭州国际城市学研究中心综合处处长、浙江省城市治理研究中心副主任。

一个充满创新活力、科技领先，并且不断探索新发展模式的区域，其吸引人才的创新生态系统值得深究和学习。

一、已有研究基础回顾

埃因霍温智慧港被誉为"世界智慧区"（World's Smartest Region），并在2011年被《时代》杂志评选为世界上最具创新力的地区之一，不仅在行业界得到了广泛关注，在学术界也成为案例分析研究的对象。

从城市的视角切入，马尔多纳多、罗曼（2009）描述了埃因霍温城市地区的经济转型过程，并考察了知识和技术、地方质量和组织能力在相互一致性中的作用。研究中发现智慧港办公室具体承担了智慧港的运行，其中主要聚焦在四个领域，即人才、技术、商务和基础设施。而人才这一领域中又尤其重视基于教育、就业和文化的社会可持续性和个人生活品质[1]。喻金田、陈媞（2012）介绍了埃因霍温创新型城市建设的现状及未来发展目标，总结了该地区成功建设创新型城市的主要经验：包括政府主导全面创新，政府、企业和高校（科研机构）三位一体螺旋式紧密结合的科技创新和重塑老工业区域地方品质的文化创新。其中介绍了埃因霍温政府部门与经济组织和知识机构高度合作，起草了名为"2013'智慧港'领航者"的联合战略和"领先经济，智能社会"为主题的"智慧港"2020规划。前者作为近期规划，主要是为了营造"智慧港"地区人才、技术、经济和基础（包括独创性的景观、空间结构等"智慧港"的空间组成成分）四个方面的国际合作和投资氛围，通过经济、教育和知识组织与公共权力机构紧密联系以提升该地区的国际竞争力。后者是希望以埃因霍温为首的荷兰东南部地区能在专业和技术方面成为欧洲前三名世界前十名的高科技地区[2]。

从大学的视角切入，孟展、赵希男、周岩（2021）分析认为，埃因霍温理工大学结合所在智慧港（Brainport）地区的产业优势，搭建起包括创业实验室、科技园、TU/e控股三位一体的创业孵化种群，为在校生创业孵化提供"演练—设施—资金"全系列服务。在建设全球一流高校、欧洲一流创业园区的目标驱动下，学校

---

1 Maldonado A，Romein A. The reinvention of Eindhoven：from industrial town in decline to capital city of a technology and design region[C]//City Futures in a Globalising World Conference，Madrid. 2009：11.

2 喻金田，陈媞.荷兰埃因霍温创新型城市建设经验及启示[J].科学学与科学技术理，2012，33(11)：46-51.

充分利用智慧港、荷兰乃至欧盟范围的企业合作、政府资助、联合框架等创新创业支持要素,将校内的创新群落、创业群落与校外资源协同融合,建立起创新群落和创业群落的共生机制模型。因此,重视系统性和共生性是埃因霍温理工大学创新创业生态系统取得成功的关键原因[1]。

从智慧港本体建设运行的角度切入,吕康娟等(2022)研究发现,智慧港模式的一个重要核心即是"智慧港开发(Brainport Development)"的公私合营的伙伴关系。其成员包括雇主、研究机构、商会、企业总部、一流大学和该地区三个最大城市的政府部门。任何一个小的专业工作人员都会定期与利益相关者会面,交谈各自的优势、需求和目标,进而寻找机会再进行协作。智慧港的任何利益相关者都有机会与其他利益相关者创造新举措。这种合作关系是荷兰百年以来从海上回收土地慢慢形成的传统。相对于在会议、谈判和协议等各种形式中所花费的时间,这种只需要很短的项目清单就可以高效解决的做法形成了一种强大的竞争优势[2]。罗姆(2022)以高科技生态系统的视角,从三个结构条件来探讨了埃因霍温智慧港地区的实践。首先,对高技术研发和创业的关注应植根于该地区的历史,以及在系统工程、设计思维和多学科合作方面的强大合力。其次,区域政策的合作方法使产业、学术和政府在其"三螺旋"治理中具有同等地位。最后,埃因霍温地区受益于将研发和创业活动集中在五个区域的系统性方法。由此认为,埃因霍温智慧港地区提供了一个合作生态系统的示范模型,为硅谷"赢者通吃"的创业文化提供了一种替代方案[3]。

已有的研究对智慧港的实践做了较为细致的梳理和阐述,而随着人工智能时代到来和互联网技术在人们生活交往中的日益深入,如何站在中国式现代化的背景下实现科技园区高质量发展方面仍然值得深化探析。笔者通过欧洲城市学会(the Academy of Urbanism,AoU)在2019年评比最佳城市实践中对于埃因霍温的实地考察和后续的在线跟踪观察,对智慧港如何在城市与人关系框架内融合科创和生活的内在机理做出了进一步的分析和探讨。

1 孟展,赵希男,周岩.研究型大学"双创"生态系统营造探讨——以荷兰埃因霍温理工大学为例[J].中国高校科技,2021,(10):61-65.

2 吕康娟,黄俐,刘蕾,等.荷兰埃因霍温高科技园区数字化转型研究[J].全球城市研究(中英文),2022,3(03):157-170+194.

3 Romme A G L. Against all odds:how Eindhoven emerged as a deeptech ecosystem[J]. Systems,2022,10(4):119.

二、智慧港实践的深度细节剖析

（一）学习在智慧港

科技园区为人才提供了学习、实践和交流的平台,增强了区域的人才吸引力和创新能力。智慧港着重吸引招收国际学生作为潜在的人才,强调让学生通过参与埃因霍温科技大学（Technische Universiteit Eindhoven，TU/e）校园创新空间（TU/e innovation Space,以下简称"创新空间"）的活动而创建社交圈,从而应对社会领域和技术领域交织叠加范围内的重大挑战。鼓励国际学生在学习研究和过程中结识新朋友,一起工作和学习,寻求到家的感觉和心灵归属,具体而言提炼出三个方面的举措[1]。

1. 鼓励学生融入跨学科的研究平台

创新空间既是学生创业的专业知识中心、教育创新的学习中心,也是一个开放的社区,吸引学生、研究人员、行业和社会组织在此开展知识交流,从而让学生融入不同社会角色组成的开发团队,共同努力探索应对各种社会挑战的创新解决方案。在创新空间这种独特的学习环境中,主要采用"基于挑战的学习（Challenge-Based Learning，CBL）"模式,以培养学生的创造力、好奇心和系统思维能力,从而为学生提供一个获得灵感并能够将想法付诸实践的平台。在埃因霍温智慧港和埃因霍温科技大学方面看来,太阳能露营车、人造心脏和消防无人机的共同点在于这些都是由未来的工程师创造而来,而现实中来自行业、政府和社会的非技术因素挑战与技术难题一样成为未来工程师需要面对的复杂问题,这些问题难以通过从单个领域选择一个聪明的技术解决方案来解决,而是需要基于协作和沟通的创造性解决方案。因此,这些未来的工程师需要能够提出自己的想法,应对不确定性,并以创业的心态在跨学科团队中工作,由此与智慧港地区的合作伙伴一起应对社会面临的挑战。埃因霍温科技大学"基于挑战的学习"模式,令学生在解决现实世界挑战的同时进行学习,使下一代负责任和创业的工程师能够发展必要的技能,在不断变化的世界中茁壮成长,由此也获得了150万奖金的第一届荷兰高等教育奖。通过与智慧港创新生态系统的行业合作,学生的学习成为一种组织框架和生态系统中的合作行为。

1　5 ways TU/e innovation Space helps you to become an engineer for the future. 2023－05－09[EB/OL][2024－03－27] https://brainporteindhoven.com/int/news.

2. 贴近学生内心研究解决真问题

在创新空间中,研究人员、企业和利益相关者会向学生介绍现实研发制造过程中的真正问题,由此建构了"挑战"。学生在研究这些开放式问题时,将与来自不同背景和学科的同龄人开展有效的合作、沟通和工作,学生的大学经历将不仅仅是遵循课程,而且能够选择加入创新空间主办的大大小小 40 多个学生团队之中,与 650 多名学生共同获得课程之外的具有挑战性的真实体验。这些团队实际上是一个个技术开发组织,各种背景的学生在这里共同致力于可持续发展、航空及无人机助手、可再生能源、生物复合材料、生命健康、智能移动和人工智能等各类主题的工程解决方案。更为重要的是,一旦这些现实的真问题得到解决或者是得到阶段性的优化,如学生起初的设想最终在概念车、建筑或新型能源系统等真正的成果中实现,学生不仅能够在当地的高科技行业中展示自己的才华以获得日后受聘的机会,而且在社群中所获得的内心成就感比物质奖励更能够成为其进一步努力研究学习的动力。这样"提出问题—合力研究—获得解决—内心激励"过程,能够使这些未来的工程师更加专注于对整个社会有利的解决方案,而不仅仅是为了自身利益追求技术进步。

3. 用最先进的设施设备助力学生梦想成真

创新空间专门在学校内的矩阵大楼(The Matrix Building)里设立了具有许多配置现代化设备的车间和实验室,以便学生可以直接着手实施研究方案设想的设计制造。在专业人员的技术指导和监督下,学生可以使用从 3D 打印机、机械臂、激光切割机、锯切和喷漆功能、车床到虚拟现实等一系列设备来开展实验测验。创新空间还向学生开放大楼中包括会议室、头脑风暴区和小组工作区在内的多个会议和协作空间,以便学生能够获得灵感、交换想法、相互帮助。对于国际留学生,还组成了一个多语言开放社区,随时提供帮助,组织彼此会面,分享灵感迸发的网络活动。学生还能够获得与全球范围内公司企业所委托的具体研究项目的合作机会。

(二) 创业在智慧港

科技园区融通创新链、资金链、产业链,促进了新技术的快速迭代和领军企业的产生。GML(GrAI Matter Labs)是一家法国芯片研发公司,其核心技术是利用受大脑启发的神经网络架构来克服传统 Von Neumann 机器和应用处理器的局限性,实现高保真度、超低延迟和低功耗的端到端处理的优化。基于此,GML 公司研发创造了神经形态的、类似大脑的处理器,其运行在设备上而非云上的运算模式,可以用于优化或替代目前广泛应用于汽车、医疗设备和相机等设备的芯片[1]。2016年GML公司就已在巴黎成立,但巴黎地区没有像荷兰那样的芯片开发生态系统。该公司副总裁林德沃(Menno Lindwer)认为埃因霍温是研发和芯片相关工程的绝佳地点,原因在于智慧港拥有一个非常开放的技术生态系统,拥有建立芯片公司所需的所有组件,即基础设施、供应商、知识和人才[2]。GML公司中至少三分之一的员工直接来自于埃因霍温理工大学并在求学期间开展过高科技工作。在林德沃看来,该大学的毕业生之所以能称之为人才,不是因为他们有着丰富的科学家故事,而是因为他们是有创新精神的人,有着真正的工程背景并知道如何制造产品,不仅仅关注一个技术解决方案,还拥有更广阔的视野。

与此同时,GML公司的快速发展还离不开布拉班特开发署(The Brabant Development Agency, BOM)的作用。BOM作为一家在企业家、知识机构和政府机构之间架起沟通对接桥梁的公共机构,由北布拉班德省(the Province of North Brabant,即埃因霍温所在的行政区域)和经济事务部(the Ministry of Economic Affairs)于1983年成立,是当时工业制造业经济下滑而转向科创知识经济时代政府积极作为的产物[3]。正是因为该机构的独立性和公共性,其主要职责在于为需要得到扶持的初创型潜力型高科技企业打开融资的渠道。BOM本身管理的资金和其资源网络所带来的投资都能够为初创企业的持续发展提供资金,而且更为重要的是当BOM加入某个具体项目时,所产生的认证效应会让市场信心得以提高,从而有利于获得更多的资本并促进公司由小到大快速发展。以GML公司为例,BOM不仅为其组织活动,介绍了生态系统,带来了新客户,还畅通了新员工获得工作许可的渠道,研发生产的规模扩大也有助于获得资金投入,入驻智慧港以来,GML公司已经获得了超过2 500万欧元的投资。

科技园区构建了科技成果转化的生态,成为全球创新网络的重要节点,促进了全球资源的流动和创新要素的交流。西门子数字工业软件公司(Siemens

---

1 Life-Ready edge AI processors that enable devices to: Behave Naturally, Interact Meaningfully, Preserve Resources. 2023-01-09[EB/OL][2024-03-27] https://www.graimatterlabs.ai/.

2 Menno Lindwer.Brainport Eindhoven has everything for a chip company to grow. 2022-11-19 [EB/OL][2024-03-20] https://brainporteindhoven.com/int/for-you/business/succes-stories/grai-matter-labs.

3 BOM Catalyzing Change. 2023-10-07[EB/OL][2024-03-19] https://www.bom.nl/over-bom.

Digital Industries Software)的比荷卢办事处自 2019 年 12 月起设在智慧港产业园区(Brainport Industries Campus,BIC)。该部门起源于 2007 年,收购了专门从事三维和二维产品生命周期管理(Product Lifecycle Management,PLM)软件的 UGSa 计算机软件公司。它的产品已经演变为不再需要物理设计、开发和监控的产品。它们都可以在数字环境中进行管理。公司之所以选择智慧港,也是因为其拥有公司发展所需要的生态环境支持系统,如现场实验室、制造公司和教育机构,而且公司还主动支持前文提及的校园学生研发团队,如埃因霍温太阳能团队(Solar Team Eindhoven)和赛车团队(InMotion)[1]。更为重要的是,公司的许多客户都在智慧港周围,包括荷兰皇家飞利浦公司(Philips)、荷兰皇家蒂斯麦公司(DSM)、荷兰汽车制造商达夫公司(DAF)、全球最大的半导体设备制造商荷兰阿斯麦公司(ASML)等全球知名企业。

西门子的核心软件产品生命周期管理软件(PLM)能够应用于许多垂直市场,包括但不限于电子和半导体、机器制造、汽车和食品饮料。由于实现了生命周期的数字化,生产过程中所有组件在不需要构建原型的情况下也能协同工作,如制造汽车的生产设施不再需要使用碰撞测试假人或风洞,食品制造商也可以在生产开发过程中无须昂贵的物理实验室支持测量营养评分并调整每种产品的营养价值。因此公司不仅得到 BOM 的支持,还吸引了 BIC 的青睐。后者是高科技制造业的代表,位于智慧港中心的国际校园,汇集了高科技制造业、教育和知识机构的各种公司。他们相互之间开展学习,并直接与受过技术培训的新一代员工合作。通过这种方式,可以最佳地利用知识和技能来实现创新解决方案。除了知识和经验,这里还共享生产和创新设施,也是埃因霍温智慧港共同为高科技制造业打造的"未来工厂"创新计划的具体载体[2]。

(三)生活在智慧港

1. 以生活品质吸引人才

现代科技园区注重绿色低碳、环境保护和可持续发展,推动清洁能源、环保技术的应用,构建生态友好的工作生活环境。智慧港在其官方网站介绍时使用一句话概括了在埃因霍温生活的理由:住在这里非常好。同时引用了民间数据

1　Patrick Fokke. Siemens moved to Brainport Eindhoven because of its high tech ecosystem. 2022 - 11 - 07[EB/OL][2024 - 03 - 24] https://brainporteindhoven.com/int/for-you/business/succes-stories.

2　A high-tech ecosystem under a single roof. 2023 - 11 - 27[EB/OL][2024 - 04 - 02] https://www.brainportindustriescampus.com/en/.

库网站 Numbeo 在 2023 年发布的生活质量指数排名结果，埃因霍温的生活质量排名第二[1]。该网站是一个普通人共享世界各地城市信息的数据库，比如购买力和生活成本、住房负担能力、空气和水污染、安全、医疗质量和通勤时间。具体而言，智慧港通过五点特征宣介了其生活品质的细节[2]。一是安全实惠并且告别交通堵塞，每天从家到工作地点的车程会比以往任何时候都短，每个月口袋里都会有更多的钱。二是自行车和公园充分显示绿色紧凑城市的优势，如果选择骑自行车去看医生，不会超过 15 分钟。三是每个人都会说英语，市民都很乐意提供帮助，而且建有南荷兰外籍中心（Holland Expat Center South）的专门机构，为所有国际人士提供一站式服务。四是为孩子提供优质教育，如果是荷兰本地中小学，则完全免费，如果是 Salto 国际学校，也只需支付相对较少的费用；联合国儿童基金会的全球研究表明，荷兰儿童是世界上最幸福的孩子，埃因霍温也旨在为孩子们生活和成长提供绝佳场所。五是提供富有创意和多样化的城市氛围，比如埃因霍温理工大学和荷兰设计学院（世界上最好的设计学院之一）有许多聪明、有进取心的学生，为城市带来了活力和创造力。世界知名的当代艺术博物馆 Van Abbemuseum、充满活力氛围的 Strijp - S 街区及周边画廊、设计工作室和创意公司，在此举办的北欧最大的设计活动荷兰设计周，都让埃因霍温这座城市充满艺术和文化气息，在吸引全球人才的同时也招来了全球各地的美食文化。

2. 为居住提供方案建议

智慧港地区以其蓬勃发展的技术和创新部门而闻名，是寻求专业发展的外籍人士的热门目的地。为了帮助外籍人士在这个充满活力的地区感到宾至如归，智慧港与领先的外籍人士住房公司 Corporate Housing Solutions 合作收集了五大建议，以期让人才拥抱智慧港地区充满活力的精神[3]。一是鼓励国际人才拥抱社区，智慧港地区是文化的大熔炉，吸引来自世界各地的专业人士。鼓励参加社交活动，加入外籍人士团体，参加文化活动，结识志同道合的人，同时有南荷兰外籍中心等组织资源，帮助人才融入当地社区，从而增强归属感。二是鼓励

---

1 Quality of Life Index by City 2024 - 02 - 01[EB/OL][2024 - 03 - 17] https://www.numbeo.com/quality-of-life/rankings.jsp.

2 Why Eindhoven ranks ♯2 on quality of life. 2024 - 02 - 13[EB/OL][2024 - 03 - 20] https://brainporteindhoven.com/int/discover/quality-of-life.

3 Top 5 tips to finding a home and settling into the Brainport region by Corporate Housing Solutions. 2023 - 06 - 08[EB/OL][2024 - 03 - 20] https://brainporteindhoven.com/int/news.

国际人才探索文化场景,提供了 RegioRadar 的在线文化活动信息中心,鼓励人才参观 Van Abbemuseum 或 Philips Museum 等博物馆中的历史遗产和当代艺术,参加该地区著名的音乐节、戏剧表演和设计展览。三是鼓励国际人才探索街区、了解社区,体验每个街区独特的魅力和特色,找到适合的生活方式和偏好的文化领域,并在 Corporate Housing Solutions 有价值的见解之上,决定自身的安居之所。四是鼓励国际人才拥抱户外活动,加入体育俱乐部,利用众多的公园、自行车道和绿地,通过参加户外活动促进身体健康,找到与当地人和有共同兴趣的外籍人士见面的机会。五是提供专业住房支持,设立 Corporate Housing Solutions,以其对当地房地产市场的专业知识和对外籍人士要求的理解,帮助国际人才节省时间和精力,实现平稳过渡。

3. 帮助人才配偶找工作

智慧港在调研中发现人才考虑是否落地的过程中考虑的一个重大问题是随行配偶或伴侣的求职问题。2014 年,两位有远见的女性决定解决埃因霍温外籍伴侣群体与当地荷兰社区之间的脱节问题,于是就成立了外籍配偶倡议(Expat Spouses Initiative, ESI)行动[1]。作为一场自下而上的社区自发活动,该行动重点支持在职居民的国际配偶在荷兰融入社会。智慧港地区承担了荷兰 40%以上的研发工作,这些专业的人才通常由一位愿意重返职场的高技能配偶陪同。ESI 的作用就在于将国际人士,尤其是国际知识工作者的配偶与当地的职业机会联系起来,并以社区驱动的方式加速他们进入荷兰劳动力市场。对于当地商界来说,ESI 是变革的驱动力,专门致力于弥合需要有才华、有技能的员工的企业与有动力准备进入荷兰劳动力市场的高技能国际人才之间的信息差。

智慧港结合 ESI 的经验对国际人才针对性地给出了相关举措建议,如提供了一个名为"Talent100"的为期 3 个月的职业加速计划,帮助他们以社区驱动的方式加速进入荷兰劳动力市场,提供培训、支持、人际网络和成长机会,重新开始他们的职业生涯[2]。如建议国际人才配偶通过 LinkedIn、Really 和 Monster 等就业平台来查阅智慧港周边地区所提供的工作机会,并了解荷兰的文化、劳动实

---

1 About us: expat spouses initiative2022 - 11 - 13[EB/OL][2024 - 03 - 20] https://expatspouseinitiative. org/our-story/.

2 5 Tips to Get Professionally Active in Brainport Eindhoven by ESI2023 - 02 - 04[EB/OL][2024 - 03 - 26] https://brainporteindhoven.com/int/news.

践和生活方式等真实的生活图景。重视通过网络与相关专业人士建立联系，开展与本人的兴趣、教育背景相关的个性化的真诚沟通。提供志愿服务和专业团体的加入信息，帮助国际人才配偶找到朋友并发展人际网络，以有意义的方式提高技能并重返工作岗位。

三、案例启示与经验借鉴

（一）实施贴合人心的产学研一体化

从前述实践可以发现，以埃因霍温理工大学为核心的智慧港园区实现了教育、研究与产业的紧密联动。通过建立联合实验室、孵化器和加速器等，加速科技成果的转化，为园区企业提供持续的人才和技术支持。产学研一体化的模式早已得到认可，但如何做到"贴合人心"仍然存在可提升的空间。由于科技园区对当地经济有着显著的贡献，我国目前城市科技园区的激励体系仍然以金钱奖励为主，而且政府管理者还会沿用等级分层管理的思维模式对激励标准进行细致的划分，但实践中却在一定程度上导致了政策执行的异化反应，片面形成了追求金钱奖励的极化导向，反而导致科研项目本体创新的弱化。

因此，要建立一个开放、包容的科研氛围，鼓励不同背景、观点的科研人员交流碰撞，尊重每个人的工作和贡献，减少学术霸权和偏见，增强科研人员的群体认同感。要改革科研评价体系，避免单一的论文数量导向，引入多元化的评价指标，分层分类建立完善自由探索型和任务导向型科技项目分类评价制度，持续深化针对高层次人才的灵活性、中长期激励方式改革，对科研成果的社会影响力、技术创新、团队合作等评价更加公正全面。科技创新涉及政产学研等多元主体，人、财、物、知识产权、文化氛围等多重要素，是各创新主体与要素之间协同合作或耦合的一种非线性现象，是一项复杂的社会系统工程，要通过市场化专业化的服务机构，减少科研人员的社会性压力，增强对评价体系的信任和认同，吸引更多优秀人才进入科研队伍，营造崇尚科学、尊重创新的价值理念和文化氛围，打破传统的学科壁垒、分析性或线性思维模式，促进学科之间的交叉融合，聚集众多领域的科研力量及其优秀成果，不断增强科技人才的使命感、获得感、成就感，为他们脱颖而出创造条件。

（二）强化平台型组织的功能和作用

从前述实践可以发现，以智慧港为代表的科技园区本身就是加速知识转移、促进产业化、集聚创新人才、汇聚资本和多种创新要素的重要平台。其中又诞生出许多具有开放性和共享性特点的各类平台型组织,能够有效整合包括技术、资金、人才等科技发展的各种资源,从而打破传统壁垒,促进资源在城市与产业间的高效流动和最优配置。其间包含的创新思维和创业精神,通过支持新技术的研发应用、新商业模式的探索,加速产业升级转型,推动智慧城市中高新技术产业和现代服务业的发展。我国科技园区内的横向平台组织实践也已蔚然成风,但实践中园区管理体制仍然存在着自上而下垂直纵向的层级模式,导致平台组织的跨越能力难以发挥实际效应。

因此,在数字经济背景下,要鼓励支持平台型组织利用其数字化优势,构建起包含政府、企业、科研机构、居民等多主体参与的数字生态系统。促进数据共享、服务协同和价值共创,优化城市公共服务的供给,提升城市管理的效率和透明度。发挥数据要素非竞争性、非排他性、低成本复制和即时性等特征,以数据要素为龙头构建产业生态平台,促进不同产业之间的协同合作,打通数据链,在依法加强安全保障和隐私保护的前提下,促进数据要素自由流动,持续营造良好的数字创新创业环境。由于平台型组织往往具有开放式创新、用户参与创新等新的创新模式和方法,而且具备灵活的激励机制来激发科创人才的积极性和创造力,从而能够汇聚更广泛的创新力量,提高创新的多元性和包容性。要支持构建更加开放、融通且有活力的数字创新生态,由此形成产业链上下游的联动,创新服务模式,提供个性化、多样化、一体化的解决方案,让平台型组织在政府与市场之间起到桥梁作用,面向不同创新主体之间的合作与交流,形成创新网络,加速知识的流动和技术的转移,从而提升整体的创新效率和创新质量,吸引更多的人才和投资,推动产业升级和经济结构优化,以资源要素的良性循环提升城市的综合实力和持续竞争力。

值得一提的是,智慧港作为一个成熟的创业生态体系,还包括了丰富的创业资本和金融支持机制。智慧港地区活跃着多个天使投资人团体和种子基金,本地和国际的风险投资基金都会在此寻找高增长潜力的科技企业进行投资。荷兰政府及地方当局提供各种形式的财政资助,包括研发补助、税收优惠和创新奖励,以促进科技和创新项目。智慧港地区则提供类似孵化器和加速器的物理空间,为初创企业提供办公场所、网络资源和专业指导。大型企业如飞利浦和阿斯麦(ASML)也参与创业生态系统,通过合作伙伴关系、供应链机会和共同研发项目支持初创企业。金融科技企业开发创新的金融工具和服务,提供贷款担保、信用增级服务,帮助降低初创企业获得贷款的门槛,为初创企业融资和财务管理提供便利。总之,平台型组织通过整合资源、技术创新、数据融合、产业协同、服务模式创新、政策推动等多方面的工作,以分散风险的方式,降低科技创新中的不确定性,让更多科创项目在平台上获得试错的机会,发挥出科创成果研发与转化的更大效能。

（三）提升科技园区的生活品质

从前述实践可以发现,智慧港以高质量的城市生活环境,包括优质的教育资源、医疗设施、安全的社区、丰富的文化活动和宜人的自然环境,吸引更多顶尖科研人才选择定居和工作。城市生活品质的提升往往伴随公共空间和社交场所的改善,这为科研人员之间的非正式交流提供了便利,有助于促进不同学科和领域的知识交流与合作,激发新的创新思维和研究方向。高效的城市管理和优质的生活服务能够减少科研人员日常生活中的烦恼,如快速通勤、便捷的公共服务等,使他们能更专注于科研工作,提高工作效率和创新能力。我国大部分科技园区在规划建设管理进程中,由于种种原因往往形成了生产和生活的对立、割裂,造成科研人才的隐性生活成本普遍增高,满意度仍然较低。

因此,要充分认识到,一座高品质生活的城市,往往有着强大的品牌效应,能够吸引更多的投资和合作机会。这对于科研项目的资金筹集、国际合作项目的开展都是非常有利的,能够直接或间接地推动科研创新。良好的城市环境可以激发人们的创造力和灵感。公园、绿地、艺术中心等公共空间不仅是放松身心的场所,也是思想碰撞和灵感闪现的温床。充满活力、开放包容的城市文化氛围,有利于科研人员打破常规思维,促进跨领域合作与创新。良好的居住条件、便捷的交通、充足的休闲和娱乐设施等,都能够保证科研人员在高效的工作之余得到充分的休息和放松,保持创新活力。在新发展格局中,城市的审美观、居住观、消费观、健康观等生活方式、生活理念、生活文化都产生了新面向。要坚持生产、生活、生态"三生融合",在新技术、新业态、新模式的支撑下,构建高端服务业、新型工业、生态农业与传统产业协调发展的绿色产业体系,探索"单位人""机构人"等传统知识文化人在新型实践平台中发挥知识、艺术、文化才能,以"候鸟型""两栖式"的方式参与生活品质创新创业并发挥自身价值。

杭州市智慧城市产业中小企业的
发展现状及对策建议

周樟垠　张哲琪　单子姚　王光军*

智慧城市建设是国家数字经济发展的重要载体。杭州是国内科技创新高地，在数字经济发展和智慧城市建设已经拥有 8 年的深厚积累，始终走在全国前列。但当前杭州智慧城市产业格局中 99.9%[1] 为中小企业，整体规模较小，单个企业抗风险能力较弱，容易受市场经济波动冲击。作为产业核心主体，杭州智慧城市中小企业的高水平健康发展值得重点关注。本文旨在剖析杭州市智慧城市中小企业整体发展现状，揭示内在深层问题，提出针对性对策建议，从而为杭州市智慧城市产业高质量发展、城市智慧化建设贡献更多智慧。

一、智慧城市产业基础背景

智慧城市是指运用新一代信息技术，促进城市规划、建设、管理和服务智慧化的新理念和新模式，现已进入以实现产业的智慧化与智慧的产业化相结合为重点的新型智慧城市阶段。围绕智慧城市建设而发展起来的产业统称为智慧城市产业，分为标准规范、顶层设计、基础设施、智慧中枢、智慧应用、运营服务、网络安全七大环节[2]。目前国内智慧城市企业呈现出规模类型上以科技型中小企业为主，产业动向上以数字孪生为行业驱动，热门研究方向聚焦数实融合新型应

---

* 作者周樟垠系国宏（杭州）规划设计研究有限公司项目负责人，高级工程师；张哲琪系国宏（杭州）规划设计研究有限公司经济师；单子姚系国宏（杭州）规划设计研究有限公司工程师；王光军系国宏（杭州）规划设计研究有限公司部门负责人，高级经济师。

1 中央财经.专精特新之印象杭州：掌握尖端技术，深度嵌入全球产业链行.[EB/OL].（2023－07－09）[2024－04－20] https://baijiahao.baidu.com/s?id=1770959197546310833&wfr=spider&for=pc.

2 中国信息通信研究院，苏州工业园区数字孪生创新坊，中国互联网协会.智慧城市产业图谱研究报告（2022 年）.[EB/OL].（2023－02－27）[2024－04－20] http://www.caict.ac.cn/kxyj/qwfb/ztbg/202302/P020230227661738927755.pdf.

用场景的发展态势。如何发挥中小企业科技创新优势，带动智慧城市产业链集聚和发展，一直是各地智慧城市产业发展的重要议题。

（一）智慧城市产业发展地位持续提升，以都市圈核心城市为引领发展格局不断优化

在国家快速推进数字经济发展和数字中国建设的宏伟蓝图中，智慧城市产业的作用和地位正在不断得到强化和凸显。2021 年，国家"十四五"规划指出要"加强数字社会、数字政府建设，提升城市服务、社会治理等数字化智能化水平""分级分类推进新型智慧城市建设"的发展导向。2022 年，党的二十大作出发展数字经济、建设数字中国的系列新部署新要求，明确了智慧城市产业作为数字经济城市化解决方案的核心基础[1]地位。截至 2023 年底，我国有 400 多个县级以上城市发布了数字城市（含智慧城市）相关专项政策文件[2]，高位推动城市数字化、智慧化转型工作，智慧城市市场正以年均超 15％的速度持续增长。目前，全国已形成以长三角、珠三角、京津冀三大都市圈核心城市为引领，快速向周边扩散的产业发展总体格局。其中，北京、上海、广州、深圳、杭州等一、二线城市合计相关企业数量占全国比重超 60％，头部引领作用突出（图 1、图 2）。

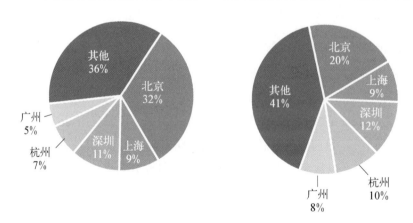

图 1　全国智慧城市产业空间分布情况

1　数字经济城市化解决方法是新基建技术发展和数字孪生城市、智慧＋城市方向。

2　中国信息通信研究院广州智慧城市研究院，中国信息通信研究院产业与规划研究所.数字城市产业研究报告（2023 年）.[EB/OL].（2024 - 03 - 19）[2024 - 04 - 20] http://www.caict.ac.cn/kxyj/qwfb/ztbg/202403/P020240319553472147195.pdf.

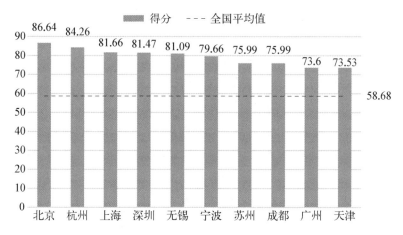

图 2　2023 年智慧城市发展水平评估平均值
前十的城市及与全国平均值对比图

（二）中小企业成为产业创新发展的关键驱动力，头部城市典型代表特征突出

创新是第一生产力。目前，中国智慧城市企业以科技型中小企业和专精特新企业为主，在智慧城市建设过程中，中小型智慧企业正通过不断推动新技术、新应用在城市管理、公共服务等领域的融合创新，成为科技创新的主要驱动力之一。根据中国企业数据库企查猫的数据显示，截至 2022 年末，全国共有 2 404 家智慧城市企业获得科技中小企业的称号，569 家企业为专精特新企业，354 家企业为瞪羚企业。北京、杭州作为智慧城市建设第一梯队城市代表，目前在全国智慧城市发展水平评估中分别位列第一位和第二位[1]，其成功关键在于深入挖掘企业科创潜能，精心孵化新一代专精特新企业，形成了坚实的中小企业优质梯队。

二、杭州智慧城市产业中小企业发展现状

杭州早在 2016 年首创"城市大脑"，率先踏上城市数字化建设征程，通过 8 年的创新摸索，积累了丰富的经验，智慧城市建设始终走在全国前列。截至 2022 年，杭州智慧城市相关企业共 236 家，其中 99.9% 为中小企业。通过多年

1　国脉研究院.重磅｜第十三届（2023）智慧城市发展水平评估报告隆重发布.［EB/OL］.（2023－12－04）［2024－04－20］http://www.govmade.cn/info/detail?id＝151&type＝3.

努力，杭州已将智慧产业战略导向精确锚定在大数据、云计算、物联网、人工智能等重点领域，通过在政务、经济运行、卫生健康、教育培训、交通运输等多个关键领域实施全面的产业部署，基本构建起一个产业规模可观、产业集聚度高、创新驱动显著、多元协同有序、机制健全的产业发展生态系统。

（一）以科创平台为中心的产业集聚发展态势日益增强

目前，杭州智慧城市企业主要分布在西湖区、滨江区、余杭区、萧山区、钱塘区内，重点围绕城西科创大走廊、江南科技城、环紫金港创新生态圈、钱塘科技城沿线科创平台内，这些平台是创新创业科技人才、数据处理和研发机构和产业链上下游优质企业集聚的地区，拥有优越的人才成长环境。基于平台周边高校、研发机构、国家省市实验室等创新资源，加速推进杭州智慧城市产业形成了具有持续竞争力的"单领域＋多维度"产业链蓬勃发展的产业生态模式。各区智慧城市产业特色化、差异化发展特征初显，如西湖区中小型智慧企业以人工智能、智慧家居、大数据、云计算为主，余杭区中小型智慧企业以大数据、智慧驾驶、智慧物流、智慧医疗为主，萧山区中小型智慧企业以传感器、人工智能、智慧医疗为主。

（二）以标准制定为代表的高新技术创新竞争优势凸显

杭州市智慧城市产业群落整体创新优势突出，细分赛道头部引领优势明显。截至2022年，杭州智慧城市相关企业共236家，第四批专精特新"小巨人"企业155家，占全省的25.7％，入围企业数居全国第五[1]。专精特新中小企业平均拥有发明专利11个，累计主导、参与制定国际标准74项、国家标准1 383项、行业标准1 644项。单项领域核心技术全国领先，如北大信研院作为主要起草人参与《信息安全技术基因识别数据安全要求》国家标准编制；融象智慧参编中国信标委《大数据标准化白皮书（2023版）》；莱宸科技研发的智能水表销售市场已覆盖非洲90％以上人口的国家和地区，并在全球智能水表产业链中拥有强势话语权；辰龙检测网络安防技术行业领先，已成为杭州亚运会赛事安防主要服务商。此外，杭州市拥有一批综合素质高的创新企业，不断在国家、省市高规格创新竞赛、评比中获得荣誉，如浙江地芯引力科技有限公司的"一种认证方法及密钥对的处理方法、装置与可读存储介质"获得中国专利银奖；杭州绿中游智能科技有限公司荣获工信部"绽放杯"5G应用征集大赛智慧城市专题赛优秀奖；浙江昊阔

1　新华社客户端.《2022中国智慧城市建设发展洞察报告》发布.[EB/OL]（2022－11－01）[2024－04－20].https://baijiahao.baidu.com/s?id=1748286512713726427&wfr=spider&for=pc.

物联科技有限公司获得中国地理信息科技创新三等奖、中国电子行业用户满意企业认证等。

（三）以产学研一体化发展为协同驱动的共赢新模式初步形成

产业链整体规模持续扩大，需要多领域协同并进，才能有效带动全产业链一体化发展，实现城市治理的智能化、高效化，提升城市管理的精细化水平。杭州自 2017 年就开始探索智慧城市产学研融合的协同发展模式。政府主导推动方面，钱塘区通过实施"博士专家入企"计划，累计输送 174 位博士入企服务，助力完成各类校企合作成果 289 项，合作经费累计投入 2 000 万元以上，营造形成了企业、高校、政府三者间的良性互动环境。高校主导推动方面，2022 年，浙江大学管理学院和杭州巴九灵合作共建"浙江大学管理学院-专精特新研究中心"，为产业高质量发展提供学术系统支持，助力产业链内中小企业解决"卡脖子"问题。企业主导方面，未来黑科技、戴诺科技及璀璨智行等多家创新型中小企业通过阿里云创新中心联合其他龙头企业共同搭建的开放生态平台，与行业龙头开展了在车内抬头显示、空气净化及 V2X 方向的概念验证合作，进一步激发智慧企业科创潜力，为智慧城市产业贡献力量。

（四）以战略引领、政策体系强化为重点全方位赋能中小企业

2017 年，杭州市印发《"数字杭州"（"新型智慧杭州"一期）发展规划》，将数字杭州作为新型智慧城市的一期，创新提出利用数字化技术，不断完善新型基础设施，加快平台建设，推动数据共享的战略部署。2018 年，在"打造全国数字经济第一城"的发展导向的引领下，科创平台相继落地、前沿技术蓬勃兴起、创业特色平台遍地开花，吸引了以中小微企业为主的大批智慧城市企业落户本地。2022 年后，杭州市密集出台了《杭州市加快中小企业"专精特新"发展行动计划》《强化企业科技创新主体地位加快科技企业高质量发展若干措施》《关于做强做优城市大脑打造全国新型智慧城市建设"重要窗口"的决定》等一系列政策，从企业培育、创新生态、研发投入、科技成果转化全方位扶持产业内中小企业创新发展，为智慧城市产业抓出窗口期快速发展提供了有力的政策保障。

三、杭州智慧城市产业中小企业发展存在问题

（一）产品整体市场竞争力有待提高

从整体来看，杭州市智慧城市中小企业因自身规模、营收、研发能力等因素影响，产品竞争力普遍有限。独角兽、专精特新、国家高新技术企业之外的多数

企业其产品竞争力仍有待提升。主要表现为部分企业仍以建设面向单个镇街或村社基层治理的"积分制"系统为主营产品,此类产品功能设计相对单一,彼此之间差异不大,在实效上并不突出,往往只是作为基层治理的一种辅助手段;少数企业仍以驾驶舱等重建设、轻运营、模板化、展示化的产品为主,忽视业务流程再造,虽然短期内仍然能够吸引一些客户,但长远来看缺乏持续运营和优化;大部分中小企业市场方向局限于市域内,对外部市场需求敏感度不足,不利于企业走出去。此外,少数在人工智能(包括人脸识别等)、安防监控、公共安全系统服务等领域拥有先进技术的企业,如华澜微、中科微等因美国商务部实体清单制裁,企业产品出口竞争易受到挤压,影响企业参与国际市场竞争。

(二)企业盈利模式持续性有待增强

目前杭州市智慧城市中小企业在业务布局上,大部分以 G 端(政府端 Government)市场为核心主体,不重视 B 端(企业用户商家 Business)、C 端(消费者个人用户 Customer)市场的开发与拓展,这导致了其业务结构过于单一,对政府依赖程度过高,进而降低企业的抗风险能力。受前期智慧城市行业发展由政府主导的阶段性特征影响,杭州许多中小企业在发展过程中形成了由政府引路的惯性思维,导致大部分中小企业在当前多变的市场环境下,仍然过度依赖政府信息化建设的政策指引和资金支持,缺乏对市场机遇的敏锐洞察和主动挖掘能力。随着政府信息化建设理念的逐步更新,建设机制的逐步完善,预计未来直接用于信息化项目建设的投资额将呈现逐年下降的趋势,这意味着仅依赖政府引导和资金支持已经无法满足中小企业的长远发展需求,部分过度依赖 G 端市场的企业将面临营收大幅下降的风险,其生存与发展将面临更大的挑战。过度依赖单一业务主体作为收益来源,不仅使得企业产品种类单一,业务拓展受到极大的局限,同时也增加了中小企业转型的难度,在激烈的市场竞争中,也更容易受到市场波动的冲击,其生存与发展的稳定性也将受到严重影响。

(三)产学研融合深度广度有待加强

一方面,智慧城市中小企业自身的人才储备和培养机制不够健全,研发团队建设滞后,导致这些企业吸收科研院所研究成果的能力有限,缺乏能够将科研成果转化为实际生产力的二次研发力量。另一方面,产学研合作往往只停留在表面,合作研究渠道开发不畅,缺乏深度和持续性,研究院所的科技成果在辖区无法得到有效转化应用,许多合作项目在开发完成后便告结束,没有形成长期的合作机制和研发整体规划,这种短期的、碎片化的合作方式难以持续有效地提升中小企业的技术竞争力,也无法为智慧城市建设提供有力的技术支撑。第三,合作开发周期长、风险高,减缓了中小企业产学研深度融合的步伐。由于研发投资的前景不确定,中小企业往往缺乏足够的资本来规避这些风险。这使得许多企业在面对产学研合作时持谨慎态度,难以积极投入其中。第四,缺乏有效的协作机制也是制约产学研融合度的一个重要原因。一些企业被动地参加当地的产学研合作或技术创新联盟,缺乏主动性和积极性。部分企业甚至将合作视为履行社会责任、处理政府关系、树立良好形象的手段,而非真正从合作中寻求技术创新和发展的机遇。

(四)产业配套服务系统性有待完善

作为民营企业之都,杭州市在中小企业服务配套方面较为完善,但仍存在明显不足。目前,全市范围内如浙江5G智慧城市创新产业园、中国智慧信息产业园、图灵小镇等专业化智慧城市产业园区数量相对较少,这些园区在推动智慧城市产业发展上起到了积极的作用,但在布局上缺乏全市"一盘棋"的思考,产业分工不明显,缺乏统筹规划。一方面,目前入驻这些园区的企业大多规模相对较小,企业运行效益不高。更为关键的是,园区内缺乏龙头带动和相互协作,导致企业间交流合作有限,产业平台的集聚效应难以凸显。另一方面,由于产业定位模糊不清晰,难以推动大项目、大企业进驻园区,同时导致引进园区的项目和产业杂乱无章,无法形成产业聚集和产业链构建,土地利用和产业发展效率低下。缺乏完整的产业链支撑,也使得园区难以形成规模效益和产业集聚效应,优质企业容易流失,中小企业经营成本居高不下,产业品牌难以形成,产品创新拓展有限,从而限制了产业链的整体发展。

(五)营商环境和人才引育有待提升

在项目保障方面,中小企业参与政府采购面临诸多难点,如信息掌握不充分,资金回笼压力大等,大平台企业通过其绝对优势获得的项目层层转包的问题依然存在,对中小企业公平、充分参与市场竞争造成不利影响,导致中小企业面临业务来源相对单一、自主性受限的双重困境,同时也限制了其业务发展的广度和深度。在人才引育方面,因行业特殊性,部分高技能特殊人才虽然实践经验丰富,但学历相对较低,全市现有人才政策不完善,目前针对非传统意义上的"偏科"人才尚缺乏明确的认定方法与标准,不利于引育特殊人才。同时不少企业也面临着人才福利政策不够完善、人才培养机制缺乏有效性等问题,这些问题对智慧城市产业发展的人才引育不利,人才生态环境有待提高。

四、做强做优做大杭州智慧城市产业中小企业的对策建议

杭州市智慧城市中小企业近年来发展快速，但存在产品竞争力、盈利模式、产学研融合、产业配套服务、营商环境、人才引育方面的问题。基于当前国家战略发展方向、智慧城市产业发展趋势以及杭州智慧城市产业基础，本文从增强企业产品阵容、凝聚政企多方力量、深化科研转化合作、强化产业平台建设、优化企业营商环境五个维度寻求突破，提出五个"聚焦"，旨在整体系统提升企业自身竞争力、优化产业发展生态环境，推动杭州市智慧城市中小企业健康高质量发展。

（一）聚焦"两化"需求，增强企业产品阵容

围绕产业数字化，强化与产业咨询服务商合作，加快制造业数字新产品、新应用场景研发设计。牢抓国家推进数字中国、数字经济、数字社会规划和建设战略机遇，联合钱塘智慧城、云栖小镇、中国（杭州）人工智能小镇等既有科创平台技术链力量、产业咨询服务力量（制造业业务和流程专业化咨询服务商），以数字化改造项目合伙人模式，聚焦制造企业核心业务转型需求的场景化解决方案，发挥中小企业体量小、灵活决策链短、调整经营策略和产品方向速度快的优势，面向杭州五大产业生态圈和八大未来产业领域制造业数字化改造深化，加快低碳储能节能、智能网联汽车、数字安全防控、市场供应链咨询分析等场景服务、运营类新产品设计研发，扩充智慧城市创新产品体系。

面向数字产业化，培育发展一批数商企业。结合中小企业创新响应速度快的优势，鼓励杭州智慧城市中小企业充分挖掘服务主体和企业自身数据资源价值，重点推进市内公共服务数据收集方（政府、国有企业、科研机构等）与智慧城市中小企业深度合作，进行数据二次开发。在浙江省"公共数据授权运营机制"建设基础上，探索区县层级更大力度、更深层次、更高质量的公共数据开放试点，鼓励滨江、余杭、萧山等智慧城市建设基础好、产业集聚程度高的区县先行先试，在杭州市数字交易所上线一批免费的市、区公共数据产品，从省、市、区三级"上下"双向开放，提高公共数据的开放程度和数据规模，支持现有智慧城市中小企业转型发展成服务型、应用型、技术型数商。

（二）聚焦"集群"增效，凝聚抱团发展合力

强化龙头引领，提升一批"小巨人"企业。建立"发现—遴选—培育"机制，精准提升一批优势专精特新"小巨人"企业成为龙头企业，从而优化既有产业矩阵结构，提升杭州智慧城市产业集群竞争力。深入贯彻党中央、国务院决策部署，

财政部、工业和信息化部《关于进一步支持专精特新中小企业高质量发展的通知》精神，制定杭州市专项资金保障政策，重点支持智慧城市专精特新"小巨人"企业在科技研发、科技成果转化、与重点领域龙头企业产业链配套方面的能力建设；建立"先富带后富"机制，对重点支持、培育的"小巨人"企业制定履约条款，要求享受政策优惠企业在年营业收入超过 2 000 万以后，以一定合作形式，带动规定数量的本地中小企业加快发展。

探索成立杭州智慧城市产业联盟，形成区域品牌抱团走出去。引导龙头企业联合中小企业加入联盟，为联盟企业参加智慧城市产业大会、杭州智博会、浙江国际智慧交通产业博览会等高等级、高规格会展活动专设宣传窗口。探索政、企、联盟合力打造"杭州智慧城市供应商"区域品牌新路径，借助对口帮扶支援工作等，助力杭州智慧城市建设服务集成供应商抱团走出去。引导智慧城市中小企业提炼本地智慧化服务经验，推动复制推广一批杭州市优秀运营运维工具和组件以及联盟企业优秀产品，从而助力联盟企业扩大市场影响力，开拓新市场。

完善"一企一档"，提高精准服务能力。市、区两级联动，市经信局、市科技局、市税务局等相关职能部门统一制定企业档案标准、调查要求等，区（县）级层面实施"企业大走访"，收集完善相关数据，负责数据监管、维护更新等。市、区两级共享数据，市级认定，区级评估，合力挖掘一批有潜力的、创新能力强和质量效益高的优质企业，纳入重点关注、培育对象，提供有针对性的指导。

（三）聚焦"精准"引导，深化科研转化合作

因企制宜，强化分类引导。对杭州市 236 家数智慧城市中小企业按照专精特新和非专精特新企业进行分类引导。针对 81 家中小企业，建议余杭、西湖、滨江、萧山各区（县）政府、杭州紫金港科技城高新技术产业园区、杭州未来科技城高新技术产业园区省级高新区率先开展组团承接高校或科研院所科技成果，探索成立智慧城市产业研究院[1]，承担技术管理、投融资、成果孵化主要研发商职能，引导中小企业以协同创新模式、契约合作模式参与试制改进环节的科技成果转化，助力企业竞争力上一个新台阶。针对 155 家专精特新企业引导参与设计开发、应用研究环节产学研成果转化，支持实力较强专精特新"小巨人"企业参与创新需求、基础研究前端环节的产学研成果转化，实现从"专精特新"向"隐形冠

---

1 陈建安，李燕萍.中小企业开展产学研深度融合的路径与对策研究［J］.今日科苑，2022（9）：35－47.

军"的成长。

搭建公益平台,丰富产学研融合场景。搭建"互联网＋"科技"淘宝"产学研合作服务平台,依托人工智能、大数据、云计算,把"互联网"智能推荐模式引入智慧城市产学研对接的网络平台,在西湖区成果转化(普华)中心的基础上,选取滨江、萧山、钱塘等基础较好的区县建立1～2处科技成果转化中心,设置杭州智慧城市产业关键词搜索属性,提高产学研供需对接效率与资源匹配的精准度。鼓励余杭、西湖、滨江、萧山等产业基础较好地区,围绕五大生态圈和八大未来产业制造企业数字化转型关键环节和难关、智慧城市数商企业转型,建设一批"互联网＋"实验室和中试基地,降低智慧城市中小企业主导参与产学研融合创新门槛。

强化要素保障,优化产学研融合生态。以杭州互联网平台销售经验优势,创新探索产学研合作智能服务平台盈利模式,强化线上、线下资源链接能力,增强平台可持续发展,为智慧城市中小企业更大范围、更广深度地投入产学研融合发展提供丰富资源和渠道。打造实验室和中试基地仪器设备市场化、公益性共享平台机构良性竞争格局,优化资金优惠、使用监管等相关配套政策,促进公益性产学研设施的良性发展。

(四)聚焦"上下"联动,强化产业平台建设

提升线下专业园区运营服务能力和人才支撑保障。设立公共服务平台,促进产业集群内中小企业之间的协作和交流,提供技术、人才、市场、政策等信息服务,以及知识产权保护、法律咨询等服务。定期发布最新发展动态,组织论坛、沙龙等活动,为企业提供学习交流的平台,助力企业全面实时感知社会态势,开发实用性强的产品。探索设立杭州智慧城市"产学研深度融合人才特区",依托之江实验室、西湖大学、浙江大学杭州国际科创中心等科研机构,开展智慧城市产业人才体制机制综合改革试点,促进科学家、卓越实验工程师、卓越工程师在高校与企业间的合理有序流动。

以政务服务增值化改革为主抓手,探索搭建"云上产业园"。联合国资、智慧城市企业、智慧城市产业联盟,通过政企合作、运用数字孪生技术等整合资源,以政务服务增值化改革为主抓手,搭建线上产业服务平台,实施市内智慧城市企业云上全入驻,通过政企合作、运用数字孪生技术等整合资源,探索"政务服务＋市场服务＋生产服务＋金融服务＋法律服务"系统集成、一般政务服务均等享受、专业化市场化服务精准高效、企业间交流互动便利快捷的云上产业园建设路径。

实现与受物理空间限制服务供给有限、服务能力不均、服务功能不全的线下平台形成优势互补。

（五）聚焦"持续"保障，优化企业营商环境

持续优化实施中小企业降本政策。在既有"春晖计划"等企业优惠政策体系基础上，全面加强结构性减税、降税、降本政策持续实施落地，强化对中小企业的支持保障力度。简化贷款流程，降低中小微企业融资准入门槛，为中小企业提供更多业务机会。针对"互联网＋"科技"淘宝"产学研合作服务平台、"互联网＋"实验室和中试基地建设，提供专项资金保障。深化"杭信贷"贸易融资业务全面推广和中小企业出口信用保险投保成本降低优惠实施。

持续提升国内市场公平竞争，增加境外市场拓展渠道。简化市场准入程序，加强政府采购和公共服务领域对中小企业的支持力度，通过政策倾斜和优惠措施，如建立政府采购合同融资绿色通道，降低智慧城市中小企业参与市场竞争的门槛。引导智慧城市中小企业产业联盟，每年分批组团参加境外展会 20 个以上，赴境外拓展市场企业不少于 200 家次，纳入"海外杭州"等国际展会目录。

赋予符合条件的智慧城市中小企业高层次人才自主认定权。对积极参与科研研究院、产学研实验室、中试基地、产学研合作服务平台建设、使用、维护，主导参与国家标准、国际标准、行业标准制定和对制造业产业数字化建设贡献突出的智慧城市企业和优质研发机构，给予高层次人才认定一定自主权，进行名额分配，提高智慧城市产业人才招引和培育成效。

五、结论

从全国范围来看，智慧城市建设已进入以产业数字化和数字产业化结合为重点的新型智慧城市阶段，杭州市作为智慧城市建设的示范城市，其中小企业在智慧城市产业发展中扮演着重要角色，为城市数字化、智慧化建设提供了重要助力。但与大企业相比，中小企业自身存在抗风险能力、品牌影响力、人才吸引力、管理与运营能力等诸多方面的劣势与不足。站在杭州高水平重塑数字经济第一城的发展新阶段，杭州智慧城市产业发展需要强化中小企业核心竞争力以及向隐形冠军和大型龙头企业转化的能力，发挥不同规模企业的协同作用，提升产业集群效益，持续优化营商环境和科技创新创业环境，增强智慧城市中小企业推动新型智慧城市建设高质量发展关键驱动作用和能力。

赋能学校更优发展的智慧评价系统设计与实践研究

鲍雯雯　郑健源*

2020 年 10 月，中共中央、国务院印发了《深化新时代教育评价改革总体方案》，强调了评价指挥棒的重要性，提出要重视学校评价、教师评价以及学生评价改革，推动学校落实立德树人的根本任务，树立科学的教育评价导向，办好人民满意的教育。有效科学的教育评价不仅能够唤醒学校内生活力、帮助学校找到突破瓶颈、提高质量、创建特色的着力点，同时还能为区域学校科学决策提供依据，强化区域学校循证治理能力，赋能学校更优发展，实现学生全面发展，体现教育公平。随着信息技术的快速发展，人们的生产生活已经进入大数据时代。技术赋能下的教育评价和数据驱动决策得到了广泛关注。大数据不仅推动了各行各业的变革，也为教育评价提供了新的可能性。特别是大模型的兴起，进一步加强了智慧评价的可行性，使得通过数据透视区域教育生态和学校发展状况成为可能。如何有效科学采集数据、解读数据和运用数据，基于数据驱动的科学决策制定，成为赋能学校更优发展的关键。这一趋势表明，未来的教育评价将更大程度地借助大数据和算法模型，以期赋能更加精准和公正的评价结果。

一、问题的提出

杭州市西湖区，作为浙江省中小学质量综合评价以及数据驱动教育教学改进的试点区之一，积极探索教育评价体系与技术赋能的改革。然而，这一探索过程中遇到了多方面的挑战，主要集中在评价者的能力、评价技术与方法、评价对

* 作者鲍雯雯系杭州市西湖区教育督导评估中心副主任，博士；郑健源系杭州市学同科技有限公司算法专家。

象及其内容,以及评价环境等关键领域。

从评价者的角度看,教师、教研员及学校领导者是评价实践的核心承担者。然而,从评价技术应用、数据分析及数字素养的角度来看,他们的能力存在明显不足。首先,评价者缺乏在现代教育评价技术方面的系统专业发展,这导致他们主要依赖纸笔测试等传统评价技术。这些方法往往无法全面和准确地反映学校的教学质量和成效,从而影响评价的全面性和有效性。其次,尽管评价过程中获得了大量可用的学生学习数据,评价者通常缺乏系统分析、解读和应用这些数据的必要技能。由于对数据分析方法和工具的应用不足,评价者无法有效识别和利用数据中的关键趋势和模式,以促进学校发展。最后,随着教育技术的快速发展,数字素养已成为评价者的关键能力。然而,教育评价者普遍缺乏足够的数字素养,难以有效利用学生信息系统、在线评价工具等现代技术,限制了评价的深度和广度。此外,评价过程中可能受到个人偏好或偏见的影响,损害评价的公正性和客观性。评价任务还可能带来心理和情感上的负担,进一步影响评价者的心理健康和评价活动的质量。

从评价方式和评价对象的角度来看,推动新时代教育评价改革意味着采纳更多元化的评价方式来应对多样化的评价对象,其中包括学生、教师、家长以及学校本身。这种改革的目标是更全面地评估教育系统,但当前的实践中却存在多种问题。

首先,目前的评价工具通常不适合多样化的评价对象,导致无法精准评估每个学校的具体需求和能力。技术虽然为教育评价提供了新的工具,例如利用学习分析工具来追踪学生的学习进展,但这些工具因资源限制、教师培训不足或缺乏技术支持而未被充分利用。评价体系过分集中于学业成绩,而忽略了评价学生的情感发展和社会技能。同时,在评价教师的过程中,常常缺乏明确的评价标准和有针对性的反馈,导致评价结果无法真实反映教师的教学效果。评价结果多用于行政管理而非职业发展,缺乏对教师的有效支持和职业成长的促进。

此外,学校评价通常依赖于学生的整体表现和标准化考试成绩,可能忽视学校在提供包容性教育、创新教育环境和社区参与方面的努力。因此,评价结果往往用于排名和资源分配,这可能引发学校之间的竞争而非合作,忽视了各学校独特的教育使命和背景。家长和学生对评价标准和结果的透明度常常感到不满,这可能影响他们对学校教育质量的信任。尽管技术提供了改进的可能,但在实际应用中常常遇到技术接入不足和教师操作不熟练的问题。目前的学校评价系统还缺乏有效的跟踪评估,评价结果反馈后往往没有持续地跟踪以了解改进的效度。

从评价环境的角度看,教育评价实践中区域层面缺少必要的政策引导和技术资源,影响了评价实践的效率和效果。政府应提供更多政策支持和资源配置,如专业培训、资金援助和技术平台,以促进评价体系的有效实施和持续优化。此外,教师在职业生涯中可能缺乏足够的持续教育机会和专业成长支持,包括对新教学方法、评价工具和教育技术的培训。最后,区域用于采集评价数据的系统平台往往存在操作不统一的问题,数据源难以互通。

综上所述,尽管当前技术赋能的学校评价实践中面临上述诸多挑战,区域正积极探索以数据驱动决策为核心的策略,推动技术赋能教育评价。这一策略旨在激发学校的办学活力,并帮助学校发现及利用更优的发展着力点。本文以西湖教育智慧生态评价系统为例,重点讨论如何设计和建设一个集大数据、人工智能等技术于一体的区域教育智慧生态评价系统,使其成为解决区域教育评估和治理难题的关键工具,实现数据闭环、服务闭环与治理闭环。通过区域督导评估中心的推动力、教育发展研究院的支持力以及学校自身改进的内驱力,三者将协作合力,推动学校实现更高质量的发展。

二、区域教育智慧评价系统的设计框架

西湖教育生态智慧评价系统的整体架构如图 1 所示,该系统基于云平台架构,分为数据层、分析层、治理层、应用层。

(一)数据层

数据层主要集中于多模态数据的高效采集和安全存储,确保各个教育系统之间数据的一致性和完整性。为了有效解决不同系统间的数据孤岛问题及数据冲突,该层实施了统一的数据标准和使用指南。通过构建高效的 ETL(提取、转换、加载)自动化流程,不仅实现了数据的实时同步,还确保了教育基础数据的动态整合和更新,从而优化了数据管理和利用效率。

数据层通过建立一个包括不同层次、来源、类别和模态的数据的综合数据体系,极大地提高了数据的可用性和分析的精度。这种系统化的数据集成为教育决策提供了全面且深入的视角,使得教育管理者能够洞察学校运营的各个方面,包括学生表现、教师效能、资源配置等关键领域。此外,数据层的设计

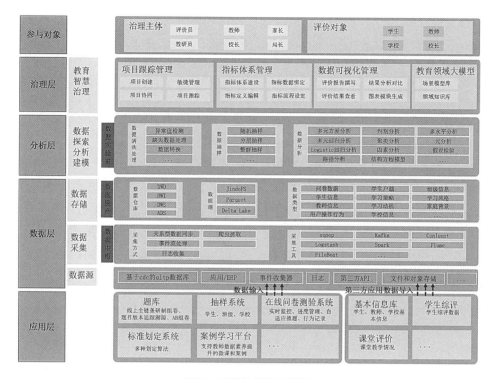

图1　系统整体框架设计

和实施还考虑了数据安全和隐私保护，采用了先进的加密技术和严格的访问控制策略，确保教育数据在收集、存储和处理过程中的安全性和合规性。数据层的优化还促进了跨系统、跨区域的数据共享与合作，打破了传统教育信息孤立的局面。

（二）分析层

分析层专注于数据的深入探索、精确分析与高效建模。通过建设数据实验室，该层实现了从数据清洗到数据抽样，再到必要算子的封装的全流程自动化，包括但不限于回归分析、聚类、决策树、项目反应理论（Item Response Theory，IRT），认知诊断模型（Cognitive Diagnostic Model，CDM）等40多种机器学习和统计模型。这些模型集成成一个图形化的低代码平台，极大地简化了数据分析和建模的过程。

在数据实验室的基础上，评价员和教研员可以通过简便的拖拽操作，轻松地参与到数据分析过程中。这种方式不仅将原本复杂的数据处理流程转换为用户友好的操作界面，还大幅降低了技术门槛，使非技术背景的教育工作者也能有效进行数据分析。此外,这一层的设计允许教师和评价员直接观察到数据分析的实时反馈,增强了数据分析的透明度和可操作性,从而更好地支持教育决策和教学改进。

此外,分析层的进一步发展还包括了对教育大数据的情境化解析和模式识别,使其能够根据不同教育场景生成定制化的分析报告。这不仅增强了数据的实用性和针对性,也为教育政策制定和教学策略优化提供了科学依据。通过实时动态的数据分析,教育管理者和教师能够更精确地识别学生学习过程中的难点和问题,及时调整教学方法和策略。

此外,分析层的高级功能还包括预测分析和趋势预测,这些功能不仅帮助教育决策者把握教育发展趋势,还能预见并准备应对未来可能出现的挑战。例如,通过分析学生群体的学习成果和行为模式,可以预测学业成绩的变化趋势,为实施早期干预措施提供依据。

（三）治理层

治理层在教育评估系统中发挥着至关重要的作用,主要关注学校评估项目的改进跟踪、指标体系的构建以及评价结果的可视化反馈。该层次的核心在于利用教育大模型对评价数据进行构建指标体系和深入分析。系统通过项目跟踪管理工具,不仅实现了对学校评价结果的持续监控,根据需要动态调整指标体系,而且能够通过数据可视化系统,使得教育管理者、校长和学科教研员能够以可视化和交互的方式直观查看评估结果。

同时,结合教育大模型实现自动生成图表和报告,模型能根据历史和实时数据智能决定分析情况,自动解读结果,显著提高决策的精确性和时效性。这不仅降低了操作成本和技术门槛,而且拓宽了系统的受众覆盖,使得非专业人士也能轻松理解复杂的评估数据。在未来,治理层将继续扩展其功能,引入更多基于 AI 的分析工具,从而实现更自动化和智能化的数据处理和评估流程。

此外,治理层正在积极探索将区块链技术应用于评估系统中,以确保数据的不可篡改性和完整性,这将进一步增强系统的信任度和透明度。通过这种技术整合,教育评估的结果不仅可以得到保障,还能够提供更可靠的证据支持政策制定和实践优化。

治理层的未来发展还包括加强与国际教育评估标准的对接,通过吸收和融合国际先进的评估理念和技术,不断优化本土的教育评估模型。这种国际化视角将帮助本地教育系统评估在全球范围内保持竞争力,同时为本地教育改革提供国际视角和经验参考。

（四）应用层

应用层分为两个主要部分:一部分致力于学校评估工具的高效应用,包括在线问卷管理、在线试卷库管理、在线题库管理等。这一功能不仅确保了问卷和题库的精确管理和高效运用,而且支持了后期的组卷和样本抽样,从而提高了评价工具的可靠性和适用性。这种高效的管理确保了数据的准确性和评估的标准化,为教育评估提供了强大的技术支持,促进了教育质量的持续提升和教学效果的优化。

应用层的另一部分致力于教师数据素养的提升,案例学习平台（数据素养培训平台）通过提供专门的数据分析微课和实际案例,增强了教师的数据分析和解读能力,使其能够更有效地应用这些技能于日常教学和评估中,增强了教师对数据的理解和运用能力。这种教育方式强调了数据素养的重要性,提升了教师的专业成长,使他们能够以数据驱动的方式进行教学决策和学生发展评估,从而更加科学地指导学生学习和发展。

此外,应用层还整合了多个第三方应用系统,如基础信息库、学生综合评价系统和课堂评价系统。这些系统通过集成先进的技术和方法,提供了一系列的评价和管理工具,支持教育者进行更精确和深入的学生表现分析。特别是在处理大量教育数据时,这些系统能够有效地提供洞察和推荐,帮助教育者优化教学策略和学校管理。这种整合性的方法不仅提高了系统的效率和效能,也为教育管理者和教师提供了全面的信息和工具,以支持基于证据的决策和教育实践。

在未来的发展中,应用层将继续扩展其功能和范围,加入更多的智能化和个性化元素,如人工智能辅助的教学分析和预测模型,这将使教育评估和教学决策更加精准和前瞻性。通过这些创新,应用层不仅增强了教育系统的技术基础,还极大地推动了教育行业向数字化、智能化的转型,为实现教育的个性化和优质化提供了强大的技术支撑和新的可能性。

（五）参与对象

参与对象明确划分了教育评价与治理的关键参与者,确保了每个角色的职责与权利得到精确界定。该层涵盖了广泛的评价对象,包括学生、教师、校长及学校整体,而治理主体则包括家长、教师、校长、教研员、评价员、督学和局院领导。这种明确的角色划分不仅有助于促进各方的有效沟通和协作,而且也确保了评价与治理活动的透明度和公正性。

通过这种结构化的参与方式,系统能够确保教育评估与治理过程中各相关方的责任和权力得到均衡分配。例如,学生、教师和学校作为评价对象,他们的表现和反馈直接影响教育评价结果;而家长、校长和督学等治理主体则利用这些评价结果来制定更加科学的教育策略和改进措施。此外,教研员和评价员专注于评价数据的收集与分析,提供专业的评价反馈,帮助局院领导做出更明智的教育决策。

三、区域教育智慧评价系统的实施路径

西湖教育生态智慧评价系统建成之后,以学校发展模型(EFI)为框架,在评估、反馈和改进等场景中发挥作用(见图2),进而助力实现"数据闭环""服务闭环"和"治理闭环"。该系统主要应用于学校评估、关键能力项目制监测以及五项管理等项目中。本文以学校评估项目为例,详细阐述该系统在实际应用中的实践情况。

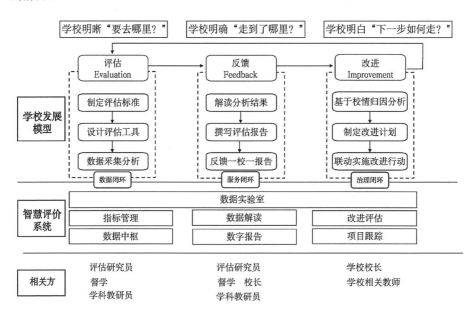

图2 教育生态智慧评价系统支持学校发展模型

（一）基于教育质量系统观,重构学校发展指标体系

基础教育质量涉及多要素和多层面,因此需要构建更加系统化和全面的教育

质量评估体系。区域在背景－输入－过程－产出（Context-Input-Process-Output，CIPO）框架及 Scheerens 等学者关于学校效能的研究[1]基础上，结合布朗芬布伦纳的发展生态学理论[2]和卡尔维诺的转型领导理论[3]，重构了学校发展评估体系，关注学生全面发展及其相互作用的因素。该体系以学生发展为教育产出，以影响学生发展的教师教学、学习生活环境、学校管理等为教育背景、输入、过程，构建了学生发展、教学效能、环境效能、管理效能以及预警五大指标，以教育质量系统观的视角，评估学校发展。

学生发展指标指向学生的全面发展，关注学生德智体美劳的同时，也关注对学生学习活动起到导向、维持和强化作用的非认知因素发展情况，如成长型思维等。教学效能指标关注直接对学生学习发生影响的教师教学因素，重点关注教师的专业能力以及教师的学教方式等情况。环境效能主要关注学生所处的环境氛围，包括学校文化和校内人际关系，如同伴关系、师生关系、教师与教师的关系、学生与校长的关系等。管理效能指向校长领导力情况，关注学校管理层方面的因素，考量学校管理层对学校发展目标与愿景的制定、资源运用、教学质量、教师发展等管理情况，同时也对学校管理风格进行评估，如是否从控制性管理转向指导性管理，校长是否更多扮演着提供方向、为教师提供支持的角色等。该评估体系相对应的二级三级指标（见图 3），根据年度工作重心会作出适当调整，图 3 中呈现的是 2022 年的评估指标。

（二）借力智慧评价系统，赋能学校评估过程

基于学校发展评估指标体系，评价研究员使用系统内的数据资产管理功能、指标管理功能和数据分析流程管理功能即可创建学校发展评估指标（见图 4、图 5）。学校评估涉及多级指标、运用到多元评价工具，数据资产管理功能存储由各评价工具采集到的多模态数据；指标管理功能以指标树的形式实现指标体系的可视化，并且每个指标都能够关联到相应的评价工具和计算得到的具体数值，后期报告页面将据此以雷达图等图表形式进一步将指标体系可视化。具体数值的计算由数据分析流程管理功能负责实现，该功能以"算子"的形式提供教育数

1 Scheerens J. An overarching conceptual framework ［M］//Educational Effectiveness and Ineffectiveness. Springer，Dordrecht，2016：3-25.

2 Bronfenbrenner U. Toward an experimental ecology of human development［J］. American psychologist，1977，32(7)：513.

3 Bass B M. Leadership and performance beyond expectations［M］. New York：The Free Rress，1985.

图3　西湖区学校发展评估指标体系（2022）

图4　数据资产管理功能

据统计分析中常用的算法，评价研究员可以调取系统内的数据资产，通过拖拉拽的方式自主构建对多模态数据的分析流程，一步到位完成指标的计算。数据资产管理、指标管理和数据分析流程管理三大功能解决了各评价工具间数据孤岛、数据打架等问题，形成数据闭环。

　　通过使用智慧评价系统的数据分析和数据可视化工具，学校发展评估项目最终形成具有"可视化"和"互动性"的一校一报告，以项目制的形式进行管理，该项目下既有全维度评估体系总报告，也有针对某一维度的分项报告。例如，学校发展评估体系包含影响学生发展的管理效能、教学效能、环境效能和预警指标的

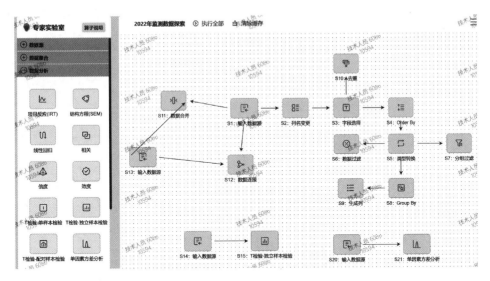

图 5　数据分析流程管理功能

综合结果反馈报告,也有指向学生学业成就情况的专项反馈报告。通过综合报告解读,能够整体把握学校整体的发展现状,了解相关因素的影响模式,并可以对照区域常模和指标标准,了解学生在认知层面和非认知层面上的发展情况,结合学校当前在教学、环境和管理效能上的数据结果进行分析。通过专项报告查阅,能够深入了解学校优质均衡相较于区域其他学校的发展情况、各学科整体分布、各学科能力分项以及典型题作答等情况。

智慧评价系统根据账号的角色进行了数据权限的管理。区域各学校管理层能够通过登入智慧评价系统查看所负责的学校报告,了解学校发展现状,归因分析,制定基于校情的改进报告。区域教研员能够通过平台了解特定学科的区域和各校能力分布和水平情况,为后续区域教研和教师专业发展设计课程提供数据支撑。区域局院领导通过平台了解全区的结构性质量和各校发展差异,为后续的决策及政策的制定提供科学依据。从此,一校一报告的反馈达成"学校-区域教研员-局院领导"三个层面的服务闭环。

(三)制定可行改进计划,多力汇聚助校发展

评估的目的是改进,如何助力学校相关方更好地使用系统、读懂报告获取有效信息是评估项目进一步推进的关键。以"2022 年小学学校评估"项目为例,该项目以用户友好的思维呈现报告,在报告中嵌入理解支架,对重点概念与图表辅

以文字形式的解读要点及微课视频，实现"伴随式学习"，帮助阅读者对报告数据形成更为准确的理解。通过观看、学习评估反馈报告上的微课，捕捉到学校评价结果的核心信息。

同时，区域层面还提供了"问题支架"和"模版支架"帮助学校基于一校一报告制定可跟踪、可测量的学校改进行动计划。学校相关方可深入解读数据并结合校情进行归因分析，结合区域提供的问题支架与改进行动模板进行思考与探索，制定出可跟踪、可测量的学校改进行动计划并上传系统。区域教育督导评估中心和教育发展研究院相关方将根据学校的改进行动计划开展跟踪调研，对学校改进过程中遇到的困难和问题给予支持，同时也对学校改进效度进行再评价。整个评价、改进、再评价、再改进的流程纳入技术平台项目化管理之中，达成治理闭环。

最终，通过积极整合和共享学校改进过程中的典型经验和有效措施，区域案例学习平台将成为一个宝贵的资源汇聚点。该平台不仅归档和分享成功的教育实践，还结合教育大模型通过智能化分析功能，将教育管理的相关经验和高效的分析方法进行系统化整合。这一功能不仅提高了数据处理的效率和准确性，还使得复杂的数据分析过程变得简单易操作，进而扩大了其在区域内的应用范围，辐射并引导更多的管理者和教师。

通过这种方式，区域智慧评价系统不仅提升了教师的数据素养和评价能力，还促进了区域教育生态治理水平的整体提升。此外，这种智能化的评价和分析也在推动教育评价改革的实际应用中发挥了关键作用，确保了教育评价活动在真实的教育教学场景中能够有效落地并产生实际影响。这不仅优化了教育资源的配置，也为持续改进教育质量提供了强有力的支持，从而为区域教育创造了持续发展和革新的动力。

四、成效与反思

区域通过智慧评价系统确保"评估-反馈-改进"模型的有效落地，割断了把压力传导给学生和家长的通道，让区域教育生态更优质；打通了教师不断改进教学行为的通道，让教师教学提升更得法；打通了学校教育教学循证治理的通道，让学校责任更明晰；打通了区域教育更高质量发展的通道，让教学成果更突出。借助智慧评价系统，区域从原本对学校评价"面对面"的评价姿态变为"肩并肩"相互促进的支持姿态。通过评估，五年内为中小学校提供了 1 000 余份年度一校一报告,2 000 余册素养取向学科学期监测报告,以及 500 余份"五项管理""小书包测评""教师教学成果增值评价报告"等督导评估项目报告。这些报告不仅提供了对学校全面性的诊断评估,还针对教育政策如"双减"工作中的具体问题进行了深入分析。这种以数据驱动的评估方式大大增强了教育政策的透明度和针对性,使得教育改革更加贴近学校的实际需求和教育理念的现代化。学校基于区域提供的"一校一报告"形成了数据驱动教育教学改进的路径,并在国家、省、市平台分享了学校循证治理的经验。

技术的研发最终是为了更好地解决问题,区域对学校评价的核心理念是"激发每一所学校自主发展的动力",如何在已有的实践基础上,更好地服务学校发展,仍旧是永恒不变的课题。未来,还需进一步梳理学校在评价结果理解与运用过程中存在的问题与挑战,不断沉淀评价工具、优秀学校实践案例以及优秀学校改进行动策略等数据,继续探索如何更好地运用生成式人工智能技术,将这些具有区本特色的实践数据"喂养"给 AI,形成赋能学校发展的 AI 助手,助力每一所学校各美其美,美美与共。

电子竞技与智慧城市的互嵌与共生

——杭州打造电竞名城的路径研究

戚佳玲　姜晓航*

当前,我国城市高质量发展步伐加快,城市发展也由外延式扩张向以提升城市品质为主的内涵式发展转变。2023年,电竞作为正式比赛项目首次亮相杭州亚运会,其社会关注度呈指数级增长,大量潜在玩家需求被大规模激发。根据《2023年度中国电子竞技产业报告》显示:2023年,我国电竞用户规模为4.88亿人,电竞产业实际收入达到263.5亿元。作为文化产业的重要组成部分,电竞融合了科技、文化、体育、旅游、多媒体等多元要素,是具有无限潜力的朝阳产业,正成为城市经济的新增长点及城市发展的新引擎。在"后亚运时代"与"智慧城市"发展阶段的交叠期,杭州如何打好"电竞"这张王牌,弯道超车,是杭州实现城市文化软实力和国际影响力双提升的关键之举。

一、理论基础

"互嵌"一词源于卡尔·波兰尼在《大转型:我们时代的政治与经济起源》中对经济与政治、宗教关系的描述,随后美国社会学家格兰诺维特对其进行了系统的阐述,强调"互嵌理论"即为两个及两个以上的个体在相互平等、相互包容情况下的相互嵌入[1]。"共生"一词最早由德国生物学家安东·德贝里提出,而后被逐步运用到社会学、民族学、法学、政治学等不同领域。"互嵌共生"可以理解为一种社会关系的深度融合和利益共生[2]。电子竞技与智慧城市可通过互嵌共生

---

　* 作者戚佳玲、姜晓航系杭州国际城市学研究中心浙江省城市治理研究中心研究人员。本文系浙江省新型重点专业智库杭州国际城市学研究中心浙江省城市治理研究中心、浙江大学旅游与休闲研究院、浙江省休闲学会课题(编号23CSX09)部分成果。

　1　郑长德.推动民族地区经济互嵌式发展研究[J].区域经济评论,2024,(01):88-98.
　2　杨会.互嵌共生型产教融合实训基地的内涵、要素与构建[J].教育与职业,2021,(23):20-26.

的关系架构充分发挥不同主体的优势,表现为显著的政策统筹、文化共享、产业共兴和科技互促等特征。

二、智慧城市发展电竞产业的逻辑动因

（一）应然逻辑:智慧城市为电竞产业提供新动力

1. 政策支持为电竞产业提供发展环境

2008年,国家体育总局将电竞正式纳入体育竞技的范围。2016年4月,国家发展改革委等24部门联合印发了《关于促进消费带动转型升级的行动方案》,鼓励开展电竞游戏游艺赛事活动。同年9月,教育部公布"电子竞技运动与管理"作为专科等院校的新增专业之一,国家体育总局在电竞领域引入运动员注册制,国家文化部成立了"中国文化娱乐行业协会电子游戏竞技分会",在官方层面撕掉了电竞"不务正业""玩物丧志"的标签。2021年,文化和旅游部正式发布《"十四五"文化产业发展规划》,提出要促进电子竞技与游戏游艺行业融合发展。当前,全国至少有23个省市区针对辖区内电竞产业发展提出了支持性或规划性相关政策,从国家到地方的政策红利进一步为电竞行业蓬勃发展提供了良好的生态环境。

2. 城市文化赋予电竞产业新内涵

城市文化为电竞产业"正名"趋势显著。在电竞产业发展中注入城市核心文化,将其作为"城市名片",在促进城市电竞产业健康向好发展的同时,也为发展电竞体育文化产业创造了机遇,丰富了城市文化的传播渠道和内容。城市文化与形象电竞化,是城市电竞的主要内容与火爆点。电竞产业可以发挥输出和传递城市文化和传统文化的桥梁作用,通过人物塑造、服饰道具、场景构建等方式,将城市的地域特色文化与形象数字化,给予电竞产业更高的文化立意。

3. 科技创新为电竞产业提供技术支撑

电竞产业对前沿数字技术接受度较高,众多城市都将其视作数字技术应用化最适宜的试验田。在国家全方位布局数字时代的背景下,5G、物联网、人工智能、区块链等智慧城市新型基础设施建设的不断完善,使电竞突破了传统体育的发展模式,实现了线上线下的高效结合与有效创新。另外,新一代网络传输技术、人工智能、虚拟现实、动作捕捉等关键技术也为电竞领域带来了外部机遇。

例如，利用大数据分析对选手的比赛数据进行深入挖掘和分析，从而为战队制定更加科学的训练方法和比赛策略；利用人工智能进行赛事新闻报道与赛事节点标记，大幅度提高电竞新闻有效性、提高观看用户的体验感[1]。

（二）动力逻辑：电竞产业为智慧城市注入新活力

1. 带动社会经济向好发展

随着电竞影响力的提升，电竞 IP 所具有的商业价值也被不断挖掘。首先，促进了"电竞＋"新业态的应运而生。以"电竞＋酒店"为例，2023 年全国新增电竞酒店约 3 092 家，电竞酒店总量已经近 1.84 万家；市场规模 207.78 亿元，同比增长 37.71％。与此同时，电竞酒店也在竞争下不断进行消费场景创新，如"电竞酒店＋密室逃脱""电竞酒店＋剧本杀""电竞酒店＋游戏 IP"等。其次，新业态带动新消费、新职业。《2022 北京电竞发展与未来趋势研究报告》显示，电竞用户在寻找电竞技能指导等方面的花费比例正逐渐提高，由此衍生出了诸如"电子竞技指导员"等新职业类型。

2. 倒逼城市科技快速发展

电竞涉及众多前沿尖端数字技术的应用，包括 5G、AR、VR、人工智能、大数据、区块链等技术。电竞产业的发展倒逼虚拟世界和智能科技等技术高速发展，成为智慧城市发展的重要场景，犹如 F1 赛车与汽车工业技术的关系。首先，电竞的兴起促进了虚拟世界的发展和普及。其次，电竞为智能科技的发展提供了重要的实验和应用场景。例如，在电竞比赛中使用的虚拟现实技术已经开始在其他领域得到应用，如医疗、教育、旅游等。

3. 促进城市文化发展与推广

电竞产业有利于打造和凸显城市形象。城市通过将电竞产业与城市标签结合，突出"休闲""潮玩""游戏""国际""全球""青春""活力"等形象特征与目标定位，让城市形象更加立体化和鲜明化，进一步影响城市在人们心中的形象和定位[2]。同时，电竞也承载着文化传承与推广的重任，优秀电竞游戏也为重唤年轻人对传统文化的兴趣提供了可能。

---

1 孙泽峰.人工智能在电子竞技领域的应用及未来展望[J].体育科技文献通报,2022,30(05)：251-253＋258.

2 郑芒芒,陈元欣,方雪默,等.城市发展电竞产业的逻辑动因、实然困境与实现路径[J].中国体育科技,2023,59(06)：88-97.

三、杭州电子竞技与智慧城市互嵌现状

（一）政策环境

1. 政府高度重视

早在 2005 年,杭州就率先出台了较为完善的动漫游戏产业扶持政策,设立产业专项资金 5 000 万元[1]。"十三五"时期,杭州对动漫游戏产业政策进行了多轮完善和升级。2018 年,杭州下城区针对电竞产业出台了全国首个配套政策"电竞 16条"。2022 年 11 月,杭州市启动第六轮动漫、电竞产业支持政策《关于推进新时代杭州动漫游戏和电竞产业高质量发展的若干意见》。为推动《意见》各项政策举措落地落实,杭州每年划拨 1 亿元专项资金支持推动动漫游戏和电竞产业与相关产业深度融合、互促发展[2]。2024 年 1 月,杭州市委、市政府印发《关于提升城市国际化水平奋力打造世界一流的社会主义现代化国际大都市的实施意见》,提出大力发展包含电竞在内的多项运动,争取更多国际体育组织和世界顶级赛事落户杭州。

2. 引领指导性有待增强

目前杭州出台的关于电竞发展政策主要集中于资金支持以及宏观布局方面,尚未出台针对电竞行业的专项规划和配套政策,对杭州电竞行业的发展定位、布局和城市品牌建设缺乏针对且系统的规划设计。

3. 法律体系有待完善

知识产权法律法规不全一直以来就是我国游戏行业发展的难点所在[3]。尽管杭州已经在电竞方面走在前列,但诸多重大政策问题尚未解决,例如在版权保护、网络视听监管和产权交易等方面缺乏相关政策支撑,对游戏企业的产品和创意设计保护力度不足,对相关企业的信用评估体系尚未成熟,市场规范、准入制度、监管标准等还有较大的完善空间[4]。

（二）配套设施

1. 产业基地配套初具规模

截至 2022 年底,杭州已拥有 2 个国家级动漫产业基地、3 个国家级动漫教

1 彭民安.促进长沙动漫产业集群发展的政府行为模式与战略选择——基于沪、杭、长三市的比较研究[J].经济研究参考,2007,(26)：19 - 26.

2 王艳颖.杭州出台新政,每年划拨 1 亿元专项资金,推动动漫游戏和电竞产业高质量发展[N].杭州日报,2022 - 11 - 24.

3 王晓斌,辛丙松,胡丽华.动漫游戏,如何更有"川"透力？[J].四川省情,2023(10)：36 - 38.

4 胡蔚萍.让杭州动漫多几个"黄金期"[J].经贸实践,2023,(03)：39 - 42.

研基地,集聚了 350 多家动漫游戏企业,形成了包括 2 家主板、3 家创业板以及 5 家新三板挂牌、1 家美股纳斯达克上市的动漫游戏上市企业集群[1]。2023 年 10 月,杭州良渚新城的国家对外文化贸易基地(杭州)正式获得授牌,聚焦发展以游戏、影视、动漫、设计、直播为核心的数字文化产业,亦为杭州电竞蓬勃发展提供了物质载体。

2. 电竞场馆承接国际赛事仍有不足

目前,杭州拥有国内首座亚运会赛事标准的专业电竞场馆——杭州电竞中心,内设座席 4 500 个。自运营以来,电竞中心已相继举办《大话西游》《第五人格》《英雄联盟》《永劫无间》总决赛以及杭州亚运会电竞项目等知名赛事。与此同时,杭州滨江区电竞馆于 2023 年 12 月正式开工,总用地面积约 38.3 亩,内设座席 1 000 人,将于 2025 年 5 月投入使用。当前杭州专业电竞场馆数量较少,观众席位供给不足,与满足全球顶级赛事近万人的场馆仍有一定差距。

3. 专业人才缺口较大

与产业蓬勃发展态势形成对比的是,目前电竞产业人才缺口较大。根据人社部于 2023 年初发布的报告,电竞行业只有不到 15% 的岗位处于人力饱和状态,而类似赛事直播等产业中上游专岗缺口达 150 万人[2],尤其是对高层次、高水平、高素质的电竞选手、电竞教练、数据分析、职业经理等专业人才的需求较为迫切。在人才培养方面,杭州开设电竞相关专业课程的学校仅两所,分别是浙江传媒学院和浙江长征职业技术学院。电竞师资力量不足问题较为显著,具有相关教育背景的教师屈指可数,电竞人才培养方案的切实制定成为难题。

(三)产业生态

1. 行业规模快速扩张

尽管 2023 年国内电竞产业整体收入出现了小幅下滑(据《2023 年度中国电子竞技产业报告》显示,中国电子竞技产业收入为 263.50 亿元,与 2022 年相比下降了 1.31%。),杭州亚运电竞赛事的召开仍旧强劲拉动了城市经济。有研究表明,杭州第 19 届亚运会电竞赛事产生的经济效益约为 2.6 亿元,其中包括门票、特许商品在内的直接经济价值 7 877.53 万元,包括餐饮、文化、酒旅等旅游关联产业的间接经济价值 1.82 亿元。

---

1 每年 1 亿元专项资金,布局国际动漫之都,杭州动漫游戏和电竞产业新政出台[N].都市快报,2022-11-29.

2 邱慧.“入亚”后或再“入奥”,电竞行业进入坦途? [J].中国报道,2023,(11):52-55.

2. 市场潜力巨大

强劲的市场需求。2023 年,中国电竞用户约 4.78 亿,其中 35 岁以下年轻人占比 56%,约 2.6 亿。庞大的年轻用户群体规模意味着超大市场需求和消费潜力。根据杭州市委、市政府出台的《关于推进新时代杭州动漫游戏和电竞产业高质量发展的若干意见》,预计到 2025 年,杭州全市动漫游戏和电竞产业年度总营收将超过 600 亿元。

强烈的消费意愿。杭州着力推进电竞与影视、娱乐等产业融合创新发展,"电竞＋影视""电竞＋二次元""电竞＋电商"等新业态不断涌现。电竞酒店品牌竞鹅酒店的杭州首店开业半年以来,长期占据杭州电竞酒店热度 TOP1,OTA 综合评分 4.9,全网曝光量超 6 亿,综合入住率达 86%,会员月复购率达到 66%。奢侈品、汽车、金融等新品类纷纷加入"电竞＋"行列,在传统文化旅游、特许经营和周边商品消费意愿方面,电竞用户的上涨幅度也较为明显。

3. 盈利模式较为单一

当前,杭州电竞主要聚焦于中下游赛道,以赛事作为主要盈利点[1]。由于对头部游戏企业开发新 IP 的支持力度不够,杭州尚未出现本土的类似《和平精英》《王者荣耀》这类现象级的"拳头"产品。

(四)赛事举办

1. 重要赛事承办城市

根据《2023 年度中国电子竞技产业报告》显示,2023 年中国国内共计举办电竞赛事 127 项。其中,杭州举办线下赛事数量位列第三,占比 6.8%,是中国线下电竞赛事的重要举办城市。近年来,杭州连续举办"英雄联盟"高校联赛浙江省总决赛、《王者荣耀》城市赛总决赛等大型赛事。杭州仍需要加强引进国际顶尖赛事落户杭州,进一步彰显杭州电竞国际化。

2. 优秀俱乐部亟待引入

近年来,杭州积极引入知名的电竞俱乐部。例如 2017 年,杭州下城区(现拱墅区)引进了有"老干爹"称号的 LGD 俱乐部,在杭州启用了国内首家专业电竞俱乐部线下主场馆——LGD 电竞影视文化中心。但面对国内前 20 电竞俱乐部超半数选择落户上海的现状,杭州亟须通过改善电竞人才引进制度、电竞发展环境等,加快推进国内头部电竞俱乐部入驻杭州。

---

1 张莉杰."电竞之都"花落谁家[J].决策,2023,(01):28-30.

（五）社会影响力

1. 公众认可度快速提升

杭州亚运会期间，《王者荣耀亚运版本》的比赛于CCTV5＋频道播出，对亚运会举办地杭州的知名度产生了积极的影响。关于市民对亚运会电竞赛事的认知研究表明，有80％以上的被调查者认为杭州亚运电竞赛事对其他产业的带动、电竞产业链型塑造、电竞用户培育等方面贡献突出。

2. 媒介宣传手段有待完善

当前，电竞新闻报道方式过于"宏大"。例如，《王者荣耀》第七届城市赛全国总决赛杭城决战宣传片，采用的依旧是传统的城市知名景点、传统艺术的展现模式。先展示出西湖、钱塘江、良渚等景点与文化，接着出现竹笛与古琴对弈，未能让观众体会到杭州这座城市电竞氛围的独特性。在宣传材料中，将城市电竞设施、场馆建设规模作为宣传重点，忽略了观众在城市现代感、城市活力上的感知。

四、智慧城市打造电竞名城的全球经验

（一）健全政策法规体系，拔高产业地位

1998年，韩国政府提出"文化立国"战略，先后制定《文化产业发展5年计划》《文化产业前景》等政策，通过一系列法律保障和政策倾斜，明确将游戏产业列为韩国重点发展的"支柱型产业""战略出口产业"，对电竞产业进行了一场自上而下的政策扶持，极大提高了电竞游戏产业的地位。

（二）成立电竞协会，规范产业标准

1998—2001年，韩国先后成立了游戏产业振兴中心、韩国电子竞技协会、游戏技术开发中心等机构，给予韩国职业电子竞技协会绝对话语权，逐渐形成了"协会＋俱乐部＋电视台"的运营框架。2008年，新加坡成立新加坡电子竞技和网络游戏协会，为当地提供电竞游戏相关的活动赛事；2020年，新加坡游戏协会正式成立，协会积极与世界最大游戏展Gamescom展开合作，促进从业人员交流分享。国内，上海较早引进电竞运动协会，探索建立电竞运动员注册制度、电竞游戏裁判员培训考级制度、电竞游戏比赛官方规则、电竞场馆等级认定，率先启动电竞行业市场规范工作。

（三）优化营商环境，服务产业发展

自由、开放的营商环境是新加坡吸引大量国际知名企业入驻的重要优势。

例如,新加坡政府规定享有先锋企业称号的公司在生产活动中可以享受免除征收不超过 15 年的所得税优惠政策;明确企业在新加坡所产生的研发费用可享受最高 150% 的减免和一定金额的政府研究资金补助。这些优惠政策吸引了大量海外游戏公司、电竞组织入驻新加坡,或设立分部或设立研发中心。其次,新加坡便利的专利申请、良好的知识产权保护进一步促进了电竞游戏产业链中的企业发展,为电竞游戏产业提供了良好的发展土壤。

（四）促进产学合作,提供创新动力

美国洛杉矶依托其丰富的高等教育资源,通过"大学课堂＋专业机构＋社区学院"的组合提供多渠道的学习路径,大规模开设游戏产业相关技能课程,培养了大量艺术和创意人才,为游戏产业提供了源源不断的创新动力。新加坡通过引进国际教育资源和建立专业学院,为电竞游戏产业持续输入新鲜人才血液。2008 年世界游戏开发业领头人迪吉彭理工学院在新建设分校,开设了实力强劲的电竞游戏设计专业课程。2017 年,新加坡创立全国首家电竞学院"新加坡电子竞技学院",在社会层面也加深了公众对电竞游戏的认知。

（五）牵引赛事落地,提升世界知名度

新加坡通过举办大量国际知名赛事和活动,在世界范围内不断积累电竞产业的相关度和知名度,为电竞行业发展吸引人才、资本等资源。2005 年,成功举办世界电玩大赛,正式为新加坡打开了电竞名城的大门。此后,新加坡陆续举办了 2022 年《DOTA2》国际邀请赛、2022 年《英雄联盟》手游版全球冠军杯、Valorant 亚洲区域的冠军巡回赛、DOTA2 Major、2023 年首届奥林匹克电子竞技周等相关赛事活动。国内,早在 2019 年,上海举办的电竞赛事数量就超 1 500 场,赛事类型涵盖了市面上最流行的游戏种类。据统计,上海已建立多层级的赛事体系模式,全国每年 500 多项具有一定影响力的电竞赛事中,超过 40% 在上海举办。

（六）完善基础设施,提供产业支撑

2017 年,著名游戏公司暴雪在美国洛杉矶成立电竞比赛中心,该场馆作为美国首批专门用于电竞赛事的场馆,配套了专业的空间划分区域和比赛转播设施,提升了城市的电竞文化影响力和国际知名度。新加坡大力推进数字基础设施建设,凭借世界顶级海底电缆枢纽,实现了世界一流的宽带速度和极低的网络延迟。截至 2022 年,新加坡大约有 60 个数据中心,网络覆盖率达到 99%,意味着新加坡民众能第一时间接触到最新的电竞内容,同时也为承载大型电竞赛事提供了基本保证。上海拥有风云电竞馆、虹桥天地等 47 个电竞专业化场馆,和洛杉矶、柏林并列第一。

五、杭州电子竞技与智慧城市的共生之策:电竞名城的打造路径

（一）塑造良好政策环境

1. 注重顶层设计,完善政策配套

一是出台针对性专项规划。完善电竞产业发展的规划指引,明晰产业发展所需的"人—地—钱—业—技—管"等要素支持;颁布相应实施细则,补充完善专项规划所确定的各方面政策措施的实施规定、操作细则,营造良好的营商环境。二是建立知识产权保护机制。加快出台电竞相关的知识产权保护法条例,简化专利申请流程,激发原创产品研发积极性。三是加快行业标准制定。为进一步规范游戏电竞市场,领衔行业标准制定,建立游戏、电竞企业的分类评价体系,并对相应企业给予项目支持。

2. 培育组织机构,健全工作机制

一是培育行业协会机构。注重发挥行业社会组织的协调作用,培育一批兼具专业性和大众性的协会机构,承接政府职能之外的公益事务。二是引导行业协会在知识产权保护、企业资质认定和上市等方面提供保障服务。三是规范机构运行。出台相关协会管理规定,规范其工作机制、经营领域和主要职能,引导协会组织发挥其作用。明确政府和社会组织的分工合作,鼓励协会牵头制定行业标准。

3. 加强要素保障,夯实发展基础

一是在财政税收方面,不断推动财政经费的精准投入,坚持产业发展基金的市场化运作。针对电竞行业的企业制定专项税收优惠政策,给予企业减免税优惠。二是在金融方面,推动产业投融资平台建设,建立城市金融投资中心,推动包含电竞等新业态在内的文化产业快速发展。三是在用地方面,加快电竞产业项目的建设用地落地选址,用足用好已有场馆,降低企业用地成本。四是在人才要素方面,深化校企合作,搭建"大学—职业院校—企业—俱乐部"等多层次人才培养架构,尤其是加快创设杭州智力运动(电子竞技)大学;设立人才分类评价体系,积极引进网络游戏和电竞软件研发、电竞赛事活动运营、高水平电竞运动员等专业领军人才,同步在住房、子女入学等权益方面给予电竞人才相应的支持保障;实施电竞从业人员职业资格认定或评级机制,鼓励从业人员不断提高自身素

质,培育职业化人才队伍。

（二）加快智慧城市基础设施营建

1. 推动专业场馆建设,用足用好存量设施

一是加快标准场馆建设。结合城市发展规划,新建专业性的电竞游戏赛事场馆,包含万人大型比赛场馆、专业性培训场馆设施,尤其是要积极推动具有国际领先水平的万人级电竞赛事基础设施建设,为承接高规格大型电竞比赛活动打下良好基础。在场馆建设过程中,通过土地混合利用,以综合体理念为指引,建设涵盖赛事场馆、电竞酒店、电竞博物馆、零售等多功能型电竞中心。二是借助各区、县(市)优势场馆资源,比如滨江奥体中心、西湖黄龙体育中心、拱墅杭州电竞中心等,打造常态化的电竞赛事、训练、文化和交流中心。三是合理利用已有体育馆等大型场馆,探索存量场馆空间的功能转换建设,开发体育馆的闲时功能,举办游戏展览、比赛等大型活动,提高城市公共文化设施的利用率。

2. 拓宽数字网络发展,走出"云速度"

一是加快城市数字基站等设施建设,不断完善城市网络电缆设施,推动5G乃至更高速度互联网信号基站建设,保障城市的数字网络。二是加强相关场馆设施的互联网保障,通过设立专线网络等方式保障场馆设施的互联网使用。三是持续推动城市算力网络建设,打造城市云计算服务器,提高城市的数字网络运行能力,打好游戏等新兴数字文化内容良好发展的基础。四是支持云渲染、人工智能、区块链等新技术在动漫游戏和电竞产业领域的集成应用和创新,鼓励企业研发制作可编程、再开发类游戏产品并给予扶持,着力培育一批品牌号召力强、具备国际竞争力的原创元游戏。

（三）完善大产业发展生态

1. 招引关联产业,构建产业新生态

一是招引龙头企业。全力引进国内外网络游戏和电竞头部企业,落地一批影响力大、优势明显的核心龙头项目,尤其是诸如游戏研发、运营类的电竞产业链上游优质项目,努力形成电竞产业研发总部集聚地。二是提升服务水平。依托文化传媒、软件研发、电竞游戏等头部企业,按照"缺什么补什么""弱什么强什么"的原则,建立电竞产业链优质服务企业资源库,拓宽电竞赛事内容传播渠道,支持直播平台、运营平台、赛事综合服务平台等电竞服务产业发展。

2. 建设产业园区,发挥集聚效应

一是加强产业园区规划。推动产城融合,综合推进园区基础设施和配套、优

惠引商政策、园区运营管理建设。打造电竞主题园区综合体，拓展功能，提升效益。二是促进产业园区的差异化发展。挖掘不同产业园区的发展特色，避免同质化。培育一批具有鲜明特色、创新明显的动漫游戏和电竞企业，进而促进产业园区的差异化、特色化和持续化发展。三是建设产业基地重点园区。集中力量打造国家级、省级或市级动漫游戏产业基地，发挥重点基地园区的产业集聚和企业孵化作用，推动技术、产业向周边园区扩散，发挥重点产业园区的辐射带头作用，不断延伸产业链条。

（四）推动产业赛事举办

1. 承办赛事展会，扩大城市影响力

一是要积极承办大型赛事。加强国际交流合作，与海外游戏运营公司加强合作，引进《英雄联盟》《DOTA》《守望先锋》等游戏的全球系列决赛，举办大型职业联赛、全球电竞大赛、全国电竞大赛等国内外重点赛事，以赛为媒，构建城市产业生态，扩大城市知名度和影响力。二是要重点办好精品赛事。学习海内外城市举办大赛经验，办好、办精赛事活动，做好赛事活动的应急预案，保障活动高效、有序举办，提高参与群众的体验感和满足度，锻炼提升城市举办活动的能力。三是要打造特色城市活动品牌。将杭州优秀传统文化（如西湖文化、良渚文化、大运河文化等）融入各类电竞赛事、游戏展会等活动，推动赛事活动与城市文化特色的碰撞。

2. 打造本土战队，提升大众参与度

一是引进电竞战队设立主场，电竞的主客场制度以赛事和主客场为基础，将电竞游戏与城市结合得更为紧密，有助于入驻战队更好地培育俱乐部文化。引入电竞战队入驻城市，一方面会为城市带来赛事活动机会，吸引电竞游戏企业集聚，拓宽城市电竞产业的市场，另一方面主场城市的确立也为战队吸引更多粉丝，提升战队的商业价值，促进城市电竞产业发展。二是培养本土城市战队俱乐部，增强城市电竞文化影响力，提升城市居民对电竞产业的认同感和归属感，激活电竞产业市场，提升市场价值。

（五）打造城市特色品牌

1. 融合本土文化，打造杭州特色 IP

一是融合地域文化。借助杭州三大世界文化遗产（西湖、良渚和大运河）和宋韵文化资源，鼓励游戏电竞企业将具有杭州特色的文化遗址、地标建筑、非遗物件、历史人物等融进电竞内容创作。积极塑造良渚玉琮等具有地域特色的 IP

形象,走差异化、特色化发展之路。同时,依托电竞赛事影响力,鼓励企业创作开发具有杭州特色的影视、动漫、文学、手办等"电竞＋文化"衍生产品,设计、宣传、推广属于杭州本土的 IP 形象。二是融合传统业态。推动电竞产业与动漫、会展、节庆、旅游、演唱会等商业文旅产业有机联动,在广场、商场、酒店、文化馆、展览馆等公共场所植入具有典型意义的 IP 场景,形成优势产业与电竞产业相融共生。

2. 调整宣传思路,拓展海外传播渠道

一是可以借鉴传统媒体对于"软新闻"的形式。杭州主流媒体在电竞新闻传播时可以借鉴"浙江宣传"在新时代传媒环境下,"说人话、切热点、有态度、有温度"的宣传方式。二是注重杭州电竞形象的对外传播。以世界语言说好中国故事,叙述具有杭州特色的电竞文化,杭州要利用好海外社交媒体账号,例如杭州文广旅游局开设的杭州文旅 Facebook、Instagram 和 YouTube,制作发布出能让不同区域受众产生认同感的宣传作品,合理利用目前外媒对于杭州媒体的采用度和信赖度。同时,与海外头部自媒体账号合作,邀请海外网络达人来杭参加国际动漫节、电竞赛事等,专题制作体验视频,激发潜在流量。

附录：杭州城市学近年主要学术成果

一、城市学重要论著(王国平著,共 29 册)

1.《城市论》(上、中、下三卷)
    北京：人民出版社,2009 年。

2.《城市怎么办》(第 1~12 卷)
    北京：人民出版社,2010—2013 年。

3.《城市学总论》(上、中、下三卷)
    北京：人民出版社,2013 年。

4.《待遇论》
    北京：人民出版社,2016 年。

5.《新编城市怎么办》(上、下卷)
    北京：人民出版社,2018 年。

6.《城市决策论》(上、下卷)
    杭州：杭州出版社,2019 年。

7.《广义教育学初探》
    杭州：杭州出版社,2023 年。

8.《广义体育学初探》(上、下卷)
    杭州：杭州出版社,2024 年。

9.《三编城市怎么办》(上、中、下三卷,待出版)
    杭州：杭州出版社,2025 年。

二、杭州全书(王国平主编,共 665 册)

1."杭州文献集成"(50 册)
    杭州：杭州出版社,2013 年、2022 年;
    杭州：浙江人民出版社,2015 年;

杭州：浙江古籍出版社,2017 年、2021 年、2023 年。

2. "西湖文献集成"(50 册)

杭州：杭州出版社,2004 年、2013 年、2015—2016 年。

3. "西溪文献集成"(9 册)

杭州：杭州出版社,2015—2017 年。

4. "杭州运河(河道)文献集成"(11 册)

杭州：浙江古籍出版社,2018 年、2022 年。

5. "钱塘江文献集成"(31 册)

杭州：杭州出版社,2014—2019 年、2022 年。

6. "良渚文献集成"(10 册)

杭州：浙江古籍出版社,2023 年。

7. "余杭文献集成"(2 册)

杭州：浙江古籍出版社,2019 年。

8. "湘湖(白马湖)文献集成"(13 册)

杭州：杭州出版社,2013—2015 年、2019 年、2021—2022 年。

9. "杭州丛书"(11 册)

杭州：杭州出版社,2013—2014 年、2021—2022 年；

杭州：浙江古籍出版社,2016—2018 年。

10. "西湖丛书"(70 册)

杭州：杭州出版社,2004—2008 年、2013—2014 年、2019—2022 年；

杭州：浙江人民美术出版社,2019 年。

11. "西溪丛书"(69 册)

杭州：杭州出版社,2007 年、2012—2013 年、2018—2019 年、2021 年；

杭州：浙江人民出版社,2016—2017 年、2019 年；

杭州：浙江科学技术出版社,2020 年。

12. "运河(河道)丛书"(75 册)

杭州：杭州出版社,2006 年、2013—2015 年、2017—2022 年；

杭州：浙江人民美术出版社,2017 年、2022 年；

杭州：浙江古籍出版社,2018—2019 年；

杭州：西泠印社出版社,2023 年。

13. "钱塘江丛书"(39 册)

杭州：杭州出版社，2013—2015 年、2017—2018 年、2020 年。

14."良渚丛书"（13 册）

杭州：杭州出版社，2013—2014 年；

杭州：浙江古籍出版社，2015 年、2021—2022 年、2024 年。

15."余杭丛书"（11 册）

杭州：浙江古籍出版社，2015—2019 年、2021 年；

上海：上海人民出版社，2019 年。

16."临平丛书"（2 册）

杭州：西泠印社出版社，2022—2023 年。

17."湘湖（白马湖）丛书"（42 册）

杭州：杭州出版社，2013—2014 年、2016—2018 年、2020—2022 年；

杭州：浙江古籍出版社，2014—2016 年；

杭州：西泠印社出版社，2014—2019 年、2023 年；

杭州：浙江摄影出版社，2015 年、2021 年；

杭州：浙江人民出版社，2016—2018 年、2020 年。

18."杭州研究报告"（5 册）

杭州：杭州出版社，2013 年、2022 年；

杭州：浙江古籍出版社，2018 年。

19."西湖研究报告"（3 册）

杭州：杭州出版社，2016 年、2023—2024 年。

20."西溪研究报告"（8 册）

杭州：杭州出版社，2016—2021 年、2023 年。

21."运河（河道）研究报告"（6 册）

杭州：浙江古籍出版社，2015 年；

杭州：杭州出版社，2018—2019 年。

22."钱塘江研究报告"（2 册）

杭州：杭州出版社，2013 年、2019 年。

23."良渚研究报告"（1 册）

杭州：浙江古籍出版社，2018 年。

24."余杭研究报告"（2 册）

杭州：杭州出版社，2014 年；

　　　　杭州：浙江古籍出版社，2016 年。

25."湘湖（白马湖）研究报告"（13 册）

　　　　杭州：浙江古籍出版社，2014—2016 年；

　　　　杭州：杭州出版社，2015 年、2018 年；

　　　　杭州：浙江人民出版社，2016 年、2018—2019 年。

26."南宋史研究丛书"（79 册）

　　　　杭州：杭州出版社，2008 年、2010—2011 年；

　　　　北京：人民出版社，2008—2011 年、2013 年；

　　　　上海：上海古籍出版社，2008 年、2011—2018 年；

　　　　杭州：西泠印社出版社，2011 年。

27."南宋研究报告"（2 册）

　　　　杭州：杭州出版社，2018 年；

　　　　杭州：浙江大学出版社，2023 年。

28."西溪通史"（3 册）

　　　　杭州：杭州出版社，2017 年。

29."湘湖通史"（2 册）

　　　　杭州：浙江人民出版社，2023 年。

30."钱塘江通史"（3 册）

　　　　杭州：杭州出版社，2023 年。

31."余杭辞典"（1 册）

　　　　杭州：浙江古籍出版社，2021 年。

32."南宋文献集成"（18 册）

　　　　杭州：杭州出版社，2023 年；

　　　　杭州：浙江人民出版社，2023 年。

33."南宋丛书"（9 册）

　　　　杭州：浙江大学出版社，2022 年；

　　　　北京：人民出版社，2023 年。

三、城市学文库（王国平主编，共 36 册）

1.《中国农民工问题研究》（上、下册）

　　　　杭州：杭州出版社，2011 年。

2.《中国城市交通问题论丛》(上、下册)

杭州：杭州出版社,2012年。

3.《教育公平与优质教育研究》(上、下册)

杭州：杭州出版社,2013年。

4.《农民工市民化与内需拉动研究》(上、下册)

杭州：杭州出版社,2013年。

5.《公交优先战略与城市交通拥堵治理研究》(上、下册)

杭州：杭州出版社,2013年。

6.《中国城市学蓝皮书(2013)》

杭州：杭州出版社,2013年。

7.《中国历史城市景观保护发展报告(2013)》

杭州：杭州出版社,2013年。

8.《中国城市学蓝皮书(2014)》

杭州：杭州出版社,2014年。

9.《中国城市化面临的挑战与对策》

北京：中国社会科学出版社,2014年。

10.《文化遗产保护和利用研究》

杭州：浙江人民出版社,2014年。

11.《城市霾问题治理研究》

杭州：浙江人民出版社,2014年。

12.《流动人口的城市融入与服务管理创新研究》

杭州：浙江人民出版社,2014年。

13.《交通需求管理与城市交通拥堵治理研究》

杭州：浙江人民出版社,2014年。

14.《公平优质教育与教育改革研究》

杭州：浙江人民出版社,2014年。

15.《中国城市化问答集》

北京：中国社会科学出版社,2015年。

16.《杭州城市化案例集》

北京：中国社会科学出版社,2015年。

17.《智慧城市建设战略研究》

北京：中国社会科学出版社，2015年。

18.《中国城市治理蓝皮书（2014—2015）》
   杭州：浙江人民出版社，2015年。

19.《中国城市治理蓝皮书（2015—2016）》
   杭州：浙江人民出版社，2016年。

20.《中国城市治理蓝皮书（2017—2018）》
   杭州：浙江人民出版社，2018年。

21.《中国城市治理蓝皮书（2018—2019）》
   杭州：浙江人民出版社，2019年。

22.《中国城市治理蓝皮书（2019—2020）》
   杭州：浙江人民出版社，2020年。

23.《中国城市治理蓝皮书（2020—2021）》
   杭州：浙江人民出版社，2021年。

24.《中国城市治理蓝皮书（2021—2022）》
   杭州：浙江人民出版社，2022年。

25.《中国城市治理蓝皮书（2022—2023）》
   杭州：浙江人民出版社，2023年。

26.《中国城市治理蓝皮书（2023—2024）》
   杭州：浙江人民出版社，2024年。

27.《城市学简明教程》
   杭州：杭州出版社，2022年。

28.《在西站：站城融合高质量发展蓝皮书》
   杭州：浙江人民出版社，2023年。

29.《城市片区综合开发与智慧治理》
   杭州：杭州出版社，2023年。

30.《绍兴高质量发展蓝皮书2023》
   杭州：浙江大学出版社，2024年。

31.《中国智慧城市发展蓝皮书（2024）》
   上海：上海交通大学出版社，2024年。

四、其他成果（王国平主编，共 52 册）

1.《与城市领导谈城市》

北京：人民出版社，2016 年。

2.《城市学研究》（第 1～49 辑）

北京：中国社会科学出版社，2013—2014 年；

杭州：浙江古籍出版社，2015—2020 年；

杭州：浙江大学出版社，2021—2023 年。

3.《探索城市治理现代化的"重要窗口"》

杭州：杭州出版社，2020 年。

4.《数字化改革与城市发展新阶段 新理念 新格局》

杭州：杭州出版社，2021 年。